TRANZLATY

La lingua è per tutti

Dil herkes içindir

Il richiamo della foresta

Vahşetin Çağrısı

Jack London

Italiano / Türkçe

Nel primitivo
İlkelliğe Doğru

Buck non leggeva i giornali.

Buck gazete okumazdı.

Se avesse letto i giornali avrebbe saputo che i guai si stavano avvicinando.

Gazeteleri okusaydı başının dertte olduğunu anlardı.

Non erano guai solo per lui, ma per tutti i cani da caccia.

Sadece kendisi için değil, tüm su köpekleri için sorun vardı.

Ogni cane con muscoli forti e pelo lungo e caldo sarebbe stato nei guai.

Kaslı ve sıcak, uzun tüylü her köpek başını belaya sokacaktı.

Da Puget Bay a San Diego nessun cane poteva sfuggire a ciò che stava per accadere.

Puget Körfezi'nden San Diego'ya kadar hiçbir köpek yaklaşan felaketten kaçamadı.

Gli uomini, brancolando nell'oscurità artica, avevano trovato un metallo giallo.

Arktik karanlığında el yordamıyla dolaşan adamlar sarı bir metal bulmuşlardı.

Le compagnie di navigazione a vapore e di trasporto erano alla ricerca della scoperta.

Vapur ve nakliye şirketleri bu keşfin peşindeydi.

Migliaia di uomini si riversarono nel Nord.

Binlerce adam Kuzey'e doğru akın ediyordu.

Questi uomini volevano dei cani, e i cani che volevano erano cani pesanti.

Bu adamlar köpek istiyordu ve istedikleri köpekler ağır köpeklerdi.

Cani dotati di muscoli forti per lavorare duro.

Çalışmak için güçlü kaslara sahip köpekler.

Cani con il pelo folto che li protegge dal gelo.

Dondan korunmak için tüylü kürklere sahip köpekler.

Buck viveva in una grande casa nella soleggiata Santa Clara Valley.

Buck, güneşli Santa Clara Vadisi'ndeki büyük bir evde yaşıyordu.

La casa del giudice Miller era chiamata così.

Yargıç Miller'ın yeri, evi deniyordu.

La sua casa era nascosta tra gli alberi, lontana dalla strada.

Evi yoldan uzakta, ağaçların arasında yarı yarıya gizlenmişti.

Si poteva intravedere l'ampia veranda che circondava la casa.

Evin etrafını çevreleyen geniş verandayı görebiliyorduk.

Si accedeva alla casa tramite vialetti ghiaiosi.

Eve çakıllı araba yollarından ulaşılırdı.

I sentieri si snodavano attraverso ampi prati.

Yollar geniş çimenliklerin arasından kıvrılarak geçiyordu.

In alto si intrecciavano i rami degli alti pioppi.

Üstümüzde uzun kavakların iç içe geçmiş dalları vardı.

Nella parte posteriore della casa le cose erano ancora più spaziose.

Evin arka tarafında her şey daha da genişti.

C'erano grandi scuderie, dove una dozzina di stallieri chiacchieravano

Bir düzine seyisin sohbet ettiği büyük ahırlar vardı

C'erano file di cottage per i servi ricoperti di vite

Asmalarla kaplı hizmetçi kulübelerinin sıraları vardı

E c'era una serie infinita e ordinata di latrine

Ve sonsuz ve düzenli bir dizi tuvalet vardı

Lunghi pergolati d'uva, pascoli verdi, frutteti e campi di bacche.

Uzun üzüm bağları, yemyeşil otlaklar, meyve bahçeleri ve dut tarlaları.

Poi c'era l'impianto di pompaggio per il pozzo artesiano.

Daha sonra artezyen kuyusu için pompaj tesisi vardı.

E c'era la grande cisterna di cemento piena d'acqua.

Ve orada suyla dolu büyük bir beton tank vardı.

Qui i ragazzi del giudice Miller hanno fatto il loro tuffo mattutino.

Burada Yargıç Miller'ın çocukları sabah dalışlarını yaptılar.

E lì si rinfrescavano anche nel caldo pomeriggio.

Ve öğleden sonra sıcağında oralar da serinliyordu.

E su questo grande dominio, Buck era colui che lo governava tutto.

Ve bu büyük toprakların tamamına Buck hükmediyordu.

Buck nacque su questa terra e visse qui tutti i suoi quattro anni.

Buck bu topraklarda doğdu ve dört yılını burada yaşadı.

C'erano effettivamente altri cani, ma non avevano molta importanza.

Başka köpekler de vardı ama onların pek önemi yoktu.

In un posto vasto come questo ci si aspettava la presenza di altri cani.

Bu kadar geniş bir yerde başka köpeklerin de olması bekleniyordu.

Questi cani andavano e venivano oppure vivevano nei canili affollati.

Bu köpekler gelip gittiler ya da kalabalık kulübelerin içinde yaşadılar.

Alcuni cani vivevano nascosti in casa, come Toots e Ysabel.

Toots ve Ysabel gibi bazı köpekler evde saklanarak yaşıyordu.

Toots era un carlino giapponese, Ysabel una cagnolina messicana senza pelo.

Toots bir Japon pug cinsi, Ysabel ise tüysüz bir Meksika köpeğiydi.

Queste strane creature raramente uscivano di casa.

Bu garip yaratıklar nadiren evin dışına çıkıyorlardı.

Non toccarono terra né annusarono l'aria esterna.

Ne yere dokundular, ne de dışarıdaki açık havayı kokladılar.

C'erano anche i fox terrier, almeno una ventina.

Ayrıca en az yirmi tane olan tilki terrier'ler de vardı.

Questi terrier abbaiavano ferocemente a Toots e Ysabel in casa.

Bu terrierler içeride Toots ve Ysabel'a şiddetle havlıyorlardı.

Toots e Ysabel rimasero dietro le finestre, al sicuro da ogni pericolo.

Toots ve Ysabel tehlikeden uzak, pencerelerin arkasında kaldılar.

Erano sorvegliati da domestiche armate di scope e stracci.

Onları süpürge ve paspaslarla hizmetçiler koruyordu.

Ma Buck non era un cane da casa e nemmeno da canile.

Ama Buck ne bir ev köpeğiydi ne de bir kulübe köpeği.

L'intera proprietà apparteneva a Buck come suo legittimo regno.

Tüm mülk Buck'ın yasal alanıydı.

Buck nuotava nella vasca o andava a caccia con i figli del giudice.

Buck tankta yüzüyor ya da Hakim'in oğullarıyla ava çıkıyordu.

Camminava con Mollie e Alice nelle prime ore del mattino o tardi.

Sabahın erken veya geç saatlerinde Mollie ve Alice ile yürüyüşe çıkıyordu.

Nelle notti fredde si sdraiava davanti al fuoco della biblioteca insieme al giudice.

Soğuk gecelerde Hakim'le birlikte kütüphane ateşinin başında yatardı.

Buck accompagnava i nipoti del giudice sulla sua robusta schiena.

Buck, Yargıç'ın torunlarını güçlü sırtında gezdiriyordu.

Si rotolava nell'erba insieme ai ragazzi, sorvegliandoli da vicino.

Çocuklarla birlikte çimenlerin üzerinde yuvarlanıyor, onları sıkı sıkıya koruyordu.

Si avventurarono fino alla fontana e addirittura oltre i campi di bacche.

Çeşmeye doğru ilerlediler, hatta meyve bahçelerinin yanından bile geçtiler.

Tra i fox terrier, Buck camminava sempre con orgoglio regale.

Fox terrier'ler arasında Buck her zaman asil bir gururla yürürdü.

Ignorò Toots e Ysabel, trattandoli come se fossero aria.

Toots ve Ysabel'i görmezden geldi, onlara hava gibi davrandı.

Buck governava tutte le creature viventi sulla terra del giudice Miller.

Buck, Yargıç Miller'ın topraklarındaki tüm canlılara hükmediyordu.

Dominava gli animali, gli insetti, gli uccelli e perfino gli esseri umani.

Hayvanlara, böceklere, kuşlara ve hatta insanlara hükmediyordu.

Il padre di Buck, Elmo, era un enorme e fedele San Bernardo.

Buck'ın babası Elmo çok büyük ve sadık bir St. Bernard'dı.

Elmo non si allontanò mai dal Giudice e lo servì fedelmente.

Elmo, Hakim'in yanından hiç ayrılmadı ve ona sadakatle hizmet etti.

Buck sembrava pronto a seguire il nobile esempio del padre.

Buck babasının asil örneğini izlemeye hazır görünüyordu.

Buck non era altrettanto grande: pesava sessanta chili.

Buck o kadar büyük değildi, 140 kilo ağırlığındaydı.

Sua madre, Shep, era una splendida cagnolina da pastore scozzese.

Annesi Shep, iyi bir İskoç çoban köpeğiydi.

Ma nonostante il suo peso, Buck camminava con una presenza regale.

Ama Buck, o kiloda bile görkemli bir duruşla yürüyordu.

Ciò derivava dal buon cibo e dal rispetto che riceveva sempre.

Bu, güzel yemeklerden ve her zaman gördüğü saygıdan kaynaklanıyordu.

Per quattro anni Buck aveva vissuto come un nobile viziato.

Buck dört yıl boyunca şımarık bir asilzade gibi yaşamıştı.

Era orgoglioso di sé stesso e perfino un po' egocentrico.

Kendisiyle gurur duyuyordu, hatta biraz da egoistti.

Quel tipo di orgoglio era comune tra i signori delle campagne remote.

Bu tür bir gurur, uzak ülke beyleri arasında yaygındı.

Ma Buck si salvò dal diventare un cane domestico viziato.

Ama Buck, şımartılan bir ev köpeği olmaktan kurtuldu.

Rimase snello e forte grazie alla caccia e all'esercizio fisico.

Avcılık ve egzersiz sayesinde zayıf ve güçlü kaldı.

Amava profondamente l'acqua, come chi si bagna nei laghi freddi.

Suyu çok severdi, tıpkı soğuk göllerde yıkanan insanlar gibi.

Questo amore per l'acqua mantenne Buck forte e molto sano.

Suya olan bu sevgi Buck'ı güçlü ve çok sağlıklı tutuyordu.

Questo era il cane che Buck era diventato nell'autunno del 1897.

Bu, Buck'ın 1897 sonbaharında dönüştüğü köpekti.

Quando lo sciopero del Klondike spinse gli uomini verso il gelido Nord.

Klondike saldırısı adamları dondurucu Kuzey'e çektiğinde.

Da ogni parte del mondo la gente accorse in massa verso la fredda terra.

Dünyanın her yanından insanlar soğuk topraklara akın ediyordu.

Buck, tuttavia, non leggeva i giornali e non capiva le notizie.

Ancak Buck gazete okumuyor ve haberlerden anlamıyordu.

Non sapeva che Manuel fosse una persona cattiva con cui stare.

Manuel'in etrafında bulunması kötü bir adam olduğunu bilmiyordu.

Manuel, che aiutava in giardino, aveva un grosso problema.

Bahçede yardım eden Manuel'in derin bir sorunu vardı.

Manuel era dipendente dal gioco d'azzardo alla lotteria cinese.

Manuel, Çin piyangosuna kumar oynamaya bağımlıydı.

Credeva fermamente anche in un sistema fisso per vincere.

Ayrıca kazanmak için sabit bir sisteme inanıyordu.

Questa convinzione rese il suo fallimento certo e inevitabile.

Bu inanç onun başarısızlığını kesin ve kaçınılmaz kılıyordu.

Per giocare con un sistema erano necessari soldi, soldi che a Manuel mancavano.

Sistemli bir oyun oynamak para gerektiriyordu ve Manuel'de bu yoktu.

Il suo stipendio bastava a malapena a sostenere la moglie e i numerosi figli.

Maaşı karısının ve çok sayıda çocuğunun geçimini ancak sağlıyordu.

La notte in cui Manuel tradì Buck, tutto era normale.

Manuel'in Buck'a ihanet ettiği gece her şey normaldi.

Il giudice si trovava a una riunione dell'Associazione dei coltivatori di uva passa.

Hakim, Kuru Üzüm Yetiştiricileri Derneği toplantısındaydı.

A quel tempo i figli del giudice erano impegnati a fondare un club sportivo.

O sıralarda Hakim'in oğulları bir spor kulübü kurmakla meşguldüler.

Nessuno vide Manuel e Buck uscire dal frutteto.

Manuel ve Buck'ın meyve bahçesinden ayrıldıklarını kimse görmedi.

Buck pensava che questa fosse solo una semplice passeggiata notturna.

Buck bu yürüyüşün sıradan bir gece gezintisi olduğunu düşünüyordu.

Incontrarono un solo uomo alla stazione della bandiera, a College Park.

College Park'taki bayrak istasyonunda yalnızca bir adamla karşılaştılar.

Quell'uomo parlò con Manuel e si scambiarono i soldi.

O adam Manuel'le konuştu ve para alışverişinde bulundular.

"Imballa la merce prima di consegnarla", suggerì.

"Malları teslim etmeden önce paketleyin" diye önerdi.

La voce dell'uomo era roca e impaziente mentre parlava.

Adam konuşurken sesi sert ve sabırsızdı.

Manuel legò con cura una corda spessa attorno al collo di Buck.

Manuel, Buck'ın boynuna kalın bir ipi dikkatlice bağladı.

"Se giri la corda, lo strangolerai di brutto"

"İpi bükersen onu bol bol boğarsın"

Lo straniero emise un grugnito, dimostrando di aver capito bene.

Yabancı, onu iyi anladığını gösteren bir homurtu çıkardı.

Quel giorno Buck accettò la corda con calma e silenziosa dignità.

Buck o gün ipi sakin ve sessiz bir vakarla kabul etti.

Era un atto insolito, ma Buck si fidava degli uomini che conosceva.

Sıra dışı bir davranıştı ama Buck tanıdığı adamlara güveniyordu.

Credeva che la loro saggezza andasse ben oltre il suo pensiero.

Onların bilgeliğinin kendi düşüncelerinin çok ötesinde olduğuna inanıyordu.

Ma poi la corda venne consegnata nelle mani dello straniero.

Ama sonra ip yabancının eline geçti.

Buck emise un ringhio basso che suonava come un avvertimento e una minaccia silenziosa.

Buck, sessiz bir tehditle uyaran alçak bir homurtu çıkardı.

Era orgoglioso e autoritario e intendeva mostrare il suo disappunto.

Gururlu ve buyurgandı, hoşnutsuzluğunu göstermek istiyordu.

Buck credeva che il suo avvertimento sarebbe stato interpretato come un ordine.

Buck, uyarısının bir emir olarak anlaşılacağına inanıyordu.

Con suo grande stupore, la corda si strinse rapidamente attorno al suo grosso collo.

Şaşkınlıkla, ipin kalın boynunu daha da sıkı sardığını gördü.

Gli mancò l'aria e cominciò a lottare in preda a una rabbia improvvisa.

Nefesi kesildi ve aniden öfkelenerek kavga etmeye başladı.

Si lanciò verso l'uomo, che si lanciò rapidamente contro Buck a mezz'aria.

Adamın üzerine atıldı, adam da hemen Buck'la havada buluştu.

L'uomo afferrò Buck per la gola e lo fece ruotare abilmente in aria.

Adam Buck'ın boğazını yakaladı ve onu ustalıkla havaya kaldırdı.

Buck venne scaraventato a terra con violenza, atterrando sulla schiena.

Buck sert bir şekilde yere fırlatıldı ve sırt üstü yere düştü.

La corda ora lo strangolava crudelmente mentre lui scalciava selvaggiamente.

İp artık onu acımasızca boğuyordu, o ise çılgınca tekmeliyordu.

La sua lingua cadde fuori, il suo petto si sollevò, ma non riprese fiato.

Dili dışarı çıktı, göğsü inip kalktı ama nefes alamadı.

Non era mai stato trattato con tanta violenza in vita sua.

Hayatında hiç bu kadar şiddetle karşılaşmamıştı.

Non era mai stato così profondamente invaso da una rabbia così profonda.

Daha önce hiç bu kadar derin bir öfkeye kapılmamıştı.

Ma il potere di Buck svanì e i suoi occhi diventarono vitrei.

Ama Buck'ın gücü azaldı ve gözleri donuklaştı.

Svenne proprio mentre un treno veniva fermato lì vicino.

Yakınlarda bir trenin durdurulduğu sırada bayıldı.

Poi i due uomini lo caricarono velocemente nel vagone bagagli.

Daha sonra iki adam onu hızla bagaj vagonuna fırlattılar.

La cosa successiva che Buck sentì fu dolore alla lingua gonfia.

Buck'ın hissettiği bir sonraki şey şişmiş dilindeki acıydı.

Si muoveva su un carro traballante, solo vagamente cosciente.

Sallanan bir arabada hareket ediyordu, bilinci pek yerinde değildi.

Il fischio acuto di un treno rivelò a Buck la sua posizione.

Bir tren düdüğünün keskin çığlığı Buck'a yerini söyledi.

Aveva spesso cavalcato con il Giudice e conosceva quella sensazione.

Yargıçla birlikte sık sık yolculuk yapmıştı ve bu duyguyu çok iyi biliyordu.

Fu un'esperienza unica viaggiare di nuovo in un vagone bagagli.

Tekrar bir yük vagonunda seyahat etmenin eşsiz sarsıntısıydı.

Buck aprì gli occhi e il suo sguardo ardeva di rabbia.

Buck gözlerini açtı, bakışları öfkeyle yanıyordu.

Questa era l'ira di un re orgoglioso detronizzato.

Bu, tahtından indirilen kibirli bir kralın öfkesiydi.

Un uomo allungò la mano per afferrarlo, ma Buck colpì per primo.

Bir adam onu yakalamak için uzandı ama önce Buck saldırdı.

Affondò i denti nella mano dell'uomo e la strinse forte.

Dişlerini adamın eline geçirdi ve sıkıca tuttu.

Non mi lasciò andare finché non svenne per la seconda volta.

İkinci kez bayılıncaya kadar bırakmadı.

"Sì, ha degli attacchi", borbottò l'uomo al facchino.

"Evet, kriz geçiriyor," diye mırıldandı adam bagaj görevlisine.

Il facchino aveva sentito la colluttazione e si era avvicinato.

Yükçü boğuşma sesini duymuş ve yaklaşmıştı.

"Lo porto a Frisco per conto del capo", spiegò l'uomo.

"Onu patron için Frisco'ya götürüyorum" diye açıkladı adam.

"C'è un bravo dottore per cani che dice di poterli curare."

"Orada onları iyileştirebileceğini söyleyen iyi bir köpek doktoru var."

Più tardi quella notte l'uomo raccontò la sua versione completa.

Aynı gece adam tüm ayrıntısıyla anlattı.

Parlava da un capannone dietro un saloon sul molo.

Rıhtımda bir meyhanenin arkasındaki kulübeden konuşuyordu.

"Mi hanno dato solo cinquanta dollari", si lamentò con il gestore del saloon.

"Bana sadece elli dolar verildi," diye şikayet etti meyhaneciye.

"Non lo rifarei, nemmeno per mille dollari in contanti."

"Bin dolar nakit verilse bile bir daha bunu yapmam."

La sua mano destra era strettamente avvolta in un panno insanguinato.

Sağ eli kanlı bir bezle sıkıca sarılmıştı.

La gamba dei suoi pantaloni era completamente strappata dal ginocchio al piede.

Pantolon paçası dizinden ayağına kadar yırtılmıştı.

"Quanto è stato pagato l'altro tizio?" chiese il gestore del saloon.

"Diğer züppe ne kadar maaş aldı?" diye sordu barmen.

«Cento», rispose l'uomo, «non ne accetterebbe uno in meno».

"Yüz," diye cevapladı adam, "bir kuruş bile aşağısını kabul etmez."

"Questo fa centocinquanta", disse il gestore del saloon.

"Bu da yüz elli ediyor," dedi meyhaneci.

"E lui li merita tutti, altrimenti non sono meglio di uno stupido."

"Ve o her şeye değer, yoksa ben bir aptaldan daha iyi değilim."

L'uomo aprì gli involucri per esaminarsi la mano.

Adam elini incelemek için ambalajı açtı.

La mano era gravemente graffiata e ricoperta di croste di sangue secco.

Eli çok kötü yırtılmış ve kurumuş kanla kaplanmıştı.

"Se non mi viene l'idrofobia..." cominciò a dire.

"Kuduz olmazsam…" diye söze başladı.

"Sarà perché sei nato per impiccarti", giunse una risata.

"Çünkü asılmak için doğmuşsun," diye bir kahkaha duyuldu.

"Aiutami prima di partire", gli chiesero.

"Yola çıkmadan önce bana yardım et," diye rica ettiler.

Buck era stordito dal dolore alla lingua e alla gola.

Buck, dilindeki ve boğazındaki acıdan sersemlemişti.

Era mezzo strangolato e riusciva a malapena a stare in piedi.

Yarı boğulmuş haldeydi ve ayakta durmakta zorlanıyordu.

Ciononostante, Buck cercò di affrontare gli uomini che lo avevano ferito così duramente.

Yine de Buck, kendisine bu kadar zarar veren adamlarla yüzleşmeye çalışıyordu.

Ma lo gettarono a terra e lo strangolarono ancora una volta.

Ama onu yere attılar ve bir kez daha boğazladılar.

Solo allora riuscirono a segargli il pesante collare di ottone.

Ancak o zaman ağır pirinç yakasını kesebildiler.

Tolsero la corda e lo spinsero in una cassa.

İpi çözüp onu bir sandığa ittiler.

La cassa era piccola e aveva la forma di una gabbia di ferro grezza.

Sandık küçüktü ve kaba bir demir kafese benziyordu.

Buck rimase lì per tutta la notte, pieno di rabbia e di orgoglio ferito.

Buck bütün gece orada yattı, öfke ve incinmiş gururla doluydu.

Non riusciva nemmeno a capire cosa gli stesse succedendo.

Kendisine ne olduğunu bir türlü anlayamıyordu.

Perché quegli strani uomini lo tenevano in quella piccola cassa?

Bu garip adamlar onu neden bu küçük kafeste tutuyorlardı?

Cosa volevano da lui e perché questa crudele prigionia?

Ondan ne istiyorlardı ve bu zalim esaret nedendi?

Sentì una pressione oscura e la sensazione che il disastro si avvicinasse.

Karanlık bir baskı hissediyordu; yaklaşan bir felaket duygusu.

Era una paura vaga, ma si impadronì pesantemente del suo spirito.

Bu belirsiz bir korkuydu ama ruhuna ağır bir şekilde yerleşmişti.

Diverse volte sobbalzò quando la porta del capanno sbatteva.

Birkaç kez kulübenin kapısı gıcırdadığında yerinden sıçradı.

Si aspettava che il giudice o i ragazzi apparissero e lo salvassero.

Hakimin ya da çocukların gelip kendisini kurtarmasını bekliyordu.

Ma ogni volta solo la faccia grassa del gestore del saloon faceva capolino all'interno.

Ama her seferinde içeriye yalnızca meyhanecinin şişman yüzü bakıyordu.

Il volto dell'uomo era illuminato dalla debole luce di una candela di sego.

Adamın yüzü, don yağından yapılmış bir mumun soluk
ışığıyla aydınlanıyordu.

**Ogni volta, il latrato gioioso di Buck si trasformava in un
ringhio basso e arrabbiato.**

Her seferinde Buck'ın neşeli havlaması, yerini alçak, öfkeli bir
homurtuya bırakıyordu.

**Il gestore del saloon lo ha lasciato solo per la notte nella
cassa**

Bar sahibi onu gece boyunca sandıkta yalnız bıraktı

**Ma quando si svegliò la mattina seguente, altri uomini
stavano arrivando.**

Fakat sabah uyandığında daha fazla adamın geldiğini gördü.

**Arrivarono quattro uomini e, con cautela, sollevarono la
cassa senza dire una parola.**

Dört adam gelip tek kelime etmeden dikkatlice sandığı aldılar.

Buck capì subito in quale situazione si trovava.

Buck, içinde bulunduğu durumun farkına hemen vardı.

Erano ulteriori tormentatori che doveva combattere e temere.

Bunlar onun savaşması ve korkması gereken başka
işkencecilerdi.

**Questi uomini apparivano malvagi, trasandati e molto mal
curati.**

Bu adamlar kötü, perişan ve çok kötü bakımlı görünüyorlardı.

**Buck ringhiò e si lanciò contro di loro con furia attraverso le
sbarre.**

Buck hırladı ve parmaklıkların arasından onlara doğru sertçe
atıldı.

**Si limitarono a ridere e a colpirlo con lunghi bastoni di
legno.**

Sadece gülüyorlardı ve uzun tahta sopalarla ona vuruyorlardı.

**Buck morse i bastoncini, poi capì che era quello che gli
piaceva.**

Buck çubukları ısırdı, sonra bunun hoşlarına gittiğini anladı.

**Così si sdraiò in silenzio, imbronciato e acceso da una rabbia
silenziosa.**

Bu yüzden sessizce yattı, surat asmıştı ve sessiz bir öfkeyle yanıyordu.

Caricarono la cassa su un carro e se ne andarono con lui.

Sandığı bir arabaya kaldırıp onu alıp uzaklaştılar.

La cassa, con Buck chiuso dentro, cambiò spesso proprietario.

İçinde Buck'ın kilitli olduğu sandık sık sık el değiştiriyordu.

Gli impiegati dell'ufficio espresso presero in mano la situazione e si occuparono di lui per un breve periodo.

Ekspres büro memurları devreye girdi ve kısa bir süre onunla ilgilendiler.

Poi un altro carro trasportò Buck attraverso la rumorosa città.

Sonra başka bir vagon Buck'ı gürültülü kasabanın içinden taşıdı.

Un camion lo portò con sé scatole e pacchi su un traghetto.

Bir kamyon onu kutular ve paketlerle birlikte bir feribota bindirdi.

Dopo l'attraversamento, il camion lo scaricò presso un deposito ferroviario.

Geçişten sonra kamyon onu bir tren istasyonuna indirdi.

Alla fine Buck venne fatto salire a bordo di un vagone espresso in attesa.

Sonunda Buck, bekleyen bir ekspres vagonuna yerleştirildi.

Per due giorni e due notti i treni trascinarono via il vagone espresso.

İki gün iki gece trenler ekspres vagonu çekip götürdü.

Buck non mangiò né bevve durante tutto il doloroso viaggio.

Buck, tüm bu acı dolu yolculuk boyunca ne bir şey yedi ne de içti.

Quando i messaggeri cercarono di avvicinarlo, lui ringhiò.

Kuryeler kendisine yaklaşmaya çalıştıklarında homurdanıyordu.

Risposero prendendolo in giro e prendendolo in giro crudelmente.

Onlar da ona alay ederek ve acımasızca sataşarak karşılık verdiler.

Buck si gettò contro le sbarre, schiumando e tremando

Buck kendini parmaklıklara attı, köpürdü ve titredi

risero sonoramente e lo presero in giro come i bulli della scuola.

yüksek sesle gülüyorlardı ve okul bahçesindeki zorbalar gibi onunla alay ediyorlardı.

Abbaiavano come cani finti e agitavano le braccia.

Sahte köpekler gibi havlıyorlar ve kollarını çırpıyorlardı.

Arrivarono persino a cantare come galli, solo per farlo arrabbiare ancora di più.

Hatta onu daha da üzmek için horoz gibi ötüyorlardı.

Era un comportamento sciocco e Buck sapeva che era ridicolo.

Bu aptalca bir davranıştı ve Buck bunun saçma olduğunu biliyordu.

Ma questo non fece altro che accrescere il suo senso di indignazione e vergogna.

Ama bu, onun öfkesini ve utancını daha da derinleştirdi.

Durante il viaggio la fame non lo disturbò molto.

Yolculuk sırasında açlık onu pek rahatsız etmedi.

Ma la sete portava con sé dolori acuti e sofferenze insopportabili.

Fakat susuzluk, beraberinde şiddetli ağrıları ve dayanılmaz acıları getiriyordu.

La sua gola secca e infiammata e la lingua bruciavano per il calore.

Kuru, iltihaplı boğazı ve dili sıcaklıkla yanıyordu.

Questo dolore alimentava la febbre che cresceva nel suo corpo orgoglioso.

Bu acı, gururlu bedeninin içinde yükselen ateşi besliyordu.

Durante questa prova Buck fu grato per una sola cosa.

Buck, bu dava boyunca tek bir şeye şükretti.

Gli avevano tolto la corda dal grosso collo.

Kalın boynundaki ip çözülmüştü.

La corda aveva dato a quegli uomini un vantaggio ingiusto e crudele.

İp o adamlara haksız ve zalim bir avantaj sağlamıştı.

Ora la corda non c'era più e Buck giurò che non sarebbe mai più tornata.

Artık ip gitmişti ve Buck onun asla geri dönmeyeceğine yemin etti.

Decise che nessuna corda gli sarebbe mai più passata intorno al collo.

Bir daha asla boynuna ip dolanmayacağına karar verdi.

Per due lunghi giorni e due lunghe notti soffrì senza cibo.

İki uzun gün ve gece boyunca aç kaldı.

E in quelle ore, accumulò dentro di sé una rabbia enorme.

Ve o saatler içinde içinde büyük bir öfke biriktirdi.

I suoi occhi diventarono iniettati di sangue e selvaggi per la rabbia costante.

Gözleri sürekli öfkeden kan çanağına dönmüş, çılgına dönmüştü.

Non era più Buck, ma un demone con le fauci che schioccavano.

Artık Buck değildi, çeneleri şakırdayan bir iblisti.

Nemmeno il Giudice avrebbe potuto riconoscere questa folle creatura.

Hakim bile bu deli yaratığı tanıyamazdı.

I messaggeri espressi tirarono un sospiro di sollievo quando giunsero a Seattle

Ekspres kuryeler Seattle'a vardıklarında rahat bir nefes aldılar

Quattro uomini sollevarono la cassa e la portarono in un cortile sul retro.

Dört adam sandığı kaldırıp arka bahçeye getirdiler.

Il cortile era piccolo, circondato da mura alte e solide.

Avlu küçüktü, yüksek ve sağlam duvarlarla çevriliydi.

Un uomo corpulento uscì dalla stanza con una scollatura larga e una camicia rossa.

Üzerinde kırmızı, bol bir kazak gömleği olan iri yarı bir adam dışarı çıktı.

Firmò il registro delle consegne con una calligrafia spessa e decisa.

Teslimat defterini kalın ve kalın bir el yazısıyla imzaladı.

Buck intuì subito che quell'uomo era il suo prossimo aguzzino.

Buck, bu adamın kendisine bir sonraki işkenceci olacağını hemen anladı.

Si lanciò violentemente contro le sbarre, con gli occhi rossi di rabbia.

Öfkeden kızarmış gözlerle parmaklıklara doğru şiddetle atıldı.

L'uomo si limitò a sorridere amaramente e andò a prendere un'ascia.

Adam sadece karanlık bir şekilde gülümsedi ve baltayı almaya gitti.

Teneva anche una mazza nella sua grossa e forte mano destra.

Ayrıca kalın ve güçlü sağ elinde bir sopa vardı.

"Lo porterai fuori adesso?" chiese l'autista preoccupato.

"Onu şimdi mi dışarı çıkaracaksın?" diye sordu şoför endişeyle.

"Certo", disse l'uomo, infilando l'ascia nella cassa come se fosse una leva.

"Elbette," dedi adam, baltayı kaldıraç olarak kullanarak kasaya sokarken.

I quattro uomini si dileguarono all'istante, saltando sul muro del cortile.

Dört adam anında dağılıp bahçe duvarına atladılar.

Dai loro punti sicuri in alto, aspettavano di ammirare lo spettacolo.

Yukarıdaki güvenli noktalarından manzarayı izlemeyi bekliyorlardı.

Buck si lanciò contro il legno scheggiato, mordendolo e scuotendolo violentemente.

Buck parçalanmış tahtaya doğru atıldı, ısırdı ve şiddetle salladı.

Ogni volta che l'ascia colpiva la gabbia, Buck era lì pronto ad attaccarla.

(Her seferinde balta kafese çarptığında) Buck saldırmak için oradaydı.

Ringhiò e schioccò le dita in preda a una rabbia selvaggia, desideroso di essere liberato.

Özgür bırakılmak için can atarak hırladı ve vahşi bir öfkeyle bağırdı.

L'uomo all'esterno era calmo e fermo, concentrato sul suo compito.

Dışarıdaki adam sakin ve kararlıydı, işine odaklanmıştı.

"Bene allora, diavolo dagli occhi rossi", disse quando il buco fu grande.

"O zaman, kırmızı gözlü şeytan," dedi delik genişlediğinde.

Lasciò cadere l'ascia e prese la mazza nella mano destra.

Baltayı bırakıp sopayı sağ eline aldı.

Buck sembrava davvero un diavolo: aveva gli occhi iniettati di sangue e fiammeggianti.

Buck gerçekten de bir şeytana benziyordu; gözleri kan çanağı gibiydi ve alev alev yanıyordu.

Il suo pelo si rizzò, la schiuma gli salì alla bocca e gli occhi brillarono.

Tüyleri diken diken oldu, ağzından köpükler çıktı, gözleri parladı.

Lui tese i muscoli e si lanciò dritto verso il maglione rosso.

Kaslarını kasıp kırmızı kazağa doğru atıldı.

Centoquaranta libbre di furia si riversarono sull'uomo calmo.

Sakin adama 140 kiloluk bir öfke saldırdı.

Un attimo prima che le sue fauci si chiudessero, un colpo terribile lo colpì.

Çenesi kapanmadan hemen önce korkunç bir darbe yedi.

I suoi denti si schioccarono insieme solo sull'aria

Dişleri sadece havada birbirine çarptı

una scossa di dolore gli risuonò nel corpo

acının sarsıntısı vücudunda yankılandı

Si capovolse a mezz'aria e cadde sulla schiena e su un fianco.

Havada takla atarak sırt üstü ve yan tarafına düştü.

Non aveva mai sentito prima un colpo di mazza e non riusciva a sostenerlo.

Daha önce hiç sopa darbesi hissetmemiş ve bunu kavrayamamıştı.

Con un ringhio acuto, in parte abbaio, in parte urlo, saltò di nuovo.

Kısmen havlama, kısmen çığlık gibi tiz bir hırlamayla tekrar sıçradı.

Un altro colpo violento lo colpì e lo scaraventò a terra.

Bir başka vahşi darbe daha ona isabet etti ve yere savruldu.

Questa volta Buck capì: era la pesante clava dell'uomo.

Buck bu sefer anladı: Adamın ağır sopasıydı bu.

Ma la rabbia lo accecò e non pensò minimamente di ritirarsi.

Fakat öfke onu kör etmişti ve geri çekilmeyi düşünmüyordu.

Dodici volte si lanciò e dodici volte cadde.

On iki kez kendini fırlattı ve on iki kez düştü.

La mazza di legno lo colpiva ogni volta con una forza spietata e schiacciante.

Tahta sopa her seferinde acımasız, ezici bir güçle ona çarpıyordu.

Dopo un colpo violento, si rialzò barcollando, stordito e lento.

Şiddetli bir darbeden sonra sersemlemiş ve yavaş bir şekilde ayağa kalktı.

Il sangue gli colava dalla bocca, dal naso e perfino dalle orecchie.

Ağzından, burnundan, hatta kulaklarından kan akıyordu.

Il suo mantello, un tempo bellissimo, era imbrattato di schiuma insanguinata.

Bir zamanlar güzel olan paltosu kanlı köpüklerle lekelenmişti.

Poi l'uomo si fece avanti e gli sferrò un violento colpo al naso.

Sonra adam öne çıktı ve burnuna sert bir darbe indirdi.

L'agonia fu più acuta di qualsiasi cosa Buck avesse mai provato.

Buck'ın daha önce hiç hissetmediği kadar şiddetli bir acı vardı.

Con un ruggito più da bestia che da cane, balzò di nuovo all'attacco.

Bir köpekten çok bir canavarın kükremesini andıran bir sesle tekrar saldırıya geçti.

Ma l'uomo gli afferrò la mascella inferiore e la torse all'indietro.

Fakat adam alt çenesini yakaladı ve geriye doğru büktü.

Buck si girò a testa in giù e cadde di nuovo violentemente al suolo.

Buck baş aşağı döndü ve tekrar sert bir şekilde yere çakıldı.

Un'ultima volta, Buck si lanciò verso di lui, ormai a malapena in grado di reggersi in piedi.

Buck son kez ona doğru koştu, artık ayakta durmakta zorlanıyordu.

L'uomo colpì con sapiente tempismo, sferrando il colpo finale.

Adam ustaca bir zamanlamayla vurarak son darbeyi indirdi.

Buck crollò a terra, privo di sensi e immobile.

Buck baygın ve hareketsiz bir şekilde yığılıp kaldı.

"Non è uno stupido ad addestrare i cani, ecco cosa dico io", urlò un uomo.

"Köpek terbiye etmede hiç de fena değil, ben öyle diyorum," diye bağırdı bir adam.

"Druther può spezzare la volontà di un segugio in qualsiasi giorno della settimana."

"Druther, bir tazının iradesini haftanın her günü kırabilir."

"E due volte di domenica!" aggiunse l'autista.

"Ve Pazar günü iki kere!" diye ekledi şoför.

Salì sul carro e tirò le redini per partire.

Vagona bindi ve dizginleri şaklatarak yola koyuldu.

Buck riprese lentamente il controllo della sua coscienza

Buck yavaş yavaş bilincini yeniden kazandı

ma il suo corpo era ancora troppo debole e rotto per muoversi.

ama vücudu hâlâ hareket edemeyecek kadar zayıf ve kırıktı.

Rimase lì dove era caduto, osservando l'uomo con il maglione rosso.

Düştüğü yerde yatıp kırmızı kazaklı adamı izliyordu.

"Risponde al nome di Buck", disse l'uomo, leggendo ad alta voce.

"Buck adını kullanıyor," dedi adam yüksek sesle okurken.

Citò la nota inviata con la cassa di Buck e i dettagli.

Buck'ın sandığı ve detaylarıyla birlikte gönderilen nottan alıntı yaptı.

"Bene, Buck, ragazzo mio", continuò l'uomo con tono amichevole,

"Eh, Buck, oğlum," diye devam etti adam dostça bir ses tonuyla,

"Abbiamo avuto il nostro piccolo litigio, e ora tra noi è finita."

"Küçük kavgamızı yaptık ve artık aramızda bitti."

"Tu hai imparato qual è il tuo posto, e io ho imparato qual è il mio", ha aggiunto.

"Sen haddini bildin, ben de haddimi bildim" diye ekledi.

"Sii buono e tutto andrà bene e la vita sarà piacevole."

"İyi ol, her şey yoluna girecek, hayat keyifli olacak."

"Ma se sei cattivo, ti spaccherò a morte, capito?"

"Ama kötü davranırsan seni pataklarım, anladın mı?"

Mentre parlava, allungò la mano e accarezzò la testa dolorante di Buck.

Konuşurken elini uzatıp Buck'ın yaralı başını okşadı.

I capelli di Buck si rizzarono al tocco dell'uomo, ma lui non oppose resistenza.

Buck'ın tüyleri adamın dokunuşuyla diken diken oldu ama direnmedi.

L'uomo gli portò dell'acqua e Buck la bevve a grandi sorsi.

Adam ona su getirdi, Buck da onu büyük yudumlarla içti.

Poi arrivò la carne cruda, che Buck divorò pezzo per pezzo.

Sonra Buck'ın parça parça mideye indirdiği çiğ et geldi.

Sapeva di essere stato sconfitto, ma sapeva anche di non essere distrutto.

Yenildiğini biliyordu ama kırılmadığını da biliyordu.

Non aveva alcuna possibilità contro un uomo armato di manganello.

Sopalı bir adama karşı hiçbir şansı yoktu.

Aveva imparato la verità e non dimenticò mai quella lezione.

Gerçeği öğrenmişti ve bu dersi hiçbir zaman unutmadı.

Quell'arma segnò l'inizio della legge nel nuovo mondo di Buck.

Bu silah Buck'ın yeni dünyasında hukukun başlangıcıydı.

Fu l'inizio di un ordine duro e primitivo che non poteva negare.

İnkar edemeyeceği sert, ilkel bir düzenin başlangıcıydı bu.

Accettò la verità: i suoi istinti selvaggi erano ormai risvegliati.

Gerçeği kabul etti; vahşi içgüdüleri artık uyanmıştı.

Il mondo era diventato più duro, ma Buck lo affrontò coraggiosamente.

Dünya giderek daha acımasız bir hal almıştı ama Buck bununla cesurca yüzleşti.

Affrontò la vita con una nuova cautela, astuzia e una forza silenziosa.

Hayata yeni bir dikkatle, kurnazlıkla ve sessiz bir güçle yaklaştı.

Arrivarono altri cani, legati con corde o gabbie, come era successo a Buck.

Buck'ınki gibi iplere veya kasalara bağlanmış daha fazla köpek geldi.

Alcuni cani procedevano con calma, altri si infuriavano e combattevano come bestie feroci.

Kimisi sakin sakin gelirken, kimisi de vahşi hayvanlar gibi öfkelenip kavga ediyordu.

Tutti loro furono sottoposti al dominio dell'uomo con il maglione rosso.

Hepsi kırmızı kazaklı adamın yönetimi altına girdi.

Ogni volta Buck osservava e vedeva svolgersi la stessa lezione.

Buck her seferinde aynı dersin ortaya çıktığını gördü.

L'uomo con la clava era la legge: un padrone a cui obbedire.

Sopa tutan adam kanundu; itaat edilmesi gereken bir efendiydi.

Non era necessario che gli piacesse, ma che gli si obbedisse.

Sevilmeye ihtiyacı yoktu ama itaat edilmeye ihtiyacı vardı.

Buck non si è mai mostrato adulatore o scodinzolante come facevano i cani più deboli.

Buck asla zayıf köpekler gibi yaltaklanmıyor veya kuyruk sallamıyordu.

Vide dei cani che erano stati picchiati e che continuavano a leccare la mano dell'uomo.

Dövülmüş olmasına rağmen adamın elini yalayan köpekler gördü.

Vide un cane che non obbediva né si sottometteva affatto.

Bir köpeğin itaat etmediğini, boyun eğmediğini gördü.

Quel cane ha combattuto fino alla morte nella battaglia per il controllo.

O köpek kontrol mücadelesinde öldürülene kadar savaştı.

A volte degli sconosciuti venivano a trovare l'uomo con il maglione rosso.

Bazen yabancılar kırmızı kazaklı adamı görmeye gelirlerdi.

Parlavano con toni strani, supplicando, contrattando e ridendo.

Garip ses tonlarıyla konuşuyorlardı; yalvarıyor, pazarlık ediyor ve gülüyorlardı.

Dopo aver scambiato i soldi, se ne andavano con uno o più cani.

Para alışverişi yapıldığında bir veya daha fazla köpekle ayrılırlardı.

Buck si chiese dove andassero questi cani, perché nessuno faceva mai ritorno.

Buck bu köpeklerin nereye gittiğini merak ediyordu, çünkü hiçbiri geri dönmüyordu.

la paura dell'ignoto riempiva Buck ogni volta che un uomo sconosciuto si avvicinava

Buck her seferinde yabancı bir adam geldiğinde bilinmeyenin korkusuyla dolar

era contento ogni volta che veniva preso un altro cane, al posto suo.

Kendisi yerine başka bir köpeğin kaçırılmasına her seferinde seviniyordu.

Ma alla fine arrivò il turno di Buck con l'arrivo di uno strano uomo.

Ama sonunda Buck'ın sırası geldi ve garip bir adam geldi.

Era piccolo, nervoso e parlava un inglese stentato e imprecava.

Küçük, zayıftı, bozuk İngilizceyle konuşuyor ve küfürler ediyordu.

"Sacredam!" urlò quando vide il corpo di Buck.

"Kutsal!" diye bağırdı Buck'ın vücudunu gördüğünde.

"Che cane maledetto e prepotente! Eh? Quanto costa?" chiese ad alta voce.

"Bu lanet olası bir zorba köpek! Ha? Ne kadar?" diye sordu yüksek sesle.

"Trecento, ed è un regalo a quel prezzo",

"Üç yüz ve o fiyata bir hediye,"

"Dato che sono soldi del governo, non dovresti lamentarti, Perrault."

"Bu devletin parası olduğu için şikayet etmemelisin, Perrault."

Perrault sorrise pensando all'accordo che aveva appena concluso con quell'uomo.

Perrault, adamla yaptığı anlaşmaya sırıttı.

Il prezzo dei cani è salito alle stelle a causa della domanda improvvisa.

Aniden oluşan talep nedeniyle köpeklerin fiyatları fırladı.

Trecento dollari non erano ingiusti per una bestia così bella.

Böyle güzel bir hayvan için üç yüz dolar hiç de haksız sayılmazdı.

Il governo canadese non perderebbe nulla dall'accordo

Kanada Hükümeti anlaşmada hiçbir şey kaybetmeyecek

Né i loro comunicati ufficiali avrebbero subito ritardi nel trasporto.

Resmi gönderilerinin ulaştırılmasında da herhangi bir gecikme yaşanmayacak.

Perrault conosceva bene i cani e capì che Buck era una rarità.

Perrault köpekleri iyi tanıyordu ve Buck'ın nadir bir tür olduğunu görebiliyordu.

"Uno su dieci diecimila", pensò, mentre studiava la corporatura di Buck.

Buck'ın yapısını incelerken, "On binde bir," diye düşündü.

Buck vide il denaro cambiare di mano, ma non mostrò alcuna sorpresa.

Buck paranın el değiştirdiğini gördü ama şaşırmadı.

Poco dopo lui e Curly, un gentile Terranova, furono portati via.

Kısa süre sonra o ve Kıvırcık isimli nazik bir Newfoundland köpeği götürüldü.

Seguirono l'omino dal cortile della casa con il maglione rosso.

Kırmızı kazaklının bahçesinden küçük adamı takip ettiler.

Quella fu l'ultima volta che Buck vide l'uomo con la mazza di legno.

Buck, tahta sopalı adamı son kez gördü.

Dal ponte del Narwhal guardò Seattle svanire in lontananza.

Narwhal'ın güvertesinden Seattle'ın uzaklaşıp gidişini izliyordu.

Fu anche l'ultima volta che vide le calde terre del Sud.

Ayrıca sıcak Güney'i son görüşüydü.

Perrault li portò sottocoperta e li lasciò con François.

Perrault onları güverte altına aldı ve François'nın yanında bıraktı.

François era un gigante con la faccia nera e le mani ruvide e callose.

François, sert ve nasırlı elleri olan kara yüzlü bir devdi.

Era un uomo dalla carnagione scura e dalla carnagione scura, un meticcio franco-canadese.

Esmer ve esmerdi; melez bir Fransız-Kanadalıydı.

Per Buck, quegli uomini erano come non li aveva mai visti prima.

Buck'a göre bu adamlar daha önce hiç görmediği türden adamlardı.

Nei giorni a venire avrebbe avuto modo di conoscere molti di questi uomini.

İlerleyen günlerde daha birçok böyle adam tanıyacaktı.

Non cominciò ad affezionarsi a loro, ma finì per rispettarli.
Onlara karşı sevgisi artmamıştı ama saygı duymaya
başlamıştı.
**Erano giusti e saggi e non si lasciavano ingannare facilmente
da nessun cane.**
Onlar adil ve akıllıydılar ve hiçbir köpek onları kolayca
kandıramazdı.
**Giudicavano i cani con calma e punivano solo quando
meritavano.**
Köpekleri sakin bir şekilde yargılıyorlar ve sadece hak
ettiklerinde ceza veriyorlardı.
**Sul ponte inferiore del Narwhal, Buck e Curly incontrarono
due cani.**
Narwhal'ın alt güvertesinde Buck ve Kıvırcık iki köpekle
karşılaştılar.
**Uno era un grosso cane bianco proveniente dalle lontane e
gelide isole Spitzbergen.**
Bunlardan biri çok uzaklardaki buzlu Spitzbergen'den gelen
büyük beyaz bir köpekti.
**In passato aveva navigato su una baleniera e si era unito a
un gruppo di ricerca.**
Bir zamanlar bir balina avcısıyla birlikte yelken açmış ve bir
araştırma grubuna katılmıştı.
Era amichevole, ma astuto, subdolo e subdolo.
Sinsi, dolambaçlı ve hileli bir şekilde dost canlısıydı.
**Al loro primo pasto, rubò un pezzo di carne dalla padella di
Buck.**
İlk yemeklerinde Buck'ın tavasından bir parça et çaldı.
**Buck saltò per punirlo, ma la frusta di François colpì per
prima.**
Buck onu cezalandırmak için atıldı ama François'nın kırbacı
ondan önce vurdu.
Il ladro bianco urlò e Buck reclamò l'osso rubato.
Beyaz hırsız ciyakladı ve Buck çalınan kemiği geri aldı.
**Questa correttezza colpì Buck e François si guadagnò il suo
rispetto.**

Bu adalet duygusu Buck'ı etkiledi ve François onun saygısını kazandı.

L'altro cane non lo salutò e non volle nessuno in cambio.

Diğer köpek ne selam verdi ne de karşılığında selam istedi.

Non rubava il cibo, né annusava con interesse i nuovi arrivati.

Ne yiyecek çaldı, ne de yeni gelenleri ilgiyle kokladı.

Questo cane era cupo e silenzioso, cupo e lento nei movimenti.

Bu köpek asık suratlı ve sessizdi, kasvetli ve yavaş hareket ediyordu.

Avvertì Curly di stargli lontano semplicemente lanciandole un'occhiata fulminante.

Kıvırcık'ye sadece dik dik bakarak uzak durmasını uyardı.

Il suo messaggio era chiaro: lasciatemi in pace o saranno guai.

Mesajı açıktı; beni rahat bırakın, yoksa başımıza dert açılır.

Si chiamava Dave e non faceva quasi caso a ciò che lo circondava.

Adı Dave'di ve etrafının pek farkında değildi.

Dormiva spesso, mangiava tranquillamente e sbadigliava di tanto in tanto.

Sık sık uyurdu, sessizce yerdi ve ara sıra esnerdi.

La nave ronzava costantemente con il rumore dell'elica sottostante.

Geminin altındaki pervane sürekli uğulduyordu.

I giorni passarono senza grandi cambiamenti, ma il clima si fece più freddo.

Günler pek bir değişiklik olmadan geçiyordu, ama hava daha da soğudu.

Buck se lo sentiva nelle ossa e notò che anche gli altri lo sentivano.

Buck bunu kemiklerinde hissedebiliyordu ve diğerlerinin de aynı şeyi hissettiğini fark etti.

Poi una mattina l'elica si fermò e tutto rimase immobile.

Sonra bir sabah pervane durdu ve her şey hareketsiz kaldı.

Un'energia percorse la nave: qualcosa era cambiato.
Gemide bir enerji yayıldı; bir şeyler değişmişti.
François scese, li mise al guinzaglio e li portò su.
François aşağı indi, tasmalarını bağladı ve yukarı çıkardı.
Buck uscì e trovò il terreno morbido, bianco e freddo.
Buck dışarı çıktığında zeminin yumuşak, beyaz ve soğuk olduğunu gördü.
Lui fece un balzo indietro allarmato e sbuffò in preda alla confusione più totale.
Alarmla geriye sıçradı ve tam bir şaşkınlıkla homurdandı.
Una strana sostanza bianca cadeva dal cielo grigio.
Gri gökyüzünden garip beyaz bir şey düşüyordu.
Si scosse, ma i fiocchi bianchi continuavano a cadergli addosso.
Kendini silkeledi ama üzerine beyaz kar taneleri düşmeye devam etti.
Annusò attentamente la sostanza bianca e ne leccò alcuni pezzetti ghiacciati.
Beyaz şeyi dikkatle kokladı ve birkaç buzlu parçayı yaladı.
La polvere bruciò come il fuoco e poi svanì subito dalla sua lingua.
Barut ateş gibi yandı, sonra da dilinden hemen uçup gitti.
Buck ci riprovò, sconcertato dallo strano freddo che svaniva.
Buck, soğukluğun giderek kaybolması karşısında şaşkınlığını gizleyemeden tekrar denedi.
Gli uomini intorno a lui risero e Buck si sentì in imbarazzo.
Çevresindeki adamlar gülüyordu ve Buck utanmıştı.
Non sapeva perché, ma si vergognava della sua reazione.
Nedenini bilmiyordu ama tepkisinden utanıyordu.
Era la sua prima esperienza con la neve e la cosa lo confuse.
Karla ilk kez karşılaşıyordu ve kafası karışmıştı.

La legge del bastone e della zanna
Sopa ve Diş Yasası

Il primo giorno di Buck sulla spiaggia di Dyea è stato un terribile incubo.
Buck'ın Dyea plajındaki ilk günü korkunç bir kabus gibiydi.

Ogni ora portava con sé nuovi shock e cambiamenti inaspettati per Buck.
Buck için her geçen saat yeni şoklar ve beklenmedik değişimler getiriyordu.

Era stato strappato alla civiltà e gettato nel caos più totale.
Medeniyetten koparılıp vahşi bir kaosa atılmıştı.

Questa non era una vita soleggiata e pigra, fatta di noia e riposo.
Bu, sıkıcı ve dinlenmeyle dolu, güneşli ve tembel bir hayat değildi.

Non c'era pace, né riposo, né momento senza pericolo.
Ne huzur, ne dinlenme, ne de tehlikesiz bir an vardı.

La confusione regnava su tutto e il pericolo era sempre vicino.
Her şey karmakarışıktı ve tehlike her an yakındı.

Buck doveva stare attento perché quegli uomini e quei cani erano diversi.
Buck tetikte olmak zorundaydı çünkü bu adamlar ve köpekler farklıydı.

Non provenivano da città; erano selvaggi e spietati.
Bunlar şehirli değillerdi; vahşi ve acımasızdılar.

Questi uomini e questi cani conoscevano solo la legge del bastone e della zanna.
Bu adamlar ve köpekler sadece sopa ve diş yasasını biliyorlardı.

Buck non aveva mai visto dei cani combattere come questi feroci husky.
Buck daha önce hiç bu vahşi Sibirya kurdu köpekleri gibi kavga eden köpekler görmemişti.

La sua prima esperienza gli insegnò una lezione che non avrebbe mai dimenticato.

İlk deneyimi ona asla unutamayacağı bir ders vermişti.

Fu una fortuna che non fosse lui, altrimenti sarebbe morto anche lui.

Şanslıydı ki o değildi, yoksa o da ölecekti.

Curly era quello che soffriva, mentre Buck osservava e imparava.

Acı çeken Kıvırcık olurken, Buck ise seyredip ders çıkarıyordu.

Si erano accampati vicino a un deposito costruito con tronchi.

Kütüklerden yapılmış bir dükkânın yakınına kamp kurmuşlardı.

Curly cercò di essere amichevole con un grosso husky simile a un lupo.

Kıvırcık, kurt benzeri büyük bir Sibirya kurduyla dostça davranmaya çalıştı.

L'husky era più piccolo di Curly, ma aveva un aspetto selvaggio e cattivo.

Sibirya kurdu Kıvırcık'den daha küçüktü ama vahşi ve acımasız görünüyordu.

Senza preavviso, lui saltò su e le tagliò il viso.

Hiçbir uyarıda bulunmadan atlayıp yüzünü yardı.

Con un solo movimento i suoi denti le tagliarono l'occhio fino alla mascella.

Dişleri tek bir hareketle gözünden çenesine kadar indi.

Ecco come combattevano i lupi: colpivano velocemente e saltavano via.

Kurtlar böyle dövüşürdü: Hızlı vurur ve zıplayarak uzaklaşırlardı.

Ma c'era molto di più da imparare da quell'unico attacco.

Ancak bu saldırıdan öğrenilecek çok daha fazla şey vardı.

Decine di husky si precipitarono dentro e formarono un cerchio silenzioso.

Onlarca Sibirya kurdu içeri daldı ve sessiz bir çember oluşturdu.

Osservavano attentamente e si leccavano le labbra per la fame.

Dikkatle izliyorlardı ve açlıktan dudaklarını yalıyorlardı.

Buck non capiva il loro silenzio né i loro occhi ansiosi.

Buck onların sessizliğini ya da meraklı bakışlarını anlamıyordu.

Curly si lanciò ad attaccare l'husky una seconda volta.

Kıvırcık ikinci kez husky'e saldırmak için koştu.

Usò il suo petto per buttarla a terra con un movimento violento.

Güçlü bir hareketle göğsünü kullanarak onu devirdi.

Cadde su un fianco e non riuscì più a rialzarsi.

Yan tarafına düştü ve bir daha ayağa kalkamadı.

Era proprio quello che gli altri aspettavano da tempo.

İşte diğerlerinin uzun zamandır beklediği şey buydu.

Gli husky le saltarono addosso, guaindo e ringhiando freneticamente.

Sibirya kurdu köpekler çılgınca uluyup hırlayarak üzerine atladılar.

Lei urlò mentre la seppellivano sotto una pila di cani.

Köpeklerin altında gömülürken çığlık attı.

L'attacco fu così rapido che Buck rimase immobile per lo shock.

Saldırı o kadar hızlıydı ki Buck şoktan olduğu yerde donup kaldı.

Vide Spitz tirare fuori la lingua in un modo che sembrava una risata.

Spitz'in dilini kahkahaya benzer bir şekilde dışarı çıkardığını gördü.

François afferrò un'ascia e corse dritto verso il gruppo di cani.

François bir balta kaptı ve doğruca köpek grubunun içine koştu.

Altri tre uomini hanno usato dei manganelli per allontanare gli husky.

Üç kişi daha sopalarla Sibirya kurdunu uzaklaştırmaya çalıştı.

In soli due minuti la lotta finì e i cani se ne andarono.

Sadece iki dakika içinde kavga sona erdi ve köpekler ortadan kayboldu.

Curly giaceva morta nella neve rossa calpestata, con il corpo fatto a pezzi.

Kıvırcık, kırmızı, çiğnenmiş karda cansız yatıyordu, vücudu parçalanmıştı.

Un uomo dalla pelle scura era in piedi davanti a lei, maledicendo la scena brutale.

Esmer tenli bir adam başında durmuş, bu vahşi sahneye küfürler yağdırıyordu.

Il ricordo rimase con Buck e ossessionò i suoi sogni notturni.

Bu anı Buck'ın aklından hiç çıkmıyordu ve geceleri rüyalarına giriyordu.

Ecco come funzionava: niente equità, niente seconda possibilità.

Burada yol buydu; adalet yoksa ikinci bir şans da yok.

Una volta caduto un cane, gli altri lo uccidevano senza pietà.

Bir köpek düştüğünde diğerleri onu acımasızca öldürürdü.

Buck decise allora che non si sarebbe mai lasciato cadere.

Buck o zaman asla düşmeyeceğine karar verdi.

Spitz tirò fuori di nuovo la lingua e rise guardando il sangue.

Spitz tekrar dilini çıkarıp kana güldü.

Da quel momento in poi, Buck odiò Spitz con tutto il cuore.

O andan itibaren Buck, Spitz'den bütün kalbiyle nefret etti.

Prima che Buck potesse riprendersi dalla morte di Curly, accadde qualcosa di nuovo.

Buck, Kıvırcık'nin ölümünün acısını atlatamadan önce yeni bir şey oldu.

François si avvicinò e legò qualcosa attorno al corpo di Buck.

François gelip Buck'ın vücuduna bir şey bağladı.

Era un'imbracatura simile a quelle usate per i cavalli al ranch.

Çiftlikteki atlara takılanlara benzer bir koşum takımıydı.

Così come Buck aveva visto lavorare i cavalli, ora era costretto a lavorare anche lui.

Buck atların nasıl çalıştığını görmüşse, şimdi de kendisi aynı şekilde çalışmaya zorlanıyordu.

Dovette trascinare François su una slitta nella foresta vicina.

François'yı kızakla yakındaki ormana çekmek zorundaydı.

Poi dovette trascinare indietro un pesante carico di legna da ardere.

Daha sonra ağır odunları geri çekmek zorunda kaldı.

Buck era orgoglioso e gli faceva male essere trattato come un animale da lavoro.

Buck gururluydu, bu yüzden kendisine bir iş hayvanı gibi davranılması onu üzüyordu.

Ma era saggio e non cercò di combattere la nuova situazione.

Ama o akıllıydı ve yeni duruma karşı koymaya çalışmadı.

Accettò la sua nuova vita e diede il massimo in ogni compito.

Yeni hayatını kabullendi ve her görevi en iyi şekilde yerine getirdi.

Tutto di quel lavoro gli risultava strano e sconosciuto.

İşin her şeyi ona yabancı ve yabancı geliyordu.

François era severo e pretendeva obbedienza senza indugio.

François çok katıydı ve gecikmeden itaat edilmesini istiyordu.

La sua frusta garantiva che ogni comando venisse eseguito immediatamente.

Kırbacı her emrin aynı anda yerine getirilmesini sağlıyordu.

Dave era il timoniere, il cane più vicino alla slitta dietro Buck.

Dave, kızak sürücüsüydü ve Buck'ın arkasında kızağa en yakın olan köpekti.

Se commetteva un errore, Dave mordeva Buck sulle zampe posteriori.

Dave, Buck hata yaptığında onu arka bacaklarından ısırıyordu.

Spitz era il cane guida, abile ed esperto nel ruolo.

Spitz, rolünde yetenekli ve deneyimli olan baş köpekti.

Spitz non riusciva a raggiungere Buck facilmente, ma lo corresse comunque.

Spitz, Buck'a kolayca ulaşamadı ama yine de onu düzeltti.

Ringhiava aspramente o tirava la slitta in modi che insegnavano a Buck.

Sertçe hırlıyor ya da kızakları Buck'a ders verecek şekilde çekiyordu.

Grazie a questo addestramento, Buck imparò più velocemente di quanto tutti si aspettassero.

Bu eğitim sayesinde Buck, herkesin beklediğinden daha hızlı öğrendi.

Lavorò duramente e imparò sia da François che dagli altri cani.

Çok çalıştı ve hem François'dan hem de diğer köpeklerden çok şey öğrendi.

Quando tornarono, Buck conosceva già i comandi chiave.

Geri döndüklerinde Buck temel komutları çoktan öğrenmişti.

Imparò a fermarsi al suono della parola "oh" di François.

François'dan "ho" sesinde durmayı öğrendi.

Imparò quando era il momento di tirare la slitta e correre.

Kızak çekmesi ve koşması gerektiğini öğrendi.

Imparò a svoltare senza problemi nelle curve del sentiero.

Patikanın virajlarında rahatça geniş dönmeyi öğrendi.

Imparò anche a evitare Dave quando la slitta scendeva velocemente.

Ayrıca kızak hızla aşağı doğru gittiğinde Dave'den kaçınmayı da öğrendi.

"Sono cani molto buoni", disse orgoglioso François a Perrault.

François gururla Perrault'a "Onlar çok iyi köpekler" dedi.

"Quel Buck tira come un dannato, glielo insegno subito."

"Bu Buck çok iyi çekiyor. Ona hemen öğretiyorum."

Più tardi quel giorno, Perrault tornò con altri due husky.

Aynı günün ilerleyen saatlerinde Perrault iki Sibirya kurduyla daha geri geldi.

Si chiamavano Billee e Joe ed erano fratelli.

İsimleri Billee ve Joe'ydu ve kardeştiler.

Provenivano dalla stessa madre, ma non erano affatto simili.

Aynı anneden geliyorlardı ama birbirlerine hiç benzemiyorlardı.

Billee era un tipo dolce e molto amichevole con tutti.

Billee çok tatlı huylu ve herkese karşı çok arkadaş canlısıydı.

Joe era l'opposto: silenzioso, arrabbiato e sempre ringhiante.

Joe ise tam tersiydi; sessiz, öfkeli ve sürekli hırlayan biriydi.

Buck li salutò amichevolmente e si mantenne calmo con entrambi.

Buck onları dostça karşıladı ve ikisine karşı da sakin davrandı.

Dave non prestò loro attenzione e rimase in silenzio come al solito.

Dave onlara aldırış etmedi ve her zamanki gibi sessiz kaldı.

Spitz attaccò prima Billee, poi Joe, per dimostrare la sua superiorità.

Spitz önce Billee'ye, sonra da Joe'ya saldırarak üstünlüğünü gösterdi.

Billee scodinzolava e cercava di essere amichevole con Spitz.

Billee kuyruğunu salladı ve Spitz'e dostça davranmaya çalıştı.

Quando questo non funzionò, cercò di scappare.

Bu işe yaramayınca kaçmayı denedi.

Pianse tristemente quando Spitz lo morse forte sul fianco.

Spitz onu sertçe yan tarafından ısırdığında hüzünle ağladı.

Ma Joe era molto diverso e si rifiutava di farsi prendere in giro.

Ama Joe çok farklıydı ve zorbalığa boyun eğmedi.

Ogni volta che Spitz si avvicinava, Joe si girava velocemente per affrontarlo.

Spitz her yaklaştığında Joe hızla ona doğru dönüyordu.

La sua pelliccia si drizzò, le sue labbra si arricciarono e i suoi denti schioccarono selvaggiamente.

Tüyleri diken diken oldu, dudakları kıvrıldı ve dişleri çılgınca birbirine çarptı.

Gli occhi di Joe brillavano di paura e rabbia, sfidando Spitz a colpire.

Joe'nun gözleri korku ve öfkeyle parlıyordu, Spitz'e saldırmaya cesaret ediyordu.

Spitz abbandonò la lotta e si voltò, umiliato e arrabbiato.

Spitz mücadeleyi bıraktı ve aşağılanmış ve öfkelenmiş bir şekilde arkasını döndü.

Sfogò la sua frustrazione sul povero Billee e lo cacciò via.

Sinirini zavallı Billee'den çıkardı ve onu kovaladı.

Quella sera Perrault aggiunse un altro cane alla squadra.

O akşam Perrault ekibe bir köpek daha ekledi.

Questo cane era vecchio, magro e coperto di cicatrici di battaglia.

Bu köpek yaşlıydı, zayıftı ve savaş yaralarıyla kaplıydı.

Gli mancava un occhio, ma l'altro brillava di potere.

Gözlerinden biri yoktu ama diğeri güçle parlıyordu.

Il nome del nuovo cane era Solleks, che significa "l'Arrabbiato".

Yeni köpeğin adı Solleks'ti; bu da Öfkeli anlamına geliyordu.

Come Dave, Solleks non chiedeva nulla agli altri e non dava nulla in cambio.

Dave gibi Solleks de başkalarından hiçbir şey istemedi ve karşılığında hiçbir şey vermedi.

Quando Solleks entrò lentamente nell'accampamento, persino Spitz rimase lontano.

Solleks yavaşça kampa doğru yürürken Spitz bile uzak duruyordu.

Aveva una strana abitudine che Buck ebbe la sfortuna di scoprire.

Buck'ın şanssız bir şekilde keşfettiği garip bir alışkanlığı vardı.

Solleks detestava essere avvicinato dal lato in cui era cieco.

Solleks, kendisine kör olduğu taraftan yaklaşılmasından nefret ediyordu.

Buck non lo sapeva e commise quell'errore per sbaglio.

Buck bunu bilmiyordu ve bu hatayı kazara yaptı.

Solleks si voltò di scatto e colpì la spalla di Buck in modo profondo e rapido.

Solleks arkasını dönüp Buck'ın omzunu sert ve derin bir şekilde kesti.

Da quel momento in poi, Buck non si avvicinò mai più al lato cieco di Solleks.

O andan sonra Buck, Solleks'in kör noktasına hiç yaklaşmadı.

Non ebbero mai più problemi per il resto del tempo che trascorsero insieme.

Birlikte geçirdikleri süre boyunca bir daha asla sorun
yaşamadılar.

**Solleks voleva solo essere lasciato solo, come il tranquillo
Dave.**

Solleks, tıpkı sessiz Dave gibi, sadece yalnız kalmak istiyordu.

**Ma Buck avrebbe scoperto in seguito che ognuno di loro
aveva un altro obiettivo segreto.**

Ancak Buck daha sonra her birinin gizli bir amacının daha
olduğunu öğrenecekti.

**Quella notte Buck si trovò ad affrontare una nuova e
preoccupante sfida: come dormire.**

O gece Buck yeni ve sıkıntılı bir sorunla karşı karşıyaydı: Nasıl
uyuyacaktı?

**La tenda era illuminata caldamente dalla luce delle candele
nel campo innevato.**

Çadır, karlı tarlada mum ışığıyla sıcacık parlıyordu.

**Buck entrò, pensando che lì avrebbe potuto riposare come
prima.**

Buck, daha önce olduğu gibi burada dinlenebileceğini
düşünerek içeri girdi.

**Ma Perrault e François gli urlarono contro e gli tirarono delle
padelle.**

Fakat Perrault ve François ona bağırıp tava fırlatıyorlardı.

Sconvolto e confuso, Buck corse fuori nel freddo gelido.

Şok ve şaşkınlık içindeki Buck, dondurucu soğuğa doğru
koştu.

**Un vento gelido gli pungeva la spalla ferita e gli congelava
le zampe.**

Acı bir rüzgâr yaralı omzunu acıttı ve patilerini dondurdu.

Si sdraiò sulla neve e cercò di dormire all'aperto.

Karların üzerine uzanıp açıkta uyumaya çalıştı.

Ma il freddo lo costrinse presto a rialzarsi, tremando forte.

Ancak soğuk onu kısa sürede tekrar ayağa kalkmaya zorladı,
çok titriyordu.

**Vagò per l'accampamento, cercando di trovare un posto più
caldo.**

Kampın içinde dolaşıp daha sıcak bir yer bulmaya çalışıyordu.

Ma ogni angolo era freddo come quello precedente.
Ama her köşe bir önceki kadar soğuktu.
A volte dei cani feroci gli saltavano addosso dall'oscurità.
Bazen karanlığın içinden vahşi köpekler ona doğru atlıyordu.
Buck drizzò il pelo, scoprì i denti e ringhiò in tono ammonitore.
Buck tüylerini kabarttı, dişlerini gösterdi ve uyarı amaçlı hırladı.
Lui stava imparando in fretta e gli altri cani si sono subito tirati indietro.
Hızla öğreniyordu ve diğer köpekler de hemen geri çekiliyordu.
Tuttavia, non aveva un posto dove dormire e non aveva idea di cosa fare.
Ama uyuyacak yeri yoktu, ne yapacağını da bilmiyordu.
Alla fine gli venne in mente un pensiero: andare a dare un'occhiata ai suoi compagni di squadra.
En sonunda aklına bir fikir geldi: Takım arkadaşlarını kontrol etmek.
Ritornò nella loro zona e rimase sorpreso nel constatare che non c'erano più.
Onların bulunduğu yere döndüğünde onların gitmiş olduğunu görünce şaşırdı.
Cercò di nuovo nell'accampamento, ma ancora non riuscì a trovarli.
Tekrar kampı aradı, ama yine bulamadı.
Sapeva che loro non potevano stare nella tenda, altrimenti ci sarebbe stato anche lui.
Onların çadırda olamayacaklarını biliyordu, yoksa kendisi de orada olacaktı.
E allora, dove erano finiti tutti i cani in quell'accampamento ghiacciato?
Peki bu donmuş kamptaki bütün köpekler nereye gitmişti?
Buck, infreddolito e infelice, girò lentamente intorno alla tenda.
Buck, üşümüş ve perişan bir halde çadırın etrafında yavaşça daireler çiziyordu.

All'improvviso, le sue zampe anteriori sprofondarono nella neve soffice e lo spaventarono.

Bir anda ön ayakları yumuşak karın içine gömüldü ve irkildi.

Qualcosa si mosse sotto i suoi piedi e lui fece un salto indietro per la paura.

Ayaklarının altında bir şey kıpırdandı ve korkuyla geriye sıçradı.

Ringhiava e ringhiava, non sapendo cosa si nascondesse sotto la neve.

Karın altında ne olduğunu bilmeden hırladı, homurdandı.

Poi udì un piccolo abbaio amichevole che placò la sua paura.

Sonra korkusunu hafifleten dostça bir havlama duydu.

Annusò l'aria e si avvicinò per vedere cosa fosse nascosto.

Havayı kokladı ve neyin saklı olduğunu görmek için yaklaştı.

Sotto la neve, rannicchiata in una calda palla, c'era la piccola Billee.

Karların altında, sıcacık bir top gibi kıvrılmış küçük Billee vardı.

Billee scodinzolò e leccò il muso di Buck per salutarlo.

Billee kuyruğunu salladı ve Buck'ın yüzünü yalayarak onu selamladı.

Buck vide come Billee si era costruito un posto per dormire nella neve.

Buck, Billee'nin karda nasıl bir uyku yeri yaptığını gördü.

Aveva scavato e sfruttato il suo calore per scaldarsi.

Isınmak için toprağı kazmış ve kendi ısısını kullanmıştı.

Buck aveva imparato un'altra lezione: ecco come dormivano i cani.

Buck bir ders daha almıştı: Köpekler bu şekilde uyuyordu.

Scelse un posto e cominciò a scavare la sua buca nella neve.

Bir yer seçip karda kendine bir çukur kazmaya başladı.

All'inizio si muoveva troppo e sprecava energie.

İlk başlarda çok fazla hareket ediyordu ve enerjisini boşa harcıyordu.

Ma ben presto il suo corpo riscaldò lo spazio e si sentì al sicuro.

Ama kısa süre sonra vücudu ortamı ısıttı ve kendini güvende hissetti.

Si rannicchiò forte e poco dopo si addormentò profondamente.

Sıkıca kıvrıldı ve çok geçmeden derin bir uykuya daldı.

La giornata era stata lunga e dura e Buck era esausto.

Gün uzun ve zor geçmişti, Buck bitkin düşmüştü.

Dormì profondamente e comodamente, anche se fece sogni selvaggi.

Rüyaları çılgınca olsa da, derin ve rahat bir uyku çekiyordu.

Ringhiava e abbaiava nel sonno, contorcendosi mentre sognava.

Uykusunda hırlıyor ve havlıyor, rüyasında kıvranıyordu.

Buck non si svegliò finché l'accampamento non cominciò a prendere vita.

Buck, kamp canlanana kadar uyanmadı.

All'inizio non sapeva dove si trovasse o cosa fosse successo.

İlk başta nerede olduğunu ve ne olduğunu anlayamadı.

La neve era caduta durante la notte e aveva seppellito completamente il suo corpo.

Gece boyunca yağan kar, cesedini tamamen gömmüştü.

La neve lo circondava, fitta su tutti i lati.

Kar her taraftan onu sıkıştırıyordu.

All'improvviso un'ondata di paura percorse tutto il corpo di Buck.

Aniden Buck'ın tüm vücudunu bir korku dalgası sardı.

Era la paura di rimanere intrappolati, una paura che proveniva da istinti profondi.

Bu, sıkışıp kalma korkusuydu, derin içgüdülerden gelen bir korku.

Sebbene non avesse mai visto una trappola, la paura era viva dentro di lui.

Hiç tuzak görmemiş olmasına rağmen içinde korku yaşıyordu.

Era un cane addomesticato, ma ora i suoi vecchi istinti selvaggi si stavano risvegliando.

Evcil bir köpekti ama artık eski vahşi içgüdüleri uyanıyordu.

I muscoli di Buck si irrigidirono e il pelo gli si rizzò su tutta la schiena.

Buck'ın kasları gerildi ve sırtındaki tüm tüyler diken diken oldu.

Ringhiò furiosamente e balzò in piedi nella neve.

Şiddetle hırladı ve doğruca karın üzerine fırladı.

La neve volava in ogni direzione mentre lui irrompeva nella luce del giorno.

Gün ışığına çıktığında her yöne karlar uçuşuyordu.

Ancora prima di atterrare, Buck vide l'accampamento disteso davanti a lui.

Buck, henüz karaya ayak basmadan önce kampın önünde uzandığını gördü.

Ricordò tutto del giorno prima, tutto in una volta.

Bir anda önceki günden her şeyi hatırladı.

Ricordava di aver passeggiato con Manuel e di essere finito in quel posto.

Manuel'le birlikte yürüyüşlerini ve bu yere geldiklerini hatırladı.

Ricordava di aver scavato la buca e di essersi addormentato al freddo.

Çukuru kazdığını ve soğukta uyuyakaldığını hatırladı.

Ora era sveglio e il mondo selvaggio intorno a lui era limpido.

Artık uyanmıştı ve etrafındaki vahşi dünya net bir şekilde görülebiliyordu.

Un grido di François annunciò l'improvvisa apparizione di Buck.

François, Buck'ın aniden ortaya çıkışını sevinçle karşıladı.

"Cosa ho detto?" gridò a gran voce il conducente del cane a Perrault.

"Ne dedim?" diye bağırdı köpek sürücüsü Perrault'a yüksek sesle.

"Quel Buck impara sicuramente in fretta", ha aggiunto François.

François, "Bu Buck kesinlikle her şeyi çok çabuk öğreniyor," diye ekledi.

Perrault annuì gravemente, visibilmente soddisfatto del risultato.

Perrault ciddi bir tavırla başını salladı, sonuçtan açıkça memnundu.

In qualità di corriere del governo canadese, trasportava dispacci.

Kanada Hükümeti'nin kuryesi olarak haber taşıyordu.

Era ansioso di trovare i cani migliori per la sua importante missione.

Önemli görevi için en iyi köpekleri bulma konusunda istekliydi.

Ora si sentiva particolarmente contento che Buck facesse parte della squadra.

Buck'ın da ekibin bir parçası olmasından dolayı artık kendini daha da mutlu hissediyordu.

Nel giro di un'ora, alla squadra furono aggiunti altri tre husky.

Bir saat içerisinde takıma üç tane daha husky eklendi.

Ciò ha portato il numero totale dei cani della squadra a nove.

Böylece takımdaki toplam köpek sayısı dokuza çıktı.

Nel giro di quindici minuti tutti i cani erano imbracati.

On beş dakika içinde bütün köpeklerin tasmaları takılmıştı.

La squadra di slitte stava risalendo il sentiero verso Dyea Cañon.

Kızak takımı patikada Dyea Kanyonu'na doğru ilerliyordu.

Buck era contento di andarsene, anche se il lavoro che lo attendeva era duro.

Buck, önünde zorlu bir iş olmasına rağmen, ayrıldığı için mutluydu.

Scoprì di non disprezzare particolarmente né il lavoro né il freddo.

Çalışmaktan veya soğuktan özellikle nefret etmediğini gördü.

Fu sorpreso dall'entusiasmo che pervadeva tutta la squadra.

Tüm ekibi dolduran coşkuyu görünce şaşırdı.

Ancora più sorprendente fu il cambiamento avvenuto in Dave e Solleks.

Daha da şaşırtıcı olanı Dave ve Solleks'te meydana gelen değişimdi.

Questi due cani erano completamente diversi quando venivano imbrigliati.

Bu iki köpek koşumlandığında tamamen farklıydı.

La loro passività e la loro disattenzione erano completamente scomparse.

Pasiflikleri ve umursamazlıkları tamamen ortadan kalkmıştı.

Erano attenti e attivi, desiderosi di svolgere bene il loro lavoro.

Uyanık ve aktiftiler, işlerini iyi yapmaya istekliydiler.

Si irritavano ferocemente per qualsiasi cosa provocasse ritardi o confusione.

Gecikmeye veya karışıklığa sebep olan her şeyden şiddetle rahatsız oluyorlardı.

Il duro lavoro sulle redini era il centro del loro intero essere.

Dizginlerdeki sıkı çalışma, tüm varlıklarının merkeziydi.

Sembrava che l'unica cosa che gli piacesse davvero fosse tirare la slitta.

Kızak çekmek gerçekten keyif aldıkları tek şey gibi görünüyordu.

Dave era in fondo al gruppo, il più vicino alla slitta.

Dave grubun en arkasında, kızaklara en yakın olan kişiydi.

Buck fu messo davanti a Dave e Solleks superò Buck.

Buck, Dave'in önüne yerleştirildi ve Solleks, Buck'ın önüne geçti.

Il resto dei cani era disposto in fila indiana davanti a loro.

Diğer köpekler tek sıra halinde ön tarafa dizilmişlerdi.

La posizione di testa in prima linea era occupata da Spitz.

Öndeki liderliği Spitz doldurdu.

Buck era stato messo tra Dave e Solleks per essere istruito.

Buck, eğitim için Dave ile Solleks'in arasına yerleştirilmişti.

Lui imparava in fretta e gli insegnanti erano risoluti e capaci.

O çabuk öğrenen biriydi, onlar ise kararlı ve yetenekli öğretmenlerdi.

Non permisero mai a Buck di restare a lungo nell'errore.

Buck'ın uzun süre hata içinde kalmasına asla izin vermediler.

Quando necessario, impartivano le lezioni con denti affilati.

Gerektiğinde keskin dişlerle derslerini veriyorlardı.

Dave era giusto e dimostrava una saggezza pacata e seria.

Dave adil biriydi ve sessiz, ciddi bir bilgelik sergiliyordu.

Non mordeva mai Buck senza una buona ragione.

O, hiçbir zaman geçerli bir sebebi olmadan Buck'ı ısırmazdı.

Ma non mancava mai di mordere quando Buck aveva bisogno di essere corretto.

Ama Buck'ın düzeltilmeye ihtiyacı olduğunda her zaman ısrarcıydı.

La frusta di François era sempre pronta e sosteneva la loro autorità.

François'nın kırbacı her zaman hazırdı ve onların otoritesini destekliyordu.

Buck scoprì presto che era meglio obbedire che reagire.

Buck kısa sürede karşılık vermektense itaat etmenin daha iyi olduğunu anladı.

Una volta, durante un breve riposo, Buck rimase impigliato nelle redini.

Bir gün, kısa bir dinlenme sırasında Buck dizginlere takıldı.

Ritardò la partenza e confuse i movimenti della squadra.

Başlangıcı geciktirdi ve takımın hareketini karıştırdı.

Dave e Solleks si avventarono su di lui e lo picchiarono duramente.

Dave ve Solleks ona saldırdılar ve onu sert bir şekilde dövdüler.

La situazione peggiorò ulteriormente, ma Buck imparò bene la lezione.

Karmaşa daha da büyüdü ama Buck dersini iyi almıştı.

Da quel momento in poi tenne le redini tese e lavorò con attenzione.

O günden sonra dizginleri sıkı tuttu ve dikkatli çalıştı.

Prima che la giornata finisse, Buck aveva portato a termine gran parte del suo compito.

Gün bitmeden Buck görevinin çoğunu başarmıştı.

I suoi compagni di squadra quasi smisero di correggerlo o di morderlo.

Takım arkadaşları neredeyse onu düzeltmeyi veya ısırmayı bırakmışlardı.

La frusta di François schioccava nell'aria sempre meno spesso.

François'nın kırbacının havadaki şakırtısı giderek azaldı.

Perrault sollevò addirittura i piedi di Buck ed esaminò attentamente ogni zampa.

Perrault, Buck'ın ayaklarını kaldırıp her bir patisini dikkatle inceledi.

Era stata una giornata di corsa dura, lunga ed estenuante per tutti loro.

Hepsi için zorlu, uzun ve yorucu bir gün olmuştu.

Risalirono il Cañon, attraversarono Sheep Camp e superarono le Scales.

Kanyon'dan yukarı doğru yol aldılar, Koyun Kampı'ndan geçtiler ve Teraziler'i geçtiler.

Superarono il limite della vegetazione arborea, poi ghiacciai e cumuli di neve alti diversi metri.

Orman sınırını geçtiler, sonra da metrelerce derinlikteki buzulları ve kar yığınlarını geçtiler.

Scalarono il grande e freddo Chilkoot Divide.

Büyük, soğuk ve ürkütücü Chilkoot Bölgesi'ne tırmandılar.

Quella cresta elevata si ergeva tra l'acqua salata e l'interno ghiacciato.

O yüksek sırt, tuzlu su ile donmuş iç kısım arasında duruyordu.

Le montagne custodivano il triste e solitario Nord con ghiaccio e ripide salite.

Dağlar, hüzünlü ve yalnız Kuzey'i buzlarla ve dik yokuşlarla koruyordu.

Scesero rapidamente lungo una lunga catena di laghi sotto la dorsale.

Su ayrımının altında uzanan uzun göller zincirinde iyi vakit geçirdiler.

Questi laghi riempivano gli antichi crateri di vulcani spenti.

Bu göller sönmüş yanardağların eski kraterlerini dolduruyordu.

Quella notte tardi raggiunsero un grande accampamento presso il lago Bennett.

Aynı gece geç saatlerde Bennett Gölü kıyısındaki büyük bir kampa ulaştılar.

Migliaia di cercatori d'oro erano lì, intenti a costruire barche per la primavera.

Binlerce altın arayıcısı oradaydı, bahar için tekneler inşa ediyorlardı.

Il ghiaccio si sarebbe presto rotto e dovevano essere pronti.

Buzlar yakında çözülecekti ve buna hazır olmaları gerekiyordu.

Buck scavò la sua buca nella neve e cadde in un sonno profondo.

Buck karda bir çukur kazdı ve derin bir uykuya daldı.

Dormiva come un lavoratore, esausto dopo una dura giornata di lavoro.

Zorlu bir günün yorgunluğuyla, işçi gibi uyuyordu.

Ma venne strappato al sonno troppo presto, nell'oscurità.

Fakat karanlığın çok erken saatlerinde uykudan uyandırıldı.

Fu nuovamente imbrigliato insieme ai suoi compagni e attaccato alla slitta.

Tekrar arkadaşlarıyla birlikte koşum takımına bağlandı ve kızaklara bağlandı.

Quel giorno percorsero quaranta miglia, perché la neve era ben calpestata.

O gün kırk mil yol yaptılar, çünkü kar iyice çiğnenmişti.

Il giorno dopo, e per molti giorni a seguire, la neve era soffice.

Ertesi gün ve ondan sonraki günler boyunca kar yumuşaktı.

Dovettero farsi strada da soli, lavorando di più e muovendosi più lentamente.

Daha çok çalışarak ve daha yavaş hareket ederek yolu kendileri çizmek zorundaydılar.

Di solito, Perrault camminava davanti alla squadra con le ciaspole palmate.

Perrault genellikle perdeli kar ayakkabılarıyla takımın önünde yürürdü.

I suoi passi compattavano la neve, facilitando lo spostamento della slitta.

Adımları karı sıkıştırıyor, kızak hareketini kolaylaştırıyordu.

François, che era al timone della barca a vela, a volte prendeva il comando.

Dümeni dümen direğinden yöneten François, bazen dümeni devralıyordu.

Ma era raro che François prendesse l'iniziativa

Ancak François'nın öne geçmesi nadirdi

perché Perrault aveva fretta di consegnare le lettere e i pacchi.

Çünkü Perrault mektupları ve paketleri ulaştırmak için acele ediyordu.

Perrault era orgoglioso della sua conoscenza della neve, e in particolare del ghiaccio.

Perrault kar ve özellikle buz hakkındaki bilgisiyle gurur duyuyordu.

Questa conoscenza era essenziale perché il ghiaccio autunnale era pericolosamente sottile.

Bu bilgi çok önemliydi çünkü sonbahar buzları tehlikeli derecede inceydi.

Dove l'acqua scorreva rapidamente sotto la superficie non c'era affatto ghiaccio.

Suyun yüzeyin altında hızla aktığı yerlerde hiç buz yoktu.

Giorno dopo giorno, la stessa routine si ripeteva senza fine.

Gün geçtikçe aynı rutin bitmek bilmeden tekrarlanıyordu.

Buck lavorava senza sosta con le redini, dall'alba alla sera.

Buck, şafak vakti akşama kadar dizginleri elinde durmadan çalıştırdı.

Lasciarono l'accampamento al buio, molto prima che sorgesse il sole.

Güneş doğmadan çok önce, karanlıkta kamptan ayrıldılar.

Quando spuntò l'alba, avevano già percorso molti chilometri.

Gün ışıdığında, kilometrelerce yol geride kalmıştı.

Si accamparono dopo il tramonto, mangiando pesce e scavando buche nella neve.

Karanlık çöktükten sonra kamp kurup balık yiyorlar ve karın içine gömülüyorlar.

Buck era sempre affamato e non era mai veramente soddisfatto della sua razione.

Buck her zaman açtı ve aldığı erzaktan asla tam anlamıyla memnun kalmıyordu.

Riceveva ogni giorno mezzo chilo di salmone essiccato.

Her gün bir buçuk kilo kurutulmuş somon alıyordu.

Ma il cibo sembrò svanire dentro di lui, lasciandogli solo la fame.

Ama içindeki yiyecek sanki yok olmuş, geride açlık kalmıştı.

Soffriva di continui morsi della fame e sognava di avere più cibo.

Sürekli açlık sancıları çekiyordu ve daha fazla yemek hayal ediyordu.

Gli altri cani hanno ricevuto solo mezzo chilo di cibo, ma sono rimasti forti.

Diğer köpeklere sadece yarım kilo yiyecek verildi, ama onlar güçlü kaldılar.

Erano più piccoli ed erano nati in una società nordica.

Daha küçüklerdi ve kuzey yaşamına doğmuşlardı.

Perse rapidamente la pignoleria che aveva caratterizzato la sua vecchia vita.

Eski yaşamına damgasını vuran titizliği hızla yitirdi.

Fino a quel momento era stato un mangiatore prelibato, ma ora non gli era più possibile.

Eskiden çok nazik bir yiyiciydi ama artık bu mümkün değildi.

I suoi compagni arrivarono primi e gli rubarono la razione rimasta.

Arkadaşları ondan önce bitirip, onun yarım kalan tayınını çaldılar.

Una volta cominciati, non c'era più modo di difendere il cibo da loro.

Bir kere başlayınca, yiyeceğini onlara karşı savunmanın bir yolu kalmadı.

Mentre lui lottava contro due o tre cani, gli altri rubarono il resto.

O iki üç köpeği kovalarken diğerleri geri kalanını çaldılar.

Per risolvere il problema, cominciò a mangiare velocemente come mangiavano gli altri.

Bunu düzeltmek için, diğerleri ne kadar hızlı yiyorsa o da o kadar hızlı yemeye başladı.

La fame lo spingeva così forte che arrivò persino a prendere del cibo non suo.

Açlık onu öylesine bunaltmıştı ki, kendisine ait olmayan yiyecekleri bile yiyordu.

Osservò gli altri e imparò rapidamente dalle loro azioni.

Başkalarını izliyor ve onların davranışlarından hemen ders çıkarıyordu.

Vide Pike, un nuovo cane, rubare una fetta di pancetta a Perrault.

Yeni köpeği Pike'ın Perrault'dan bir dilim pastırma çaldığını gördü.

Pike aveva aspettato che Perrault gli voltasse le spalle per rubare la pagnotta.

Pike pastırmayı çalmak için Perrault'un sırtını dönmesini beklemişti.

Il giorno dopo, Buck copiò Pike e rubò l'intero pezzo.

Ertesi gün Buck, Pike'ın taklidini yaptı ve tüm parçayı çaldı.

Seguì un gran tumulto, ma Buck non fu sospettato.

Büyük bir kargaşa yaşandı ama Buck'tan şüphelenilmedi.

Al suo posto venne punito Dub, un cane goffo che veniva sempre beccato.

Her zaman yakalanan beceriksiz köpek Dub ise cezalandırıldı.

Quel primo furto fece di Buck un cane adatto a sopravvivere al Nord.

İlk hırsızlığı Buck'ın Kuzey'de hayatta kalabilecek bir köpek olduğunu kanıtladı.

Ha dimostrato di sapersi adattare alle nuove condizioni e di saper imparare rapidamente.

Yeni koşullara uyum sağlayabildiğini ve çabuk öğrenebildiğini gösterdi.

Senza tale adattabilità, sarebbe morto rapidamente e gravemente.

Bu uyum yeteneği olmasaydı, çok hızlı ve kötü bir şekilde ölürdü.

Segnò anche il crollo della sua natura morale e dei suoi valori passati.

Aynı zamanda onun ahlaki yapısının ve geçmiş değerlerinin de çöküşüne işaret ediyordu.

Nel Southland aveva vissuto secondo la legge dell'amore e della gentilezza.

Güney'de sevgi ve nezaketin kanunları altında yaşamıştı.

Lì aveva senso rispettare la proprietà e i sentimenti degli altri cani.

Bu noktada, mülkiyete ve diğer köpeklerin duygularına saygı göstermek mantıklıydı.

Ma i Northland seguivano la legge del bastone e la legge della zanna.

Ama Kuzeyliler sopalı dövüş yasasını ve diş yasasını izliyordu.

Chiunque rispettasse i vecchi valori era uno sciocco e avrebbe fallito.

Burada eski değerlere saygı gösteren aptaldır ve başarısızlığa uğrayacaktır.

Buck non rifletté su tutto questo nella sua mente.

Buck bütün bunları kafasında tartıp çözemiyordu.

Era in forma e quindi si adattò senza pensarci due volte.

Formda olduğu için düşünmeden uyum sağladı.

In tutta la sua vita non era mai fuggito da una rissa.

Hayatı boyunca hiçbir kavgadan kaçmamıştı.

Ma la mazza di legno dell'uomo con il maglione rosso cambiò la regola.

Ama kırmızı kazaklı adamın tahta sopası bu kuralı değiştirdi.

Ora seguiva un codice più profondo e antico, inscritto nel suo essere.

Artık varlığının derinliklerine yazılmış, daha eski bir kodu izliyordu.

Non rubava per piacere, ma per il dolore della fame.

Zevkten değil, açlık acısından çalıyordu.

Non rubava mai apertamente, ma rubava con astuzia e attenzione.

Hiçbir zaman açıkça soygun yapmazdı, ama kurnazca ve dikkatlice çalardı.

Agì per rispetto verso la clava di legno e per paura delle zanne.

Tahta sopaya duyduğu saygıdan, dişe duyduğu korkudan dolayı böyle davranmıştı.

In breve, ha fatto ciò che era più facile e sicuro che non farlo.

Kısacası, yapmamaktan daha kolay ve güvenli olanı yaptı.

Il suo sviluppo, o forse il suo ritorno ai vecchi istinti, fu rapido.

Gelişimi -ya da belki eski içgüdülerine dönüşü- hızlıydı.

I suoi muscoli si indurirono fino a diventare forti come il ferro.

Kasları demir gibi sertleşti.

Non gli importava più del dolore, a meno che non fosse grave.

Artık acı umurunda değildi, ciddi olmadığı sürece.

Divenne efficiente dentro e fuori, senza sprecare nulla.

İçeride ve dışarıda verimli oldu, hiçbir şeyi israf etmedi.

Poteva mangiare cose disgustose, marce o difficili da digerire.

Kötü, çürümüş veya hazmı zor olan şeyleri yiyebilirdi.

Qualunque cosa mangiasse, il suo stomaco ne sfruttava ogni singolo pezzetto di valore.

Ne yerse midesi onun son zerresini kullanıyordu.

Il suo sangue trasportava i nutrienti in tutto il suo potente corpo.

Kanı, besinleri güçlü bedeninin her yanına taşıyordu.

Ciò gli ha permesso di sviluppare tessuti forti che gli hanno conferito un'incredibile resistenza.

Bu, ona inanılmaz bir dayanıklılık kazandıran güçlü dokular oluşturdu.

La sua vista e il suo olfatto diventarono molto più sensibili di prima.

Görme ve koku alma duyusu eskisinden çok daha hassas hale gelmişti.

Il suo udito diventò così acuto che riusciva a percepire anche i suoni più deboli durante il sonno.

İşitme duyusu o kadar keskinleşmişti ki, uykusunda hafif sesleri bile duyabiliyordu.

Nei sogni sapeva se quei suoni significavano sicurezza o pericolo.

Rüyalarında seslerin güvenlik mi yoksa tehlike mi anlamına geldiğini biliyordu.

Imparò a mordere con i denti il ghiaccio tra le dita dei piedi.

Ayak parmaklarının arasındaki buzu dişleriyle ısırmayı öğrendi.

Se una pozza d'acqua si ghiacciava, lui rompeva il ghiaccio con le gambe.

Bir su birikintisi donarsa, bacaklarıyla buzu kırardı.

Si impennò e colpì duramente il ghiaccio con gli arti anteriori rigidi.

Ayağa kalktı ve sert ön ayaklarıyla buza sertçe vurdu.

La sua abilità più sorprendente era quella di prevedere i cambiamenti del vento durante la notte.

En dikkat çekici yeteneği ise gece boyunca rüzgar değişimlerini tahmin etmesiydi.

Anche quando l'aria era immobile, sceglieva luoghi riparati dal vento.

Hava sakin olduğunda bile rüzgârdan korunaklı yerleri seçiyordu.

Ovunque scavasse il nido, il vento del giorno dopo lo superava.

Yuvasını nereye kazdıysa, ertesi günün rüzgârı yanından geçip gidiyordu.

Alla fine si ritrovava sempre al sicuro e protetto, al riparo dal vento.

O her zaman rüzgarın rüzgâraltı tarafında, güvende ve korunaklı bir yerde olurdu.

Buck non solo imparò dall'esperienza: anche il suo istinto tornò.

Buck sadece deneyimle öğrenmedi; içgüdüleri de geri geldi.

Le abitudini delle generazioni addomesticate cominciarono a scomparire.

Evcilleştirilmiş nesillerin alışkanlıkları azalmaya başladı.

Ricordava vagamente i tempi antichi della sua razza.

Belli belirsiz de olsa, kendi soyunun kadim zamanlarını hatırlıyordu.

Ripensò a quando i cani selvatici correvano in branco nelle foreste.

Vahşi köpeklerin sürüler halinde ormanlarda koştuğu zamanları düşündü.

Avevano inseguito e ucciso la loro preda mentre la inseguivano.

Avlarını kovalarken yakalayıp öldürmüşlerdi.

Per Buck fu facile imparare a combattere con forza e velocità.

Buck için dişle ve hızla dövüşmeyi öğrenmek kolaydı.

Come i suoi antenati, usava tagli, squarci e schiocchi rapidi.

Tıpkı ataları gibi kesme, eğik çizgi çekme ve hızlı fotoğraf çekme tekniklerini kullanıyordu.

Quegli antenati si risvegliarono in lui e risvegliarono la sua natura selvaggia.

İçindeki atalar harekete geçti ve vahşi doğasını uyandırdı.

Le loro vecchie abilità gli erano state trasmesse attraverso la linea di sangue.

Eski becerileri ona kan bağıyla geçmişti.

Ora i loro trucchi erano suoi, senza bisogno di pratica o sforzo.

Artık onların hileleri onundu, pratik yapmaya veya çaba göstermeye gerek yoktu.

Nelle notti fredde e tranquille, Buck sollevava il naso e ululò.

Sessiz ve soğuk gecelerde Buck burnunu kaldırıp uluyordu.

Ululò a lungo e profondamente, come facevano i lupi tanto tempo fa.

Uzun ve derin bir şekilde uluyordu, tıpkı kurtların uzun zaman önce yaptığı gibi.

Attraverso di lui, i suoi antenati defunti puntarono il naso e ulularono.

Onun aracılığıyla ölmüş ataları burunlarını uzatıp uluyorlardı.

Hanno ululato attraverso i secoli con la sua voce e la sua forma.

Yüzyıllar boyunca onun sesi ve şekliyle uludular.

Le sue cadenze erano le loro, vecchi gridi che parlavano di dolore e di freddo.

Onun ahenkleri onlarındı, kederi ve soğuğu anlatan eski çığlıklar.

Cantavano dell'oscurità, della fame e del significato dell'inverno.

Karanlığın, açlığın ve kışın anlamının şarkılarını söylediler.

Buck ha dimostrato come la vita sia plasmata da forze che vanno oltre noi stessi,

Buck, hayatın kişinin kendi dışındaki güçler tarafından nasıl şekillendirildiğini kanıtladı.

l'antico canto risuonò nelle vene di Buck e si impadronì della sua anima.

kadim şarkı Buck'ın içinden yükselip ruhunu ele geçirdi.

Ritrovò se stesso perché gli uomini avevano trovato l'oro nel Nord.

Kuzey'de altın bulan adamlar sayesinde kendini buldu.

E lo trovò perché Manuel, l'aiutante giardiniere, aveva bisogno di soldi.

Ve kendini buldu çünkü bahçıvanın yardımcısı Manuel'in paraya ihtiyacı vardı.

La Bestia Primordiale Dominante
Hakim İlkel Canavar

La bestia primordiale dominante era più forte che mai in Buck.
Buck'ın içindeki egemen ilkel canavar her zamanki gibi güçlüydü.

Ma la bestia primordiale dominante era rimasta dormiente in lui.
Ama egemen ilkel canavar onun içinde uykuda kalmıştı.

La vita sui sentieri era dura, ma rafforzava la bestia che era in Buck.
Patika hayatı zordu ama Buck'ın içindeki canavarı güçlendirdi.

Segretamente la bestia diventava sempre più forte ogni giorno.
Gizlice canavar her geçen gün daha da güçleniyordu.

Ma quella crescita interiore è rimasta nascosta al mondo esterno.
Ama o içsel büyüme dış dünyadan gizli kaldı.

Una forza primordiale calma e silenziosa si stava formando dentro Buck.
Buck'ın içinde sessiz ve sakin bir ilkel güç oluşuyordu.

Una nuova astuzia diede a Buck equilibrio, calma e compostezza.
Yeni kurnazlık Buck'a denge, sakinlik ve kontrol kazandırdı.

Buck si concentrò molto sull'adattamento, senza mai sentirsi completamente rilassato.
Buck, uyum sağlamaya çok odaklandı, ancak hiçbir zaman tam anlamıyla rahatlayamadığını hissetti.

Evitava i conflitti, non iniziava mai litigi e non cercava mai guai.
Çatışmadan uzak durdu, asla kavga çıkarmadı, sorun yaratmaya çalışmadı.

Ogni mossa di Buck era scandita da una riflessione lenta e costante.

Buck'ın her hareketini yavaş, istikrarlı bir düşüncelilik
şekillendiriyordu.
**Evitava scelte avventate e decisioni improvvise e
sconsiderate.**
Aceleci tercihlerden ve ani, pervasız kararlardan kaçındı.
**Sebbene Buck odiasse profondamente Spitz, non gli mostrò
alcuna aggressività.**
Buck, Spitz'den çok nefret etmesine rağmen ona karşı hiçbir
saldırganlık göstermedi.
**Buck non provocò mai Spitz e mantenne le sue azioni
moderate.**
Buck, Spitz'i hiçbir zaman kışkırtmadı ve hareketlerini
sınırladı.
Spitz, d'altro canto, percepì il pericolo crescente in Buck.
Spitz ise Buck'taki giderek artan tehlikeyi seziyordu.
**Vedeva Buck come una minaccia e una seria sfida al suo
potere.**
Buck'ı bir tehdit ve iktidarına karşı ciddi bir meydan okuma
olarak görüyordu.
**Coglieva ogni occasione per ringhiare e mostrare i suoi denti
aguzzi.**
Her fırsatta hırlayıp sivri dişlerini gösteriyordu.
**Stava cercando di dare inizio allo scontro mortale che
sarebbe dovuto avvenire.**
Gelecek olan ölümcül mücadeleyi başlatmaya çalışıyordu.
All'inizio del viaggio, tra loro scoppiò quasi una lite.
Yolculuğun başlarında aralarında neredeyse kavga çıkacaktı.
**Ma un incidente inaspettato impedì che il combattimento
avesse luogo.**
Ancak beklenmeyen bir kaza mücadeleyi engelledi.
Quella sera si accamparono sul gelido lago Le Barge.
O akşam, dondurucu soğuktaki Le Barge Gölü'nün kıyısına
kamp kurdular.
La neve cadeva fitta e il vento era tagliente come una lama.
Kar çok şiddetli yağıyordu, rüzgar bıçak gibi kesiyordu.
La notte era scesa troppo in fretta e l'oscurità li aveva avvolti.
Gece çok çabuk çökmüştü ve etraflarını karanlık sarmıştı.

Difficilmente avrebbero potuto scegliere un posto peggiore per riposare.

Dinlenmek için bundan daha kötü bir yer seçemezlerdi.

I cani cercavano disperatamente un posto dove sdraiarsi.

Köpekler çaresizce yatacak yer arıyorlardı.

Dietro il piccolo gruppo si ergeva un'alta parete rocciosa.

Küçük grubun arkasında dik bir kaya duvarı yükseliyordu.

Per alleggerire il carico, la tenda era stata lasciata a Dyea.

Çadır yükün hafiflemesi için Dyea'da bırakılmıştı.

Non avevano altra scelta che accendere il fuoco direttamente sul ghiaccio.

Ateşi buzun üzerinde yakmaktan başka çareleri yoktu.

Stendevano i loro accappatoi direttamente sul lago ghiacciato.

Uyku tulumlarını doğrudan donmuş gölün üzerine serdiler.

Qualche pezzo di legno galleggiante dava loro un po' di fuoco.

Birkaç dal parçası onlara biraz ateş verdi.

Ma il fuoco è stato acceso sul ghiaccio e attraverso di esso si è scongelato.

Ama ateş buzun üzerine yakılmıştı ve buzun içinden geçerek eridi.

Alla fine cenarono al buio.

Sonunda akşam yemeklerini karanlıkta yiyorlardı.

Buck si rannicchiò accanto alla roccia, al riparo dal vento freddo.

Buck, soğuk rüzgardan korunmak için kayanın yanına kıvrıldı.

Il posto era così caldo e sicuro che Buck non voleva andarsene.

Orası o kadar sıcak ve güvenliydi ki Buck oradan ayrılmak istemiyordu.

Ma François aveva scaldato il pesce e stava distribuendo le razioni.

Ama François balığı ısıtmıştı ve erzak dağıtıyordu.

Buck finì di mangiare in fretta e tornò a letto.

Buck yemeğini çabucak bitirip yatağına döndü.

Ma Spitz ora giaceva dove Buck aveva preparato il suo letto.
Ama Spitz şimdi Buck'ın yatağını yaptığı yerde yatıyordu.
Un ringhio basso avvertì Buck che Spitz si rifiutava di muoversi.
Alçak bir hırlama, Buck'ı Spitz'in hareket etmeyi reddettiği konusunda uyardı.
Finora Buck aveva evitato lo scontro con Spitz.
Buck, şimdiye kadar Spitz'le olan bu kavgadan kaçınmıştı.
Ma nel profondo di Buck la bestia alla fine si liberò.
Ama Buck'ın içinde canavar sonunda serbest kaldı.
Il furto del suo posto letto era troppo da tollerare.
Yattığı yerin çalınması tahammül edilemeyecek kadar büyük bir şeydi.
Buck si lanciò contro Spitz, pieno di rabbia e furore.
Buck öfke ve hiddetle Spitz'e doğru atıldı.
Fino a quel momento Spitz aveva pensato che Buck fosse solo un grosso cane.
Spitz, o zamana kadar Buck'ın sadece büyük bir köpek olduğunu düşünüyordu.
Non pensava che Buck fosse sopravvissuto grazie al suo spirito.
Buck'ın ruhu sayesinde hayatta kalabildiğini düşünmüyordu.
Si aspettava paura e codardia, non furia e vendetta.
Öfke ve intikam değil, korku ve korkaklık bekliyordu.
François rimase a guardare mentre entrambi i cani schizzavano fuori dal nido in rovina.
François, iki köpeğin de harap yuvadan fırladığını görünce bakakaldı.
Capì subito cosa aveva scatenato quella violenta lotta.
Vahşi mücadelenin nereden başladığını hemen anladı.
"Aa-ah!" gridò François in sostegno del cane marrone.
"Aa-ah!" diye bağırdı François kahverengi köpeğe destek olmak için.
"Dategli una bella lezione! Per Dio, punite quel ladro furbo!"
"Dayak atın şuna! Vallahi o sinsi hırsızı cezalandırın!"
Spitz dimostrò altrettanta prontezza e fervore nel combattere.

Spitz de aynı derecede hazır olma ve vahşi bir savaşma isteği gösterdi.

Gridò di rabbia mentre girava velocemente in tondo, cercando un varco.

Hızla daireler çizerek bir açıklık ararken öfkeyle haykırdı.

Buck mostrò la stessa fame di combattere e la stessa cautela.

Buck aynı savaş açlığını ve aynı temkinliliği gösteriyordu.

Anche lui girò intorno al suo avversario, cercando di avere la meglio nella battaglia.

O da rakibini çevreleyerek savaşta üstünlük sağlamaya çalışıyordu.

Poi accadde qualcosa di inaspettato e cambiò tutto.

Sonra beklenmedik bir şey oldu ve her şey değişti.

Quel momento ritardò l'eventuale lotta per la leadership.

İşte o an liderlik mücadelesinin ertelenmesine sebep oldu.

Ci sarebbero ancora molti chilometri di sentiero e di lotta da percorrere prima della fine.

Sonuna kadar daha kilometrelerce patika ve mücadele bizi bekliyordu.

Perrault urlò un'imprecazione mentre una mazza colpiva l'osso.

Sopanın kemiğe çarpmasıyla Perrault bir küfür savurdu.

Seguì un acuto grido di dolore, poi il caos esplose tutt'intorno.

Ardından keskin bir acı çığlığı duyuldu, ardından her tarafta kaos patlak verdi.

Forme scure si muovevano nell'accampamento: husky selvatici, affamati e feroci.

Kampta karanlık şekiller hareket ediyordu; aç ve vahşi Sibirya kurtları.

Quattro o cinque dozzine di husky avevano fiutato l'accampamento da molto lontano.

Dört-beş düzine Sibirya kurdu uzaklardan kampın kokusunu almıştı.

Si erano introdotti furtivamente mentre i due cani litigavano lì vicino.

Yakınlarda iki köpek kavga ederken sessizce içeriye girmişlerdi.

François e Perrault si lanciarono all'attacco, colpendo con i manganelli gli invasori.

François ve Perrault, işgalcilere sopalarla saldırdılar.

Gli husky affamati mostrarono i denti e si dibatterono freneticamente.

Açlıktan ölmek üzere olan Sibirya kurtları dişlerini göstererek çılgınca mücadele ettiler.

L'odore della carne e del pane li aveva fatti superare ogni paura.

Et ve ekmek kokusu onları tüm korkularından kurtarmıştı.

Perrault picchiò un cane che aveva nascosto la testa nella buca delle vivande.

Perrault, kafasını yiyecek kutusuna gömen bir köpeği dövdü.

Il colpo fu violento e la scatola si ribaltò, facendo fuoriuscire il cibo.

Darbe sert oldu ve kutu devrilip içindeki yiyecekler döküldü.

Nel giro di pochi secondi, una ventina di bestie feroci si avventarono sul pane e sulla carne.

Birkaç saniye içinde onlarca vahşi hayvan ekmeği ve eti parçalamaya başladı.

I bastoni degli uomini sferrarono un colpo dopo l'altro, ma nessun cane si allontanò.

Erkeklerin sopaları ardı ardına darbeler indirdi, ancak hiçbir köpek geri dönmedi.

Urlavano di dolore, ma continuarono a lottare finché non rimase più cibo.

Acı içinde uluyorlardı, ama yiyecek kalmayana kadar savaşıyorlardı.

Nel frattempo i cani da slitta erano saltati giù dalle loro culle innevate.

Bu arada kızak köpekleri karlı yataklarından atlamışlardı.

Furono immediatamente attaccati dai feroci e affamati husky.

Anında vahşi ve aç Sibirya kurtlarının saldırısına uğradılar.

Buck non aveva mai visto prima creature così selvagge e affamate.

Buck daha önce hiç bu kadar vahşi ve aç yaratıklar görmemişti.

La loro pelle pendeva flaccida, nascondendo a malapena lo scheletro.

Derileri sarkıyordu, iskeletlerini zar zor gizliyordu.

C'era un fuoco nei loro occhi, per fame e follia

Gözlerinde açlıktan ve delilikten bir ateş vardı

Non c'era modo di fermarli, di resistere al loro assalto selvaggio.

Onları durdurmanın, vahşi saldırılarına karşı koymanın bir yolu yoktu.

I cani da slitta vennero spinti indietro e premuti contro la parete della scogliera.

Kızak köpekleri geriye doğru itilerek uçurum duvarına sıkıştırıldılar.

Tre husky attaccarono Buck contemporaneamente, lacerandogli la carne.

Üç Sibirya kurdu aynı anda Buck'a saldırdı ve etini parçaladı.

Il sangue gli colava dalla testa e dalle spalle, dove era stato tagliato.

Başından ve omuzlarından kesildiği yerden kanlar akıyordu.

Il rumore riempì l'accampamento: ringhi, guaiti e grida di dolore.

Gürültü kampı doldurdu; hırlamalar, ciyaklamalar ve acı dolu çığlıklar.

Billee pianse forte, come al solito, presa dal panico e dalla mischia.

Billee her zamanki gibi, kavga ve paniğe kapılarak yüksek sesle ağladı.

Dave e Solleks rimasero fianco a fianco, sanguinanti ma con aria di sfida.

Dave ve Solleks yan yana duruyorlardı, kanıyorlardı ama meydan okuyorlardı.

Joe lottava come un demonio, mordendo tutto ciò che gli si avvicinava.

Joe şeytan gibi dövüşüyor, yaklaşan her şeyi ısırıyordu.

Con un violento schiocco di mascelle schiacciò la zampa di un husky.

Çenesinin tek bir vahşice şaklamasıyla bir Sibirya kurdunun bacağını ezdi.

Pike saltò sull'husky ferito e gli ruppe il collo all'istante.

Pike yaralı köpeğin üzerine atladı ve boynunu anında kırdı.

Buck afferrò un husky per la gola e gli strappò la vena.

Buck, bir Sibirya kurdunun boğazını yakaladı ve damarını parçaladı.

Il sangue schizzò e il sapore caldo mandò Buck in delirio.

Kan fışkırdı ve sıcak tat Buck'ı çılgına çevirdi.

Si lanciò contro un altro aggressore senza esitazione.

Hiç tereddüt etmeden diğer saldırgana doğru atıldı.

Nello stesso momento, denti aguzzi si conficcarono nella gola di Buck.

Aynı anda keskin dişler Buck'ın boğazına saplandı.

Spitz aveva colpito di lato, attaccando senza preavviso.

Spitz, uyarıda bulunmadan yan taraftan saldırmıştı.

Perrault e François avevano sconfitto i cani rubando il cibo.

Perrault ve François, yiyecekleri çalan köpekleri yenmişlerdi.

Ora si precipitarono ad aiutare i loro cani a respingere gli aggressori.

Şimdi saldırganlara karşı koymak için köpeklerine yardıma koştular.

I cani affamati si ritirarono mentre gli uomini roteavano i loro manganelli.

Adamlar sopalarını sallayınca aç köpekler geri çekildi.

Buck riuscì a liberarsi dall'attacco, ma la fuga fu breve.

Buck saldırıdan kurtuldu ancak kaçışı kısa sürdü.

Gli uomini corsero a salvare i loro cani e gli husky tornarono ad attaccarli.

Adamlar köpeklerini kurtarmak için koşuştururken, Sibirya kurdu tekrar üşüştü.

Billee, spaventato e coraggioso, si lanciò nel branco di cani.

Billee korkudan cesaret bularak köpek sürüsünün içine atladı.

Ma poi fuggì attraverso il ghiaccio, in preda al terrore e al panico.

Ama sonra büyük bir korku ve panik içinde buzun üzerinden kaçmaya başladı.

Pike e Dub li seguirono da vicino, correndo per salvarsi la vita.

Pike ve Dub da canlarını kurtarmak için hemen arkalarından koştular.

Il resto della squadra si disperse e li inseguì.

Takımın geri kalanı da dağılıp onları takip etti.

Buck raccolse le forze per correre, ma poi vide un lampo.

Buck koşmak için gücünü topladı ama sonra bir ışık gördü.

Spitz si lanciò verso Buck, cercando di buttarlo a terra.

Spitz, Buck'ın yanına atılarak onu yere sermeye çalıştı.

Sotto quella banda di husky, Buck non avrebbe avuto scampo.

Buck'ın o Sibirya kurdu sürüsü altında kaçması mümkün değildi.

Ma Buck rimase fermo e si preparò al colpo di Spitz.

Ama Buck, Spitz'in darbesine karşı dik durdu ve kendini hazırladı.

Poi si voltò e corse sul ghiaccio con la squadra in fuga.

Daha sonra dönüp kaçan takımla birlikte buzun üzerine koştu.

Più tardi i nove cani da slitta si radunarono al riparo del bosco.

Daha sonra dokuz kızak köpeği ormanın sığınağında toplandılar.

Nessuno li inseguiva più, ma erano malconci e feriti.

Artık onları kovalayan yoktu ama darp edilmişlerdi, yaralanmışlardı.

Ogni cane presentava delle ferite: quattro o cinque tagli profondi su ogni corpo.

Her köpeğin yaraları vardı; her birinin vücudunda dört veya beş derin kesik vardı.

Dub aveva una zampa posteriore ferita e ora faceva fatica a camminare.

Dub'ın arka bacağında bir sakatlık vardı ve artık yürümekte zorlanıyordu.

Dolly, l'ultimo cane arrivato da Dyea, aveva la gola tagliata.

Dyea'nın en yeni köpeği Dolly'nin boğazı kesilmişti.

Joe aveva perso un occhio e l'orecchio di Billee era stato tagliato a pezzi

Joe bir gözünü kaybetmişti ve Billee'nin kulağı parçalanmıştı

Tutti i cani piansero per il dolore e la sconfitta durante la notte.

Bütün köpekler gece boyunca acı ve yenilgiyle ağladılar.

All'alba tornarono lentamente all'accampamento, doloranti e distrutti.

Şafak vakti yaralı ve bitkin bir halde kampa geri döndüler.

Gli husky erano scomparsi, ma il danno era fatto.

Sibirya kurdu köpekleri kaybolmuştu ama asıl zarar verilmişti.

Perrault e François erano di pessimo umore e osservavano le rovine.

Perrault ve François harabenin başında sinirli sinirli duruyorlardı.

Metà del cibo era sparito, rubato dai ladri affamati.

Aç hırsızlar yiyeceklerin yarısını kapmışlardı.

Gli husky avevano strappato le corde e la tela della slitta.

Kızak köpekleri kızak bağlarını ve brandaları parçalamıştı.

Tutto ciò che aveva odore di cibo era stato divorato completamente.

Yemek kokusu olan her şey tamamen yenmişti.

Mangiarono un paio di stivali da viaggio in pelle di alce di Perrault.

Perrault'un geyik derisinden yapılmış seyahat çizmelerinden bir çiftini yediler.

Hanno masticato le pelli e rovinato i cinturini rendendoli inutilizzabili.

Deri reisleri çiğnediler ve kayışları kullanılamaz hale getirdiler.

François smise di fissare la frusta strappata per controllare i cani.

François kopan kirpiğe bakmayı bırakıp köpekleri kontrol etti.

«Ah, amici miei», disse con voce bassa e preoccupata.

"Ah, dostlarım," dedi, sesi alçak ve endişe doluydu.

"Forse tutti questi morsi vi trasformeranno in bestie pazze."

"Belki de bütün bu ısırıklar sizi çılgın canavarlara dönüştürecek."

"Forse tutti cani rabbiosi, sacredam! Che ne pensi, Perrault?"

"Belki de hepsi deli köpekler, sacredam! Sen ne düşünüyorsun, Perrault?"

Perrault scosse la testa, con gli occhi scuri per la preoccupazione e la paura.

Perrault başını iki yana salladı, gözleri endişe ve korkuyla kararmıştı.

C'erano ancora quattrocento miglia tra loro e Dawson.

Onlarla Dawson arasında hâlâ dört yüz mil mesafe vardı.

La follia dei cani potrebbe ormai distruggere ogni possibilità di sopravvivenza.

Artık köpek çılgınlığı hayatta kalma şansını yok edebilir.

Hanno passato due ore a imprecare e a cercare di riparare l'attrezzatura.

İki saat küfür edip teçhizatı tamir etmeye çalıştılar.

La squadra ferita alla fine lasciò l'accampamento, distrutta e sconfitta.

Yaralı tim sonunda dağılmış ve yenik bir halde kamptan ayrıldı.

Questo è stato il sentiero più duro finora e ogni passo è stato doloroso.

Bu şimdiye kadarki en zor parkurdu ve her adımı acı vericiydi.

Il fiume Thirty Mile non era ghiacciato e scorreva impetuoso.

Otuz Mil Nehri donmamıştı ve çılgınca akıyordu.

Soltanto nei punti calmi e nei vortici il ghiaccio riusciva a resistere.

Buz, yalnızca sakin noktalarda ve girdaplı yerlerde tutunmayı başardı.

Trascorsero sei giorni di duro lavoro per percorrere le trenta miglia.

Otuz mil tamamlanana kadar altı gün boyunca zorlu bir çalışma yapıldı.

Ogni miglio del sentiero porta con sé pericoli e minacce di morte.

Yolun her bir mili tehlike ve ölüm tehdidi taşıyordu.

Uomini e cani rischiavano la vita a ogni passo doloroso.

Adamlar ve köpekler her acı dolu adımda hayatlarını tehlikeye atıyorlardı.

Perrault riuscì a superare i sottili ponti di ghiaccio una dozzina di volte.

Perrault ince buz köprülerini bir düzineden fazla kez aştı.

Prese un palo e lo lasciò cadere nel buco creato dal suo corpo.

Bir sırık alıp vücudunun açtığı deliğin üzerine düşürdü.

Quel palo salvò Perrault più di una volta dall'annegamento.

O direk Perrault'u birçok kez boğulmaktan kurtardı.

L'ondata di freddo persisteva, la temperatura era di cinquanta gradi sotto zero.

Soğuk hava etkisini sürdürüyordu, hava sıfırın altında elli dereceydi.

Ogni volta che cadeva, Perrault era costretto ad accendere un fuoco per sopravvivere.

Perrault her düştüğünde hayatta kalmak için ateş yakmak zorunda kalıyordu.

Gli abiti bagnati si congelavano rapidamente, perciò li faceva asciugare vicino al calore cocente.

Islak elbiseler çabuk donuyordu, bu yüzden onları yakıcı sıcağın yanında kurutuyordu.

Perrault non provava mai paura, e questo faceva di lui un corriere.

Perrault'un hiçbir zaman korkusu olmadı ve bu onu bir kurye yaptı.

Fu scelto per affrontare il pericolo e lo affrontò con silenziosa determinazione.

Tehlike için seçilmişti ve o, bu tehlikeyi sessiz bir kararlılıkla karşıladı.

Si spinse in avanti controvento, con il viso raggrinzito e congelato.

Rüzgâra doğru ilerledi, buruşmuş yüzü donmuştu.

Perrault li guidò in avanti dall'alba al tramonto.

Perrault, şafak vakti karanlık çökene kadar onları ileriye doğru götürdü.

Camminava sul ghiaccio sottile che scricchiolava a ogni passo.

Her adımda çatlayan dar buz kütlesinin üzerinde yürüyordu.

Non osavano fermarsi: ogni pausa rischiava di provocare un crollo mortale.

Durmaya cesaret edemiyorlardı; her duraklama ölümcül bir çöküşe yol açma tehlikesi taşıyordu.

Una volta la slitta si ruppe, trascinando dentro Dave e Buck.

Bir keresinde kızak kırılarak Dave ve Buck'ı içeri çekti.

Quando furono liberati, entrambi erano quasi congelati.

Serbest bırakıldıklarında ikisi de neredeyse donmuştu.

Gli uomini accesero rapidamente un fuoco per salvare Buck e Dave.

Adamlar Buck ve Dave'i hayatta tutmak için hemen ateş yaktılar.

I cani erano ricoperti di ghiaccio dal naso alla coda, rigidi come legno intagliato.

Köpekler burunlarından kuyruklarına kadar buzla kaplıydı, oyulmuş tahta kadar serttiler.

Gli uomini li fecero correre in cerchio vicino al fuoco per scongelarne i corpi.

Adamlar, vücutlarının erimesini sağlamak için onları ateşin etrafında daireler çizerek koşturuyorlardı.

Si avvicinarono così tanto alle fiamme che la loro pelliccia rimase bruciacchiata.

Alevlere o kadar yaklaştılar ki, tüyleri yandı.

Spitz ruppe poi il ghiaccio, trascinando dietro di sé la squadra.

Spitz daha sonra buzları kırarak arkasındaki takımı da içeri çekti.

La frenata arrivava fino al punto in cui Buck stava tirando.

Kopuş Buck'ın çektiği yere kadar uzanıyordu.

Buck si appoggiò bruscamente allo schienale, con le zampe che scivolavano e tremavano sul bordo.

Buck sertçe geriye yaslandı, pençeleri kenarda kayıyor ve titriyordu.

Anche Dave si sforzò all'indietro, proprio dietro Buck sulla linea.

Dave de Buck'ın hemen arkasında çizgide geriye doğru zorlandı.

François tirava la slitta e i suoi muscoli scricchiolavano per lo sforzo.

François kızakla çekişirken kasları çabadan çatırdıyordu.

Un'altra volta, il ghiaccio del bordo si è crepato davanti e dietro la slitta.

Başka bir sefer de kızak önünde ve arkasında buzlar çatladı.

Non avevano altra via d'uscita se non quella di arrampicarsi su una parete ghiacciata.

Donmuş bir uçurum duvarına tırmanmaktan başka çıkış yolları yoktu.

In qualche modo Perrault riuscì a scalare il muro: un miracolo lo tenne in vita.

Perrault bir şekilde duvarı tırmanmayı başardı; bir mucize onu hayatta tuttu.

François rimase sottocoperta, pregando che gli capitasse la stessa fortuna.

François aşağıda kaldı ve aynı şansın kendisi için de geçerli olması için dua etti.

Legarono ogni cinghia, legatura e tirante in un'unica lunga corda.

Her kayışı, bağı ve izi tek bir uzun ipe bağladılar.

Gli uomini trascinarono i cani uno alla volta fino in cima.

Adamlar her köpeği teker teker yukarı doğru çektiler.

François salì per ultimo, dopo la slitta e tutto il carico.

François, kızak ve tüm yükün ardından en son tırmanan oldu.

Poi iniziò una lunga ricerca di un sentiero che scendesse dalle scogliere.

Sonra uçurumlardan aşağı inecek bir yol bulmak için uzun bir arayış başladı.

Alla fine scesero utilizzando la stessa corda che avevano costruito.

En sonunda yaptıkları ipi kullanarak aşağı indiler.

Scese la notte mentre tornavano al letto del fiume, esausti e doloranti.

Yorgun ve bitkin bir halde nehir yatağına döndüklerinde gece olmuştu.

Avevano impiegato un giorno intero per percorrere solo un quarto di miglio.

Sadece çeyrek mil yol kat etmek için tam bir gün harcamışlardı.

Quando giunsero all'Hootalinqua, Buck era sfinito.

Hootalinqua'ya vardıklarında Buck bitkin düşmüştü.

Anche gli altri cani soffrivano le stesse condizioni del sentiero.

Diğer köpekler de parkur koşullarından en az onlar kadar etkilendi.

Ma Perrault aveva bisogno di recuperare tempo e li spingeva avanti giorno dopo giorno.

Ancak Perrault'un zamana ihtiyacı vardı ve onları her gün zorluyordu.

Il primo giorno percorsero trenta miglia fino a Big Salmon.

İlk gün otuz mil uzaklıktaki Big Salmon'a doğru yola çıktılar.

Il giorno dopo percorsero trentacinque miglia fino a Little Salmon.

Ertesi gün otuz beş mil yol kat ederek Little Salmon'a ulaştılar.

Il terzo giorno percorsero quaranta miglia ghiacciate.

Üçüncü gün kırk uzun, donmuş mil boyunca yol aldılar.

A quel punto si stavano avvicinando all'insediamento di Five Fingers.

Artık Beş Parmak yerleşimine yaklaşıyorlardı.

I piedi di Buck erano più morbidi di quelli duri degli husky autoctoni.

Buck'ın ayakları yerli Sibirya kurdunun sert ayaklarından daha yumuşaktı.

Le sue zampe erano diventate tenere nel corso di molte generazioni civilizzate.

Pençeleri birçok medeni nesil boyunca yumuşamıştı.

Molto tempo fa, i suoi antenati erano stati addomesticati dagli uomini del fiume o dai cacciatori.

Çok eskiden ataları nehir adamları veya avcılar tarafından evcilleştirilmişti.

Ogni giorno Buck zoppicava per il dolore, camminando con le zampe screpolate e doloranti.

Buck her gün acı içinde topallıyor, ağrıyan patileriyle yürüyordu. .

Giunto all'accampamento, Buck cadde come un corpo senza vita sulla neve.

Kampta Buck cansız bir beden gibi karın üzerine yığıldı.

Sebbene fosse affamato, Buck non si alzò per consumare il pasto serale.

Buck açlıktan ölmek üzere olmasına rağmen akşam yemeğini yemeye kalkmadı.

François portò la sua razione a Buck, mettendogli del pesce vicino al muso.

François, Buck'a erzakını getirdi ve balığı onun ağzına koydu.

Ogni notte l'autista massaggiava i piedi di Buck per mezz'ora.

Şoför her gece Buck'ın ayaklarını yarım saat ovuyordu.

François arrivò persino a tagliare i suoi mocassini per farne delle calzature per cani.

François, köpek ayakkabıları yapmak için kendi mokasenlerini bile kesiyordu.

Quattro scarpe calde diedero a Buck un grande e gradito sollievo.

Dört sıcak ayakkabı Buck'a büyük ve hoş bir rahatlama sağladı.

Una mattina François dimenticò le scarpe e Buck si rifiutò di alzarsi.

Bir sabah François ayakkabılarını unutmuştu ve Buck kalkmayı reddetti.

Buck giaceva sulla schiena, con i piedi in aria, e li agitava in modo pietoso.

Buck sırtüstü yatıyordu, ayakları havadaydı ve acınası bir şekilde onları sallıyordu.

Persino Perrault sorrise alla vista dell'appello drammatico di Buck.

Buck'ın bu dramatik yalvarışı karşısında Perrault bile sırıttı.

Ben presto i piedi di Buck diventarono duri e le scarpe poterono essere tolte.

Kısa süre sonra Buck'ın ayakları sertleşti ve ayakkabılar atılmak zorunda kaldı.

A Pelly, durante il periodo in cui veniva imbrigliata, Dolly emise un ululato terribile.

Pelly'de, koşum zamanı Dolly korkunç bir uluma sesi çıkardı.

Il grido era lungo e pieno di follia, e fece tremare tutti i cani.

Çığlık uzun ve çılgıncaydı, her köpeği sarsıyordu.

Ogni cane si rizzava per la paura, senza capirne il motivo.

Her köpek nedenini bilmeden korkudan kıpırdanıyordu.

Dolly era impazzita e si era scagliata contro Buck.

Dolly çılgına dönmüştü ve kendini Buck'a doğru fırlattı.

Buck non aveva mai visto la follia, ma l'orrore gli riempì il cuore.

Buck deliliği hiç görmemişti ama yüreği dehşetle doluydu.

Senza pensarci due volte, si voltò e fuggì in preda al panico più assoluto.

Hiç düşünmeden dönüp panik içinde kaçtı.

Dolly lo inseguì, con gli occhi selvaggi e la saliva che le colava dalle fauci.

Dolly onu kovalıyordu, gözleri çılgınca açılmıştı, çenesinden salyalar akıyordu.

Si tenne sempre dietro a Buck, senza mai guadagnare terreno e senza mai indietreggiare.

Buck'ın hemen arkasında kaldı, ne ona yetişebildi ne de geriye düşebildi.

Buck corse attraverso i boschi, giù per l'isola, sul ghiaccio frastagliato.

Buck ormanın içinden, adanın aşağısına, engebeli buzların üzerinden koşarak geçti.

Attraversò un'isola, poi un'altra, per poi tornare indietro verso il fiume.

Önce bir adaya, sonra bir başka adaya geçti ve nehre geri döndü.

Dolly continuava a inseguirlo, ringhiando sempre più forte a ogni passo.

Dolly hâlâ onu kovalıyordu, her adımda hırlaması hemen arkasından geliyordu.

Buck poteva sentire il suo respiro e la sua rabbia, anche se non osava voltarsi indietro.

Buck onun nefesini ve öfkesini duyabiliyordu ama geriye bakmaya cesaret edemiyordu.

François gridò da lontano e Buck si voltò verso la voce.

François uzaktan bağırdı ve Buck sese doğru döndü.

Ancora senza fiato, Buck corse oltre, riponendo ogni speranza in François.

Hala nefes almaya çalışan Buck, tüm umudunu François'ya bağlayarak koşarak yanından geçti.

Il conducente del cane sollevò un'ascia e aspettò che Buck gli passasse accanto.

Köpek sürücüsü baltasını kaldırdı ve Buck'ın uçarak geçmesini bekledi.

L'ascia calò rapidamente e colpì la testa di Dolly con forza mortale.

Balta hızla indi ve Dolly'nin kafasına ölümcül bir güçle çarptı.

Buck crollò vicino alla slitta, ansimando e incapace di muoversi.

Buck kızak yakınında yere yığıldı, hırıltılı bir şekilde soluk alıp veriyordu ve hareket edemiyordu.

Quel momento diede a Spitz la possibilità di colpire un nemico esausto.

İşte o an Spitz'e yorgun düşmüş rakibine saldırma şansı verdi.

Morse Buck due volte, strappandogli la carne fino all'osso bianco.

Buck'ı iki kez ısırdı, eti beyaz kemiğe kadar parçaladı.

La frusta di François schioccò, colpendo Spitz con tutta la sua forza, con furia.

François'nın kırbacı şakladı ve Spitz'e tüm gücüyle, öfkeyle çarptı.

Buck guardò con gioia Spitz mentre riceveva il pestaggio più duro fino a quel momento.

Buck, Spitz'in bugüne kadar gördüğü en sert dayağı sevinçle izledi.

«È un diavolo, quello Spitz», borbottò Perrault tra sé e sé.

"Şu Spitz bir şeytan," diye mırıldandı Perrault kendi kendine.

"Un giorno o l'altro, quel cane maledetto ucciderà Buck, lo giuro."

"Yakında o lanet köpek Buck'ı öldürecek, yemin ederim."

«Quel Buck ha due diavoli dentro di sé», rispose François annuendo.

"Bu Buck'ın içinde iki şeytan var," diye cevapladı François başını sallayarak.

"Quando osservo Buck, so che dentro di lui si cela qualcosa di feroce."

"Buck'ı izlediğimde, içinde vahşi bir şeyin beklediğini biliyorum."

"Un giorno, si infurierà come il fuoco e farà a pezzi Spitz."

"Bir gün ateş gibi öfkelenecek ve Spitz'i parçalara ayıracak."

"Masticherà quel cane e lo sputerà sulla neve ghiacciata."

"O köpeği çiğneyip donmuş karın üzerine tükürecek."

"Certo, lo so fin nel profondo."

"Her şeyden önce bunu içimde hissediyorum."

Da quel momento in poi, i due cani furono in guerra tra loro.

O andan itibaren iki köpek arasında bir savaş başladı.

Spitz guidava la squadra e deteneva il potere, ma Buck lo sfidava.

Spitz takımın başındaydı ve iktidarı elinde tutuyordu, ancak Buck buna meydan okudu.

Spitz si rese conto che il suo rango era minacciato da questo strano straniero del Sud.

Spitz, rütbesinin bu tuhaf Güneyli yabancı tarafından tehdit edildiğini gördü.

Buck era diverso da tutti i cani del sud che Spitz aveva conosciuto fino ad allora.

Buck, Spitz'in daha önce tanıdığı güneyli köpeklerin hiçbirine benzemiyordu.

La maggior parte di loro fallì: troppo deboli per sopravvivere al freddo e alla fame.

Çoğu başarısız oldu; soğuk ve açlığa dayanamayacak kadar zayıftılar.

Morirono rapidamente a causa del lavoro, del gelo e del lento bruciare della carestia.

Çalışmanın, donun ve kıtlığın yavaş yavaş getirdiği acıların altında hızla öldüler.

Buck si distingueva: ogni giorno più forte, più intelligente e più selvaggio.

Buck diğerlerinden farklıydı; her geçen gün daha güçlü, daha akıllı ve daha vahşi oluyordu.

Ha prosperato nonostante le difficoltà, crescendo al pari degli husky del nord.

Zorluklara göğüs gererek kuzeydeki Sibirya kurtlarıyla boy ölçüşecek kadar büyüdü.

Buck era dotato di forza, abilità straordinaria e un istinto paziente e letale.

Buck'ın gücü, vahşi becerisi ve sabırlı, ölümcül bir içgüdüsü vardı.

L'uomo con la mazza aveva annientato Buck per fargli perdere la temerarietà.

Sopalı adam Buck'ın pervasızlığını döverek gidermişti.

La furia cieca se n'era andata, sostituita da un'astuzia silenziosa e dal controllo.

Kör öfke gitmiş, yerini sessiz kurnazlık ve kontrol almıştı.

Attese, calmo e primordiale, in attesa del momento giusto.

Sakin ve ilkel bir şekilde bekledi, doğru anı bekledi.

La loro lotta per il comando divenne inevitabile e chiara.

Komuta mücadeleleri kaçınılmaz ve açık hale gelmişti.

Buck desiderava la leadership perché il suo spirito la richiedeva.

Buck liderliği istiyordu çünkü ruhu bunu gerektiriyordu.

Era spinto da quello strano orgoglio che nasceva dal sentiero e dall'imbracatura.

O, iz ve koşumdan doğan tuhaf bir gururla hareket ediyordu.

Quell'orgoglio faceva sì che i cani tirassero fino a crollare sulla neve.

O gurur, köpekleri karda yığılıncaya kadar çekiştiriyordu.

L'orgoglio li spinse a dare tutta la forza che avevano.

Gurur onları, ellerindeki bütün gücü vermeye yöneltti.

L'orgoglio può trascinare un cane da slitta fino al punto di ucciderlo.

Kibir, kızak köpeğini ölüme kadar sürükleyebilir.

Perdere l'imbracatura rendeva i cani deboli e senza scopo.

Tasmayı kaybetmek köpekleri kırgın ve amaçsız bıraktı.

Il cuore di un cane da slitta può essere spezzato dalla vergogna quando va in pensione.

Bir kızak köpeğinin yüreği emekliye ayrıldığında utançtan kırılabilir.

Dave viveva con questo orgoglio mentre trascinava la slitta da dietro.

Dave kızakları arkadan çekerken bu gururla yaşıyordu.

Anche Solleks diede il massimo con cupa forza e lealtà.

Solleks de tüm gücüyle ve sadakatiyle elinden geleni yaptı.

Ogni mattina l'orgoglio li trasformava da amareggiati a determinati.

Her sabah gurur onları öfkeden kararlılığa dönüştürüyordu.

Spinsero per tutto il giorno, poi tacquero una volta giunti alla fine dell'accampamento.

Bütün gün itişip kakıştılar, sonra kampın sonuna vardıklarında sessizliğe gömüldüler.

Quell'orgoglio diede a Spitz la forza di mettere in riga i fannulloni.

Bu gurur Spitz'e, tembellik edenleri hizaya getirme gücünü verdi.

Spitz temeva Buck perché Buck nutriva lo stesso profondo orgoglio.

Spitz, Buck'tan korkuyordu çünkü Buck da aynı derin gururu taşıyordu.

L'orgoglio di Buck ora si agitò contro Spitz, ma lui non si fermò.

Buck'ın gururu artık Spitz'e karşı kabarıyordu ve o durmadı.

Buck sfidò il potere di Spitz e gli impedì di punire i cani.

Buck, Spitz'in gücüne meydan okudu ve onun köpekleri cezalandırmasını engelledi.

Quando gli altri fallivano, Buck si frapponeva tra loro e il loro capo.

Diğerleri başarısız olduğunda Buck, onlarla liderlerinin arasına girdi.

Lo fece con intenzione, rendendo la sua sfida aperta e chiara.

Bunu kasıtlı olarak yaptı, meydan okumasını açık ve net bir şekilde dile getirdi.

Una notte una forte nevicata coprì il mondo in un profondo silenzio.

Bir gece, yoğun bir kar yağışı dünyayı derin bir sessizliğe boğdu.

La mattina dopo, Pike, pigro come sempre, non si alzò per andare al lavoro.

Ertesi sabah Pike her zamanki gibi tembeldi ve işe gitmek için kalkmadı.

Rimase nascosto nel suo nido sotto uno spesso strato di neve.

Kalın bir kar tabakasının altındaki yuvasında saklı duruyordu.

François gridò e cercò, ma non riuscì a trovare il cane.

François seslenip aradı ama köpeği bulamadı.

Spitz si infuriò e si scagliò contro l'accampamento coperto di neve.

Spitz öfkelendi ve karla kaplı kampa doğru ilerledi.

Ringhiò e annusò, scavando freneticamente con gli occhi fiammeggianti.

Hırladı, kokladı, parlayan gözleriyle çılgınca kazdı.

La sua rabbia era così violenta che Pike tremava sotto la neve per la paura.

Öfkesi o kadar şiddetliydi ki Pike korkudan kar altında titriyordu.

Quando finalmente Pike fu trovato, Spitz si lanciò per punire il cane nascosto.

Pike sonunda bulunduğunda, Spitz saklanan köpeği cezalandırmak için harekete geçti.

Ma Buck si scagliò tra loro con una furia pari a quella di Spitz.

Ama Buck, Spitz'inkine eşit bir öfkeyle aralarına atıldı.

L'attacco fu così improvviso e astuto che Spitz cadde a terra.

Saldırı o kadar ani ve akıllıcaydı ki Spitz'in ayakları yerden kesildi.

Pike, che tremava, trasse coraggio da questa sfida.

Titreyen Pike, bu meydan okumadan cesaret aldı.

Seguendo l'audace esempio di Buck, saltò sullo Spitz caduto.

Buck'ın cesur örneğini izleyerek yere düşen Spitz'in üzerine atladı.

Buck, non più vincolato dall'equità, si unì allo sciopero di Spitz.

Artık adalet duygusuyla bağlı olmayan Buck, Spitz'e yapılan greve katıldı.

François, divertito ma fermo nella disciplina, agitò la sua pesante frusta.

François, eğlenerek ama disiplinli bir şekilde ağır kırbacını savurdu.

Colpì Buck con tutta la sua forza per interrompere la rissa.

Kavgayı ayırmak için Buck'a tüm gücüyle vurdu.

Buck si rifiutò di muoversi e rimase in groppa al capo caduto.

Buck hareket etmeyi reddetti ve düşen liderin tepesinde kaldı.

François allora usò il manico della frusta e colpì Buck con violenza.

François daha sonra kırbacın sapını kullanarak Buck'a sert bir darbe indirdi.

Barcollando per il colpo, Buck cadde all'indietro sotto l'assalto.

Darbenin etkisiyle sendeleyen Buck, saldırının etkisiyle geriye düştü.

François colpì più volte mentre Spitz puniva Pike.

François defalarca vururken Spitz, Pike'ı cezalandırıyordu.

Passarono i giorni e Dawson City si avvicinava sempre di più.

Günler geçiyordu ve Dawson City giderek yaklaşıyordu.

Buck continuava a intromettersi, infilandosi tra Spitz e gli altri cani.

Buck, Spitz ile diğer köpeklerin arasına girerek sürekli müdahale ediyordu.

Sceglieva bene i suoi momenti, aspettando sempre che François se ne andasse.

Anları iyi seçiyordu, François'nın gitmesini bekliyordu hep.

La ribellione silenziosa di Buck si diffuse e il disordine prese piede nella squadra.

Buck'ın sessiz isyanı yayıldı ve ekipte düzensizlik kök saldı.

Dave e Solleks rimasero leali, ma altri diventarono indisciplinati.

Dave ve Solleks sadık kaldılar, ancak diğerleri asileştiler.

La squadra peggiorò: divenne irrequieta, litigiosa e fuori luogo.

Takım giderek kötüleşiyordu; huzursuz, kavgacı ve çizgiyi aşan bir hale gelmişti.

Ormai niente filava liscio e le liti diventavano all'ordine del giorno.

Artık hiçbir şey yolunda gitmiyordu ve kavgalar yaygınlaşmıştı.

Buck rimase sempre al centro dei guai, provocando disordini.

Buck, her zaman huzursuzluk yaratarak sorunların merkezinde yer aldı.

François rimase vigile, temendo la lotta tra Buck e Spitz.

François, Buck ile Spitz arasındaki kavgadan korkarak tetikte bekliyordu.

Ogni notte veniva svegliato da zuffe e temeva che finalmente fosse arrivato l'inizio.

Her gece çıkan arbedeler onu uyandırıyordu, başlangıcın nihayet geldiğinden korkuyordu.

Balzò fuori dalla veste, pronto a interrompere la rissa.

Cüppesini çıkarıp kavgayı ayırmaya hazırlandı.

Ma il momento non arrivò mai e alla fine raggiunsero Dawson.

Ama o an hiç gelmedi ve sonunda Dawson'a ulaştılar.

La squadra entrò in città in un pomeriggio cupo, teso e silenzioso.

Ekip, kasvetli bir öğleden sonra, gergin ve sessiz bir şekilde kasabaya girdi.

La grande battaglia per la leadership era ancora sospesa nell'aria gelida.

Liderlik için verilen büyük mücadele hâlâ buz gibi havada asılı duruyordu.

Dawson era piena di uomini e cani da slitta, tutti impegnati nel lavoro.

Dawson, hepsi işleriyle meşgul adamlar ve kızak köpekleriyle doluydu.

Buck osservava i cani trainare i carichi dalla mattina alla sera.

Buck, köpeklerin sabahın erken saatlerinden akşama kadar yük çekmesini izliyordu.

Trasportavano tronchi e legna da ardere e spedivano rifornimenti alle miniere.

Odun ve odun taşıdılar, madenlere malzeme taşıdılar.

Nel Southland, dove un tempo lavoravano i cavalli, ora lavoravano i cani.

Bir zamanlar Güney'de atların çalıştığı yerde, artık köpekler çalışıyordu.

Buck vide alcuni cani provenienti dal Sud, ma la maggior parte erano husky simili a lupi.

Buck, Güney'den gelen bazı köpekler gördü, ama çoğu kurt benzeri Sibirya kurduydu.

Di notte, puntuali come un orologio, i cani alzavano la voce e cantavano.

Geceleri, her zamanki gibi, köpekler şarkı söyleyerek seslerini yükseltiyorlardı.

Alle nove, a mezzanotte e di nuovo alle tre, il canto cominciò.

Saat dokuzda, gece yarısı, sonra yine üçte şarkı söylemeye başladık.

Buck amava unirsi al loro canto inquietante, selvaggio e antico nel suono.

Buck, onların ürkütücü, vahşi ve kadim seslere sahip tezahüratlarına katılmayı çok seviyordu.

L'aurora fiammeggiava, le stelle danzavano e la neve ricopriva la terra.

Aurora parlıyor, yıldızlar dans ediyor ve kar her yeri kaplıyordu.

Il canto dei cani si elevava come un grido contro il silenzio e il freddo pungente.

Köpeklerin şarkısı, sessizliğe ve dondurucu soğuğa karşı bir haykırış gibi yükseldi.

Ma il loro urlo esprimeva tristezza, non sfida, in ogni lunga nota.

Ama ulumaları her uzun notada meydan okuma değil, üzüntü taşıyordu.

Ogni lamento era pieno di supplica: il peso stesso della vita.

Her feryat, yalvarışla doluydu; hayatın yükünün ta kendisiydi.

Quella canzone era vecchia, più vecchia delle città e più vecchia degli incendi

O şarkı eskiydi, kasabalardan ve yangınlardan daha eskiydi

Quel canto era più antico perfino delle voci degli uomini.

O şarkı insan seslerinden bile daha eskiydi.

Era una canzone del mondo dei giovani, quando tutte le canzoni erano tristi.

Gençlik dünyasından, bütün şarkılar hüzünlüyken söylenen bir şarkıydı.

La canzone porta con sé il dolore di innumerevoli generazioni di cani.

Şarkı, nesiller boyu köpeklerin acısını taşıyordu.

Buck percepì profondamente la melodia, gemendo per un dolore radicato nei secoli.

Buck melodiyi derinden hissetti, asırlardır süregelen acıyla inledi.

Singhiozzava per un dolore antico quanto il sangue selvaggio nelle sue vene.

Damarlarındaki vahşi kan kadar eski bir kederle hıçkırarak ağlıyordu.

Il freddo, l'oscurità e il mistero toccarono l'anima di Buck.

Soğuk, karanlık ve gizem Buck'ın ruhuna dokundu.

Quella canzone dimostrava quanto Buck fosse tornato alle sue origini.

Bu şarkı Buck'ın ne kadar köklerine döndüğünü kanıtlıyordu.

Tra la neve e gli ululati aveva trovato l'inizio della sua vita.

Karlar ve ulumalar arasında kendi hayatının başlangıcını bulmuştu.

Sette giorni dopo l'arrivo a Dawson, ripartirono.

Dawson'a vardıktan yedi gün sonra tekrar yola koyuldular.

La squadra si è lanciata dalla caserma fino allo Yukon Trail.

Takım Kışla'dan Yukon Yolu'na doğru indi.

Iniziarono il viaggio di ritorno verso Dyea e Salt Water.

Dyea ve Tuzlu Su'ya doğru dönüş yolculuğuna başladılar.

Perrault trasmise dispacci ancora più urgenti di prima.

Perrault, eskisinden daha da acil haberler taşıyordu.

Era anche preso dall'orgoglio per la corsa e puntava a stabilire un record.

O da iz sürme gururuna kapılmıştı ve rekor kırmayı hedefliyordu.

Questa volta Perrault aveva diversi vantaggi.

Bu kez Perrault'un lehine birçok avantaj vardı.

I cani avevano riposato per un'intera settimana e avevano ripreso le forze.

Köpekler bir hafta boyunca dinlenip güçlerini yeniden kazanmışlardı.

La pista che avevano tracciato era ora battuta da altri.

Onların açtığı yol şimdi başkaları tarafından sıkıştırılmıştı.

In alcuni punti la polizia aveva immagazzinato cibo sia per i cani che per gli uomini.

Polisler bazı yerlerde hem köpekler hem de adamlar için yiyecek depolamıştı.

Perrault viaggiava leggero, si muoveva velocemente e aveva poco a cui aggrapparsi.

Perrault hafif ve hızlı seyahat ediyordu, onu aşağı çekecek çok az şey vardı.

La prima sera raggiunsero la Sixty-Mile, una corsa lunga 50 miglia.

İlk gecede elli mil koşu olan Altmış Mil'e ulaştılar.

Il secondo giorno risalirono rapidamente lo Yukon in direzione di Pelly.

İkinci gün Yukon Nehri'nden yukarı doğru Pelly'ye doğru yola koyuldular.

Ma questi grandi progressi comportarono anche molta fatica per François.

Fakat bu güzel ilerleme François için büyük bir sıkıntıyı da beraberinde getirdi.

La ribellione silenziosa di Buck aveva infranto la disciplina della squadra.

Buck'ın sessiz isyanı takımın disiplinini paramparça etmişti.

Non si univano più come un'unica bestia al comando.

Artık tek bir hayvan gibi dizginleri ellerinde tutmuyorlardı.

Buck aveva spinto altri alla sfida con il suo coraggioso esempio.

Buck, cesur örneğiyle başkalarını da meydan okumaya yöneltmişti.

L'ordine di Spitz non veniva più accolto con timore o rispetto.

Spitz'in emri artık korkuyla ya da saygıyla karşılanmıyordu.

Gli altri persero ogni timore reverenziale nei suoi confronti e osarono opporsi al suo governo.

Diğerleri ona olan korkularını yitirdiler ve onun yönetimine karşı koymaya cesaret ettiler.

Una notte, Pike rubò mezzo pesce e lo mangiò sotto gli occhi di Buck.

Bir gece Pike yarım bir balık çaldı ve Buck'ın gözü önünde yedi.

Un'altra notte, Dub e Joe combatterono contro Spitz e rimasero impuniti.

Başka bir gece, Dub ve Joe, Spitz'le dövüştüler ve cezasız kaldılar.

Anche Billee gemette meno dolcemente e mostrò una nuova acutezza.

Billee bile daha az tatlı bir şekilde sızlanmaya başladı ve yeni bir keskinlik gösterdi.

Buck ringhiava a Spitz ogni volta che si incrociavano.

Buck, Spitz'le yolları her kesiştiğinde ona hırlıyordu.

L'atteggiamento di Buck divenne audace e minaccioso, quasi come quello di un bullo.

Buck'ın tavrı neredeyse bir zorba gibi cüretkar ve tehditkar bir hal aldı.

Camminava avanti e indietro davanti a Spitz con un'andatura spavalda e piena di minaccia beffarda.

Spitz'in önünde alaycı bir tehditle dolu bir tavırla yürüyordu.

Questo crollo dell'ordine si diffuse anche tra i cani da slitta.

Düzenin bozulması kızak köpeklerine de sıçradı.

Litigarono e discussero più che mai, riempiendo l'accampamento di rumore.

Her zamankinden daha fazla kavga edip tartışıyorlardı, kampı gürültüyle dolduruyorlardı.

Ogni notte la vita nel campeggio si trasformava in un caos selvaggio e ululante.

Kamp hayatı her gece vahşi, uluyan bir kaosa dönüşüyordu.

Solo Dave e Solleks rimasero fermi e concentrati.

Sadece Dave ve Solleks istikrarlı ve odaklanmış kalmayı başardı.

Ma anche loro diventarono irascibili a causa delle continue risse.

Ama onlar bile sürekli kavgalardan dolayı sinirlenmeye başladılar.

François imprecò in lingue strane e batté i piedi per la frustrazione.

François garip dillerde küfürler savuruyor ve öfkeyle ayaklarını yere vuruyordu.

Si strappò i capelli e urlò mentre la neve gli volava sotto i piedi.

Ayaklarının altında karlar uçuşurken saçlarını yoluyor ve bağırıyordu.

La sua frusta schioccò contro il gruppo, ma a malapena riuscì a tenerli in riga.

Kırbacı sürünün üzerinden şakladı ama onları hizaya sokmaya yetmedi.

Ogni volta che voltava le spalle, la lotta ricominciava.

Ne zaman sırtını dönse, kavga yeniden başlıyordu.

François usò la frusta per Spitz, mentre Buck guidava i ribelli.

François kırbaç darbesini Spitz'e karşı kullanırken, Buck isyancıları yönetiyordu.

Ognuno conosceva il ruolo dell'altro, ma Buck evitava di addossare ogni colpa.

Her ikisi de diğerinin rolünü biliyordu ama Buck herhangi bir suçlamadan kaçındı.

François non ha mai colto Buck mentre iniziava una rissa o si sottraeva al suo lavoro.

François, Buck'ın hiçbir zaman kavga çıkardığını veya işinden kaytardığını görmedi.

Buck lavorava duramente ai finimenti: la fatica ora gli dava entusiasmo.

Buck koşumlarda çok çalışıyordu; bu emek artık ruhunu heyecanlandırıyordu.

Ma trovava ancora più gioia nel fomentare risse e caos nell'accampamento.

Ama kampta kavga ve kaos çıkarmaktan daha çok zevk alıyordu.

Una sera, alla foce del Tahkeena, Dub spaventò un coniglio.
Bir akşam, Tahkeena'nın ağzında Dub bir tavşanı ürküttü.
Mancò la presa e il coniglio con la racchetta da neve balzò via.
Avı kaçırınca kar ayakkabılı tavşan kaçtı.
Nel giro di pochi secondi, l'intera squadra di slitte si lanciò all'inseguimento, gridando a squarciagola.
Birkaç saniye içinde tüm kızak ekibi çığlıklar atarak kızın peşine düştü.
Nelle vicinanze, un accampamento della polizia del nord-ovest ospitava cinquanta cani husky.
Yakınlardaki bir Kuzeybatı Polis kampında elli tane Sibirya kurdu köpeği bulunuyordu.
Si unirono alla caccia, scendendo insieme il fiume ghiacciato.
Birlikte ava katıldılar, donmuş nehrin aşağısına doğru ilerlediler.
Il coniglio lasciò il fiume e fuggì lungo il letto ghiacciato di un ruscello.
Tavşan nehri bırakıp donmuş dere yatağına doğru kaçtı.
Il coniglio saltellava leggero sulla neve mentre i cani si facevano strada a fatica.
Tavşan karın üzerinde hafifçe zıplarken, köpekler zorlukla ilerliyordu.
Buck guidava l'enorme branco di sessanta cani attorno a ogni curva tortuosa.
Buck, altmış köpekten oluşan devasa sürüyü her virajda yönlendiriyordu.
Si spinse in avanti, basso e impaziente, ma non riuscì a guadagnare terreno.
Alçak ve istekli bir şekilde ileri doğru atıldı, ancak ilerleme kaydedemedi.
Il suo corpo brillava sotto la pallida luna a ogni potente balzo.

Her güçlü sıçrayışta, bedeni soluk ayın altında parlıyordu.

Davanti a loro, il coniglio si muoveva come un fantasma, silenzioso e troppo veloce per essere catturato.

Önündeki tavşan bir hayalet gibi sessizce ve yakalanamayacak kadar hızlı hareket ediyordu.

Tutti quei vecchi istinti, la fame, l'eccitazione, attraversarono Buck.

Tüm o eski içgüdüler - açlık, heyecan - Buck'ın içinde hücum etti,

A volte gli esseri umani avvertono questo istinto e sono spinti a cacciare con armi da fuoco e proiettili.

İnsanlar zaman zaman bu içgüdüyü hisseder, silahla, mermiyle avlanmaya yönelir.

Ma Buck provava questa sensazione a un livello più profondo e personale.

Ama Buck bu duyguyu daha derin ve daha kişisel bir düzeyde hissediyordu.

Non riuscivano a percepire la natura selvaggia nel loro sangue come Buck.

Buck'ın hissettiği vahşiliği kanlarında hissedemiyorlar.

Inseguiva la carne viva, pronto a uccidere con i denti e ad assaggiare il sangue.

Canlı etin peşindeydi, dişleriyle öldürmeye ve kan tadına bakmaya hazırdı.

Il suo corpo si tendeva per la gioia, desiderando immergersi nel caldo rosso della vita.

Vücudu sevinçle geriliyor, sıcak kırmızı bir yaşamda yıkanmak istiyordu.

Una strana gioia segna il punto più alto che la vita possa mai raggiungere.

Hayatın ulaşabileceği en yüksek noktayı garip bir sevinç belirler.

La sensazione di raggiungere un picco in cui i vivi dimenticano di essere vivi.

Yaşayanların, yaşadıklarını bile unuttukları bir zirve hissi.

Questa gioia profonda tocca l'artista immerso in un'ispirazione ardente.

Bu derin sevinç, alev alev ilhama gömülmüş sanatçıyı etkiler.

Questa gioia afferra il soldato che combatte selvaggiamente e non risparmia alcun nemico.

Bu sevinç, çılgınca savaşan ve hiçbir düşmanı esirgemeyen askeri yakalar.

Questa gioia ora colpì Buck mentre guidava il branco in preda alla fame primordiale.

Bu sevinç, ilkel açlıkta sürünün başında yer alan Buck'ı da ele geçirmişti.

Ululò con l'antico grido del lupo, emozionato per l'inseguimento.

Yaşayan kovalamacanın heyecanıyla, eski kurt çığlığıyla uluyordu.

Buck fece appello alla parte più antica di sé, persa nella natura selvaggia.

Buck, vahşi doğada kaybolmuş olan kendi en eski yanına ulaştı.

Scavò in profondità dentro di sé, oltre la memoria, fino al tempo grezzo e antico.

Derinlere, geçmiş hafızaya, ham, kadim zamana ulaştı.

Un'ondata di vita pura pervase ogni muscolo e tendine.

Saf bir yaşam dalgası her kas ve tendondan yayılıyordu.

Ogni salto gridava che viveva, che attraversava la morte.

Her sıçrayış onun yaşadığını, ölümden geçtiğini haykırıyordu.

Il suo corpo si librava gioioso su una terra immobile e fredda che non si muoveva mai.

Vücudu hiç kıpırdamayan, soğuk ve hareketsiz toprağın üzerinde neşeyle yükseldi.

Spitz rimase freddo e astuto anche nei suoi momenti più selvaggi.

Spitz en çılgın anlarında bile soğukkanlı ve kurnazdı.

Lasciò il sentiero e attraversò un terreno dove il torrente formava una curva ampia.

Patikadan ayrılıp derenin genişçe kıvrıldığı araziye doğru ilerledi.

Buck, ignaro di ciò, rimase sul sentiero tortuoso del coniglio.

Buck, bunun farkında olmadan tavşanın dolambaçlı yolunda ilerlemeye devam etti.

Poi, mentre Buck svoltava dietro una curva, il coniglio spettrale si trovò davanti a lui.

Sonra Buck bir virajı döndüğünde hayalet tavşan tam karşısındaydı.

Vide una seconda figura balzare dalla riva precedendo la preda.

Avın önünde kıyıdan sıçrayan ikinci bir figür gördü.

La figura era Spitz, atterrato proprio sulla traiettoria del coniglio in fuga.

Bu figür Spitz'di ve kaçan tavşanın tam yoluna düştü.

Il coniglio non riuscì a girarsi e incontrò le fauci di Spitz a mezz'aria.

Tavşan dönemedi ve havada Spitz'in çenesiyle karşılaştı.

La spina dorsale del coniglio si spezzò con un grido acuto come il grido di un essere umano morente.

Tavşanın omurgası, ölmekte olan bir insanın çığlığı kadar keskin bir çığlıkla kırıldı.

A quel suono, il passaggio dalla vita alla morte, il branco ululò forte.

O sesle, yani hayattan ölüme düşüşle, sürü yüksek sesle uludu.

Un coro selvaggio si levò da dietro Buck, pieno di oscura gioia.

Buck'ın arkasından karanlık bir zevkle dolu vahşi bir koro yükseldi.

Buck non emise alcun grido, nessun suono e si lanciò dritto verso Spitz.

Buck hiçbir çığlık atmadı, hiçbir ses çıkarmadı ve doğruca Spitz'e doğru koştu.

Mirò alla gola, ma colpì invece la spalla.

Boğazını hedef aldı ama omzuna isabet etti.

Caddero nella neve soffice, i loro corpi erano intrappolati in un combattimento.

Yumuşak karda yuvarlanıyorlardı; bedenleri mücadele halindeydi.

Spitz balzò in piedi rapidamente, come se non fosse mai stato atterrato.
Spitz sanki hiç yere düşmemiş gibi hızla ayağa fırladı.

Colpì Buck alla spalla e poi balzò fuori dalla mischia.
Buck'ın omzunu kesti, sonra da kavga alanından atlayıp uzaklaştı.

Per due volte i suoi denti schioccarono come trappole d'acciaio, e le sue labbra si arricciarono e si fecero feroci.
Dişleri iki kez çelik kapanlar gibi kırıldı, dudakları kıvrıldı ve vahşileşti.

Arretrò lentamente, cercando un terreno solido sotto i piedi.
Yavaşça geri çekildi, ayaklarının altında sağlam bir zemin arıyordu.

Buck comprese il momento all'istante e pienamente.
Buck o anı anında ve tam olarak anladı.

Il momento era giunto: la lotta sarebbe stata una lotta all'ultimo sangue.
Zamanı gelmişti; dövüş ölümüne olacaktı.

I due cani giravano in cerchio, ringhiando, con le orecchie piatte e gli occhi socchiusi.
İki köpek hırlayarak, kulaklarını dikleştirerek, gözlerini kısarak daireler çiziyorlardı.

Ogni cane aspettava che l'altro mostrasse debolezza o facesse un passo falso.
Her köpek diğerinin zayıflık göstermesini veya yanlış adım atmasını bekliyordu.

Buck percepiva quella scena come stranamente nota e profondamente ricordata.
Buck için bu sahne ürkütücü bir şekilde tanıdık ve derinden hatırlanıyordu.

I boschi bianchi, la terra fredda, la battaglia al chiaro di luna.
Beyaz ormanlar, soğuk toprak, ay ışığında savaş.

Un silenzio pesante, profondo e innaturale riempiva la terra.
Ülkeyi derin ve doğaya aykırı ağır bir sessizlik kapladı.

Nessun vento si alzava, nessuna foglia si muoveva, nessun suono rompeva il silenzio.

Hiçbir rüzgar esmedi, hiçbir yaprak kımıldamadı, hiçbir ses sessizliği bozmadı.

Il respiro dei cani si levava come fumo nell'aria gelida e silenziosa.

Köpeklerin nefesleri donmuş, sessiz havada duman gibi yükseliyordu.

Il coniglio era stato dimenticato da tempo dal branco di animali selvatici.

Tavşan, vahşi hayvan sürüsü tarafından çoktan unutulmuştu.

Questi lupi semiaddomesticati ora stavano fermi in un ampio cerchio.

Yarı evcilleşmiş bu kurtlar şimdi geniş bir daire şeklinde hareketsiz duruyorlardı.

Erano silenziosi, solo i loro occhi luminosi rivelavano la loro fame.

Sessizdiler, sadece parlayan gözleri açlıklarını ele veriyordu.

Il loro respiro saliva, mentre osservavano l'inizio dello scontro finale.

Nefesleri yukarıya doğru yükseldi, son dövüşün başlamasını izlediler.

Per Buck questa battaglia era vecchia e attesa, per niente strana.

Buck'a göre bu savaş eski ve beklenen bir şeydi, hiç de garip değildi.

Era come il ricordo di qualcosa che doveva accadere da sempre.

Her zaman olması gereken bir şeyin hatırası gibiydi.

Spitz era un cane da combattimento addestrato, affinato da innumerevoli risse selvagge.

Spitz, sayısız vahşi kavgayla geliştirilmiş, eğitimli bir dövüş köpeğiydi.

Dallo Spitzbergen al Canada, aveva sconfitto molti nemici.

Spitzbergen'den Kanada'ya kadar birçok düşmanı alt etmişti.

Era pieno di rabbia, ma non cedette mai il controllo alla rabbia.

Çok öfkeliydi ama öfkesini asla kontrol altına alamıyordu.

La sua passione era acuta, ma sempre temperata dal duro istinto.

Tutkusu keskindi ama her zaman sert içgüdülerle yumuşatılırdı.

Non ha mai attaccato finché non ha avuto la sua difesa pronta.

Kendi savunması hazır olana kadar asla saldırmadı.

Buck provò più volte a raggiungere il collo vulnerabile di Spitz.

Buck, Spitz'in savunmasız boynuna ulaşmak için tekrar tekrar çabaladı.

Ma ogni colpo veniva accolto da un fendente dei denti affilati di Spitz.

Ama her vuruş, Spitz'in keskin dişlerinin bir darbesiyle karşılanıyordu.

Le loro zanne si scontrarono ed entrambi i cani sanguinarono dalle labbra lacerate.

Dişleri çarpıştı ve her iki köpeğin de yırtılan dudaklarından kan aktı.

Nonostante i suoi sforzi, Buck non riusciva a rompere la difesa.

Buck ne kadar atak yaparsa yapsın savunmayı aşamadı.

Divenne sempre più furioso e si lanciò verso di lui con violente esplosioni di potenza.

Daha da öfkelendi, vahşi güç patlamalarıyla hücum etti.

Buck colpì ripetutamente la bianca gola di Spitz.

Buck, Spitz'in beyaz boğazına defalarca saldırdı.

Ogni volta Spitz schivava e contrattaccava con un morso tagliente.

Spitz her seferinde kaçıp kurtuluyor ve keskin bir ısırıkla karşılık veriyordu.

Poi Buck cambiò tattica, avventandosi di nuovo come se volesse colpirlo alla gola.

Sonra Buck taktik değiştirdi, sanki tekrar boğazına doğru saldırıyormuş gibi.

Ma a metà attacco si è ritirato, girandosi per colpire di lato.

Ancak atak sırasında geri çekildi ve yan taraftan vurmaya başladı.

Colpì Spitz con una spallata, con l'intento di buttarlo a terra.

Omzunu Spitz'e doğru fırlattı, onu yere sermeyi amaçlıyordu.

Ogni volta che ci provava, Spitz lo schivava e rispondeva con un fendente.

Spitz her seferinde kaçmayı başarıyor ve vuruşuyla karşılık veriyordu.

La spalla di Buck si faceva scorticare mentre Spitz si liberava dopo ogni colpo.

Spitz her vuruştan sonra sıçrayarak uzaklaşırken Buck'ın omzu ağrımaya başladı.

Spitz non era stato toccato, mentre Buck sanguinava dalle numerose ferite.

Spitz'e dokunulmamıştı, Buck ise birçok yarasından kanıyordu.

Il respiro di Buck era affannoso e pesante, il suo corpo era viscido di sangue.

Buck'ın nefesi hızlı ve ağırdı, vücudu kanla kaplıydı.

La lotta diventava più brutale a ogni morso e carica.

Her ısırık ve saldırıyla kavga daha da vahşileşiyordu.

Attorno a loro, sessanta cani silenziosi aspettavano che il primo cadesse.

Etraflarında altmış tane sessiz köpek ilk düşen köpeği bekliyordu.

Se un cane fosse caduto, il branco avrebbe posto fine alla lotta.

Eğer bir köpek düşerse sürünün tamamı dövüşü bitirecekti.

Spitz vide Buck indebolirsi e cominciò ad attaccare.

Spitz, Buck'ın zayıfladığını fark etti ve saldırıya geçmeye başladı.

Mantenne Buck sbilanciato, costringendolo a lottare per restare in piedi.

Buck'ın dengesini bozdu ve onu ayakta durmak için mücadele etmeye zorladı.

Una volta Buck inciampò e cadde, e tutti i cani si rialzarono.

Bir gün Buck tökezleyip düştü ve bütün köpekler ayağa kalktı.

Ma Buck si raddrizzò a metà caduta e tutti ricaddero.

Ancak Buck düşüşün ortasında doğruldu ve herkes tekrar yere yığıldı.

Buck aveva qualcosa di raro: un'immaginazione nata da un profondo istinto.

Buck'ın nadir bir yeteneği vardı: Derin içgüdülerden doğan hayal gücü.

Combatté per istinto naturale, ma combatté anche con astuzia.

Doğal dürtüleriyle savaşıyordu ama aynı zamanda kurnazlıkla da savaşıyordu.

Tornò ad attaccare come se volesse ripetere il trucco dell'attacco alla spalla.

Omuz saldırısı numarasını tekrarlıyormuş gibi tekrar saldırdı.

Ma all'ultimo secondo si abbassò e passò sotto Spitz.

Ancak son saniyede alçaldı ve Spitz'in altından geçti.

I suoi denti si bloccarono sulla zampa anteriore sinistra di Spitz con uno schiocco.

Dişleri Spitz'in ön sol bacağına şak diye kenetlendi.

Spitz ora era instabile e il suo peso gravava solo su tre zampe.

Spitz artık dengesiz duruyordu, ağırlığını sadece üç bacağına vermişti.

Buck colpì di nuovo e tentò tre volte di atterrarlo.

Buck tekrar saldırdı, onu yere sermek için üç kez denedi.

Al quarto tentativo ha usato la stessa mossa con successo

Dördüncü denemede aynı hareketi başarıyla kullandı

Questa volta Buck riuscì a mordere la zampa destra di Spitz.

Buck bu sefer Spitz'in sağ bacağını ısırmayı başardı.

Spitz, benché storpio e in agonia, continuò a lottare per sopravvivere.

Spitz, sakat ve acı içinde olmasına rağmen hayatta kalma mücadelesini sürdürüyordu.

Vide il cerchio degli husky stringersi, con le lingue fuori e gli occhi luminosi.

Sibirya kurdu çemberinin giderek daraldığını, dillerinin dışarıda, gözlerinin parladığını gördü.

Aspettarono di divorarlo, proprio come avevano fatto con gli altri.

Başkalarına yaptıkları gibi onu da yutmak için beklediler.

Questa volta era lui al centro, sconfitto e condannato.

Bu sefer ortada duruyordu; yenilmiş ve mahkûm.

Ormai il cane bianco non aveva più alcuna possibilità di fuga.

Artık beyaz köpeğin kaçma şansı kalmamıştı.

Buck non mostrò alcuna pietà, perché la pietà non era a posto nella natura selvaggia.

Buck merhamet göstermedi, çünkü merhamet vahşi doğada bulunmazdı.

Buck si mosse con cautela, preparandosi per la carica finale.

Buck son hücum için hazırlık yaparak dikkatlice hareket etti.

Il cerchio degli husky si stringeva; lui sentiva i loro respiri caldi.

Sibirya kurdu çemberi giderek daralıyordu; onların sıcak nefeslerini hissediyordu.

Si accovacciarono, pronti a scattare quando fosse giunto il momento.

An geldiğinde atılmaya hazır bir şekilde çömeldiler.

Spitz tremava nella neve, ringhiando e cambiando posizione.

Spitz karda titredi, hırladı ve duruşunu değiştirdi.

I suoi occhi brillavano, le labbra si arricciavano, i denti brillavano in un'espressione disperata e minacciosa.

Gözleri parlıyor, dudakları kıvrılıyor, dişleri umutsuz bir tehditle parlıyordu.

Barcollò, cercando ancora di resistere al freddo morso della morte.

Ölümün soğuk ısırığını hâlâ hissetmemeye çalışarak sendeledi.

Aveva già visto situazioni simili, ma sempre dalla parte dei vincitori.

Bunu daha önce de görmüştü ama hep kazanan taraftan.

Ora era dalla parte perdente; lo sconfitto; la preda; la morte.

Artık kaybeden taraftaydı; yenilen taraftaydı; avdı; ölümdü.

Buck si preparò al colpo finale, mentre il cerchio dei cani si faceva sempre più stretto.

Buck son darbeyi indirmek için daireler çizdi, köpek halkası gittikçe yaklaşıyordu.

Poteva sentire i loro respiri caldi; erano pronti a uccidere.

Sıcak nefeslerini hissedebiliyordu; öldürmeye hazırdılar.

Calò il silenzio; tutto era al suo posto; il tempo si era fermato.

Bir sessizlik çöktü; her şey yerli yerindeydi; zaman durmuştu.

Persino l'aria fredda tra loro si congelò per un ultimo istante.

Aralarındaki soğuk hava bile son bir an için dondu.

Soltanto Spitz si mosse, cercando di trattenere la sua fine amara.

Sadece Spitz, acı sonunu atlatmaya çalışarak kıpırdadı.

Il cerchio dei cani si stava stringendo attorno a lui, come era suo destino.

Köpeklerin çemberi, kaderi gibi, onu da sıkıştırıyordu.

Ora era disperato, sapendo cosa stava per accadere.

Artık ne olacağını bildiği için çaresizdi.

Buck balzò dentro e la sua spalla incontrò la sua spalla per l'ultima volta.

Buck atıldı, omuz omuza son kez buluştu.

I cani si lanciarono in avanti, nascondendo Spitz nell'oscurità della neve.

Köpekler ileri atıldılar ve karlı karanlıkta Spitz'i korudular.

Buck osservava, eretto e fiero; il vincitore in un mondo selvaggio.

Buck, vahşi bir dünyanın galibi olarak dimdik ayakta izliyordu.

La bestia primordiale dominante aveva fatto la sua uccisione, e la aveva fatta bene.

Egemen ilkel canavar öldürücü darbeyi indirmişti ve bu iyiydi.

Colui che ha conquistato la maestria
Üstünlüğe Kazanan O

"Eh? Cosa ho detto? Dico la verità quando dico che Buck è
un diavolo."

"Eh? Ne dedim? Buck'ın bir şeytan olduğunu söylediğimde
doğruyu söylüyorum."

**François raccontò questo la mattina dopo aver scoperto la
scomparsa di Spitz.**

François, Spitz'in kaybolduğunu öğrendiği ertesi sabah bu
sözleri söyledi.

**Buck rimase lì, coperto di ferite causate dal violento
combattimento.**

Buck, vahşi dövüşten kalan yaralarla orada duruyordu.

François tirò Buck vicino al fuoco e indicò le ferite.

François, Buck'ı ateşin yanına çekti ve yaraları işaret etti.

**«Quello Spitz ha combattuto come il Devik», disse Perrault,
osservando i profondi tagli.**

"Bu Spitz, Devik gibi dövüşüyordu," dedi Perrault, derin
yaralara bakarak.

**«E quel Buck si batteva come due diavoli», rispose subito
François.**

"Ve Buck iki şeytan gibi dövüşüyordu," diye hemen cevap
verdi François.

"Ora faremo buon passo; niente più Spitz, niente più guai."

"Artık iyi vakit geçireceğiz; Spitz yok, sorun yok."

**Perrault stava preparando l'attrezzatura e caricò la slitta con
cura.**

Perrault malzemeleri topluyor ve kızakları dikkatle
yüklüyordu.

François bardò i cani per prepararli alla corsa della giornata.

François, günlük koşuya hazırlanmak için köpekleri
koşumlara taktı.

**Buck trotterellò dritto verso la posizione di testa,
precedentemente occupata da Spitz.**

Buck, Spitz'in elinde tuttuğu lider pozisyonuna doğru koştu.

Ma François, senza accorgersene, condusse Solleks in prima linea.

Fakat François, bunun farkında olmadan Solleks'i öne doğru götürdü.

Secondo François, Solleks era ora il miglior cane da corsa.

François'nın yargısına göre Solleks artık en iyi lider köpekti.

Buck si scagliò furioso contro Solleks e lo respinse indietro in segno di protesta.

Buck öfkeyle Solleks'e doğru atıldı ve onu protesto etmek için geri püskürttü.

Si fermò dove un tempo si era fermato Spitz, rivendicando la posizione di comando.

Spitz'in bir zamanlar durduğu yerde durarak liderliği ele geçirdi.

"Eh? Eh?" esclamò François, dandosi una pacca sulle cosce divertito.

"Eh? Eh?" diye haykırdı François, eğlenerek uyluklarına vurarak.

"Guarda Buck: ha ucciso Spitz, ora vuole prendersi il posto!"

"Buck'a bak, Spitz'i öldürdü, şimdi de işi almak istiyor!"

"Vattene via, Chook!" urlò, cercando di scacciare Buck.

"Defol git, Chook!" diye bağırdı, Buck'ı uzaklaştırmaya çalışarak.

Ma Buck si rifiutò di muoversi e rimase immobile nella neve.

Ama Buck hareket etmeyi reddetti ve karda dimdik ayakta durdu.

François afferrò Buck per la collottola e lo trascinò da parte.

François, Buck'ı ensesinden yakalayıp bir kenara çekti.

Buck ringhiò basso e minaccioso, ma non attaccò.

Buck alçak sesle ve tehditkar bir şekilde hırladı ama saldırmadı.

François rimette Solleks in testa, cercando di risolvere la disputa

François, Solleks'i tekrar öne geçirerek anlaşmazlığı çözmeye çalıştı

Il vecchio cane mostrò paura di Buck e non voleva restare.

Yaşlı köpek Buck'tan korkuyordu ve kalmak istemiyordu.

Quando François gli voltò le spalle, Buck scacciò di nuovo Solleks.

François arkasını döndüğünde Buck, Solleks'i tekrar dışarı attı.

Solleks non oppose resistenza e si fece di nuovo da parte in silenzio.

Solleks direnmedi ve bir kez daha sessizce kenara çekildi.

François si arrabbiò e urlò: "Per Dio, ti sistemo!"

François öfkelendi ve bağırdı: "Aman Tanrım, seni düzelteceğim!"

Si avvicinò a Buck tenendo in mano una pesante mazza.

Elinde ağır bir sopayla Buck'a doğru yaklaştı.

Buck ricordava bene l'uomo con il maglione rosso.

Buck, kırmızı kazaklı adamı çok iyi hatırlıyordu.

Si ritirò lentamente, osservando François ma ringhiando profondamente.

Yavaşça geri çekildi, François'yı izliyordu ama derinden hırlıyordu.

Non si affrettò a tornare indietro, nemmeno quando Solleks si mise al suo posto.

Solleks onun yerine geçtiğinde bile geri dönmek için acele etmedi.

Buck si girò in cerchio, appena fuori dalla sua portata, ringhiando furioso e protestando.

Buck öfke ve itirazla hırlayarak, erişilemeyecek kadar uzakta daireler çizdi.

Teneva gli occhi fissi sulla mazza, pronto a schivare il colpo se François l'avesse lanciata.

François atarsa kaçmak için gözünü sopadan ayırmadı.

Era diventato saggio e cauto nei confronti degli uomini che maneggiavano le armi.

Silahlı adamların yollarına karşı daha akıllı ve dikkatli olmuştu.

François si arrese e chiamò di nuovo Buck al suo vecchio posto.

François pes etti ve Buck'ı tekrar eski yerine çağırdı.

Ma Buck fece un passo indietro con cautela, rifiutandosi di obbedire all'ordine.

Ancak Buck, emre itaat etmeyi reddederek ihtiyatla geri çekildi.

François lo seguì, ma Buck indietreggiò solo di pochi passi.

François onu takip etti, ancak Buck sadece birkaç adım geri çekildi.

Dopo un po' François gettò a terra l'arma, frustrato.

Bir süre sonra François öfkeyle silahı yere attı.

Pensava che Buck avesse paura di essere picchiato e che avrebbe fatto lo stesso senza far rumore.

Buck'ın dayaktan korktuğunu ve sessizce geleceğini düşündü.

Ma Buck non stava evitando la punizione: stava lottando per ottenere un rango.

Ama Buck cezadan kaçmıyordu; rütbe için mücadele ediyordu.

Si era guadagnato il posto di capobranco combattendo fino alla morte

Ölümüne bir mücadeleyle lider köpek konumunu kazanmıştı

non si sarebbe accontentato di niente di meno che di essere il leader.

Lider olmaktan başka hiçbir şeye razı olmayacaktı.

Perrault si unì all'inseguimento per aiutare a catturare il ribelle Buck.

Perrault, asi Buck'ı yakalamak için kovalamacaya katıldı.

Insieme lo portarono in giro per l'accampamento per quasi un'ora.

İkisi birlikte onu yaklaşık bir saat boyunca kampın içinde koşturdular.

Gli scagliarono contro dei bastoni, ma Buck li schivò abilmente uno per uno.

Ona sopalar fırlattılar ama Buck her birini ustalıkla savuşturdu.

Maledissero lui, i suoi antenati, i suoi discendenti e ogni suo capello.

Ona, atalarına, soyuna ve üzerindeki her bir saç teline lanet ettiler.

Ma Buck si limitò a ringhiare e a restare appena fuori dalla loro portata.

Ama Buck sadece hırladı ve onların erişemeyeceği bir mesafede durdu.

Non cercò mai di scappare, ma continuò a girare intorno all'accampamento deliberatamente.

Kaçmaya hiç çalışmadı, aksine kampın etrafında bilerek tur attı.

Disse chiaramente che avrebbe obbedito una volta ottenuto ciò che voleva.

İstediğini verdiklerinde itaat edeceğini açıkça belli etti.

Alla fine François si sedette e si grattò la testa, frustrato.

François sonunda oturdu ve hayal kırıklığıyla başını kaşıdı.

Perrault controllò l'orologio, imprecò e borbottò qualcosa sul tempo perso.

Perrault saatine baktı, küfürler savurdu ve zaman kaybından yakındı.

Era già trascorsa un'ora, mentre avrebbero dovuto essere sulle tracce.

Yola çıkmaları gereken saatten bir saat geçmişti.

François alzò le spalle timidamente, guardando il corriere, che sospirò sconfitto.

François, yenilgiyi kabul ederek iç çeken kuryeye utangaç bir tavırla omuz silkti.

Poi François si avvicinò a Solleks e chiamò ancora una volta Buck.

Sonra François Solleks'in yanına yürüdü ve bir kez daha Buck'a seslendi.

Buck rise come ride un cane, ma mantenne una cauta distanza.

Buck bir köpeğin gülüşü gibi güldü, ama dikkatli bir mesafeyi korudu.

François tolse l'imbracatura a Solleks e lo rimise al suo posto.

François, Solleks'in koşum takımını çıkarıp onu yerine geri koydu.

La squadra di slittini era completamente imbracata, con un solo posto libero.

Kızak takımı tam donanımlıydı, sadece bir yer boştu.

La posizione di comando rimase vuota, chiaramente riservata solo a Buck.

Liderlik pozisyonu boş kaldı, açıkça sadece Buck'a ayrılmıştı.

François chiamò di nuovo e di nuovo Buck rise e mantenne la sua posizione.

François tekrar seslendi, Buck yine güldü ve direndi.

«Gettate giù la mazza», ordinò Perrault senza esitazione.

"Sopayı atın," diye emretti Perrault tereddüt etmeden.

François obbedì e Buck si lanciò subito avanti con orgoglio.

François itaat etti ve Buck hemen gururla öne doğru koştu.

Rise trionfante e assunse la posizione di comando.

Zafer kazanmışçasına gülerek öne geçti.

François fissò le corde e la slitta si staccò.

François izlerini sabitledi ve kızak çözüldü.

Entrambi gli uomini corsero fianco a fianco mentre la squadra si lanciava lungo il sentiero del fiume.

Takım nehir parkurunda yarışırken her iki adam da yan yana koşuyordu.

François aveva avuto una grande stima dei "due diavoli" di Buck,

François, Buck'ın "iki şeytanı"nı çok beğenmişti

ma ben presto si rese conto di aver in realtà sottovalutato il cane.

ancak kısa süre sonra köpeği aslında hafife aldığını fark etti.

Buck assunse rapidamente la leadership e si comportò in modo eccellente.

Buck kısa sürede liderliği üstlendi ve mükemmel bir performans sergiledi.

Buck superò Spitz per capacità di giudizio, rapidità di pensiero e rapidità di azione.

Yargılama, hızlı düşünme ve hızlı hareket etme konusunda Buck, Spitz'i geride bıraktı.

François non aveva mai visto un cane pari a quello che Buck mostrava ora.

François, Buck'ın şimdi sergilediği gibi bir köpek daha önce hiç görmemişti.

Ma Buck eccelleva davvero nel far rispettare l'ordine e nel imporre rispetto.

Ama Buck düzeni sağlama ve saygı uyandırma konusunda gerçekten de mükemmeldi.

Dave e Solleks accettarono il cambiamento senza preoccupazioni o proteste.

Dave ve Solleks bu değişikliği kaygı duymadan veya itiraz etmeden kabul ettiler.

Si concentravano solo sul lavoro e tiravano forte le redini.

Onlar sadece çalışmaya ve dizginleri sıkı sıkı çekmeye odaklandılar.

A loro importava poco chi guidasse, purché la slitta continuasse a muoversi.

Kızak hareket ettiği sürece kimin önde olduğu umurlarında değildi.

Billee, quella allegra, avrebbe potuto comandare per quel che volevano.

Neşeli olan Billee, umurlarında olsa liderlik edebilirdi.

Ciò che contava per loro era la pace e l'ordine tra i ranghi.

Onlar için önemli olan saflarda huzur ve düzenin sağlanmasıydı.

Il resto della squadra era diventato indisciplinato durante il declino di Spitz.

Spitz'in çöküşü sırasında takımın geri kalanı asileşmişti.

Rimasero scioccati quando Buck li riportò immediatamente all'ordine.

Buck hemen onları düzene soktuğunda şok oldular.

Pike era sempre stato pigro e aveva sempre tergiversato dietro a Buck.

Pike her zaman tembeldi ve Buck'ın peşinden sürükleniyordu.

Ma ora è stato severamente disciplinato dalla nuova leadership.

Ama şimdi yeni liderlik tarafından sert bir şekilde disiplin altına alınıyordu.

E imparò rapidamente a dare il suo contributo alla squadra.

Ve kısa sürede takımda üzerine düşen görevi yerine getirmeyi öğrendi.

Alla fine della giornata, Pike lavorò più duramente che mai.

Günün sonunda Pike her zamankinden daha çok çalışıyordu.

Quella notte all'accampamento, Joe, il cane scontroso, fu finalmente domato.

O gece kampta, asabi köpek Joe nihayet sakinleştirildi.

Spitz non era riuscito a disciplinarlo, ma Buck non aveva fallito.

Spitz onu disiplin altına almayı başaramamıştı ama Buck başarısız olmamıştı.

Sfruttando il suo peso maggiore, Buck sopraffece Joe in pochi secondi.

Buck, daha fazla ağırlığını kullanarak Joe'yu saniyeler içinde alt etti.

Morse e picchiò Joe finché questi non si mise a piagnucolare e smise di opporre resistenza.

Joe'yu ısırdı ve dövdü, ta ki inleyip direnmeyi bırakana kadar.

Da quel momento in poi l'intera squadra migliorò.

O andan itibaren bütün takım gelişmeye başladı.

I cani ritrovarono la loro antica unità e disciplina.

Köpekler eski birlik ve disiplinlerine kavuştular.

A Rink Rapids si sono uniti al gruppo due nuovi husky autoctoni, Teek e Koona.

Rink Rapids'te Teek ve Koona adında iki yeni yerli Sibirya kurdu aramıza katıldı.

La rapidità con cui Buck li addestramento stupì perfino François.

Buck'ın onları bu kadar hızlı eğitmesi François'yı bile şaşırtmıştı.

"Non è mai esistito un cane come quel Buck!" esclamò stupito.

"Buck gibi bir köpek hiç olmadı!" diye hayretle haykırdı.

"No, mai! Vale mille dollari, per Dio!"

"Hayır, asla! Tanrı aşkına, o bin dolar değerinde!"

"Eh? Che ne dici, Perrault?" chiese con orgoglio.

"Eh? Ne diyorsun, Perrault?" diye sordu gururla.

Perrault annuì in segno di assenso e controllò i suoi appunti.

Perrault onaylarcasına başını salladı ve notlarını kontrol etti.

Siamo già in anticipo sui tempi e guadagniamo sempre di più ogni giorno.

Zaten programın önündeyiz ve her geçen gün daha fazlasını kazanıyoruz.

Il sentiero era compatto e liscio, senza neve fresca.

Yol sert ve pürüzsüzdü, taze kar yoktu.

Il freddo era costante, con temperature che si aggiravano sempre sui cinquanta gradi sotto zero.

Soğuk hava sürekli olarak eksi elli civarında seyrediyordu.

Per scaldarsi e guadagnare tempo, gli uomini si alternavano a cavallo e a correre.

Erkekler ısınmak ve zaman kazanmak için sırayla ata binip koşuyorlardı.

I cani correvano veloci, fermandosi di rado, spingendosi sempre in avanti.

Köpekler çok az durarak, sürekli ileri doğru iterek hızlı koşuyorlardı.

Il fiume Thirty Mile era per la maggior parte ghiacciato e facile da attraversare.

Otuz Mil Nehri büyük ölçüde donmuş olduğundan üzerinden geçmek kolaydı.

In un giorno realizzarono ciò che per arrivare aveva impiegato dieci giorni.

On gün süren geliş işini bir günde tamamladılar.

Percorsero circa 96 chilometri dal lago Le Barge a White Horse.

Le Barge Gölü'nden White Horse'a kadar altmış millik bir koşu yaptılar.

Si muovevano a velocità incredibile attraverso i laghi Marsh, Tagish e Bennett.

Marsh, Tagish ve Bennett Gölleri'nden inanılmaz hızlı hareket ettiler.

L'uomo che correva veniva trainato dietro la slitta con una corda.

Koşan adam bir ip yardımıyla kızak arkasından çekiliyordu.

L'ultima notte della seconda settimana giunsero a destinazione.

İkinci haftanın son gecesi varış noktalarına ulaştılar.

Insieme avevano raggiunto la cima del White Pass.

Birlikte Beyaz Geçit'in tepesine ulaşmışlardı.

Scesero fino al livello del mare, con le luci dello Skaguay sotto di loro.

Altlarında Skaguay'ın ışıklarının olduğu deniz seviyesine indiler.

Era stata una corsa da record attraverso chilometri di fredda natura selvaggia.

Mil uzunluğundaki soğuk vahşi doğada rekor kıran bir koşu olmuştu.

Per quattordici giorni di fila percorsero in media circa quaranta miglia.

On dört gün boyunca, ortalama olarak güçlü bir şekilde kırk mil yol kat ettiler.

A Skaguay, Perrault e François trasportavano merci attraverso la città.

Skaguay'da Perrault ve François, yükleri şehirden taşıyorlardı.

Furono applauditi e ricevettero numerose bevande dalla folla ammirata.

Hayran kitlesinin coşkusu karşısında alkışlandılar ve kendilerine bol bol içki ikram edildi.

I cacciatori di cani e gli operai si sono riuniti attorno alla famosa squadra cinofila.

Ünlü köpek takımının etrafında köpek avcıları ve işçiler toplandı.

Poi i fuorilegge del West giunsero in città e subirono una violenta sconfitta.

Daha sonra batılı haydutlar şehre geldiler ve şiddetli bir yenilgiyle karşılaştılar.

La gente si dimenticò presto della squadra e si concentrò sul nuovo dramma.

İnsanlar kısa sürede takımı unuttular ve yeni dramalara odaklandılar.

Poi arrivarono i nuovi ordini che cambiarono tutto in un colpo.

Sonra her şeyi bir anda değiştiren yeni emirler geldi.

François chiamò Buck e lo abbracciò con orgoglio e lacrime.

François, Buck'ı yanına çağırdı ve gözyaşlarıyla gururla ona sarıldı.

Quel momento fu l'ultima volta che Buck vide di nuovo François.

Buck, François'yı bir daha asla bu kadar iyi görmedi.

Come molti altri uomini prima di lui, sia François che Perrault se n'erano andati.

Daha önceki birçok erkek gibi, François ve Perrault da gitmişti.

Un meticcio scozzese si prese cura di Buck e dei suoi compagni di squadra con i cani da slitta.

Buck ve kızak köpeği takım arkadaşlarının sorumluluğunu bir İskoç melezi üstlendi.

Con una dozzina di altre mute di cani, ritornarono lungo il sentiero fino a Dawson.

Bir düzine kadar diğer köpek takımıyla birlikte patika boyunca Dawson'a geri döndüler.

Non si trattava più di una corsa veloce, ma solo di un duro lavoro con un carico pesante ogni giorno.

Artık hızlı bir koşu yoktu; sadece her gün ağır bir yük ile ağır bir emek gerekiyordu.

Si trattava del treno postale che portava notizie ai cercatori d'oro vicino al Polo.

Bu, Kutup yakınlarındaki altın avcılarına haber getiren posta treniydi.

Buck non amava il lavoro, ma lo sopportò bene, essendo orgoglioso del suo impegno.

Buck bu işten hoşlanmıyordu ama çabasının gururunu yaşayarak buna katlanıyordu.

Come Dave e Solleks, Buck dimostrava dedizione in ogni compito quotidiano.

Dave ve Solleks gibi Buck da günlük işlerin hepsine özveriyle bağlılık gösteriyordu.

Si è assicurato che tutti i suoi compagni di squadra dessero il massimo.

Takım arkadaşlarının her birinin üzerlerine düşeni yaptığından emin oldu.

La vita sui sentieri divenne noiosa e si ripeteva con la precisione di una macchina.

Patika hayatı sıkıcılaştı, bir makine hassasiyetiyle tekrarlandı.

Ogni giorno era uguale, una mattina si fondeva con quella successiva.

Her gün aynıydı, bir sabah diğerine karışıyordu.

Alla stessa ora, i cuochi si alzarono per accendere il fuoco e preparare il cibo.

Aynı saatte aşçılar kalkıp ateşi yakıp yemek hazırlamaya başladılar.

Dopo colazione alcuni lasciarono l'accampamento mentre altri attaccarono i cani.

Kahvaltının ardından bazıları kamptan ayrılırken, bazıları da köpeklerini koşturdu.

Raggiunsero il sentiero prima che il pallido segnale dell'alba sfiorasse il cielo.

Şafağın ilk ışıkları gökyüzüne ulaşmadan önce yola koyuldular.

Di notte si fermavano per accamparsi, e a ogni uomo veniva assegnato un compito.

Geceleyin kamp kurmak için dururlardı, her adamın belli bir görevi vardı.

Alcuni montarono le tende, altri tagliarono la legna da ardere e raccolsero rami di pino.

Kimisi çadırlarını kurdu, kimisi odun kesti, çam dalları topladı.

Acqua o ghiaccio venivano portati ai cuochi per la cena serale.

Akşam yemeği için aşçılara su veya buz götürülürdü.

I cani vennero nutriti e per loro quello fu il momento migliore della giornata.

Köpeklere yemek verildi ve bu onlar için günün en güzel kısmıydı.

Dopo aver mangiato il pesce, i cani si rilassarono e oziarono vicino al fuoco.

Balıklarını yedikten sonra köpekler dinlenip ateşin başında dinlendiler.

Nel convoglio c'erano un centinaio di altri cani con cui socializzare.

Konvoyda kaynaşabileceği yüz tane daha köpek vardı.

Molti di quei cani erano feroci e pronti a combattere senza preavviso.

Bu köpeklerin çoğu vahşiydi ve uyarı vermeden kavga etmeye hazırdı.

Ma dopo tre vittorie, Buck riuscì a domare anche i combattenti più feroci.

Ancak üç galibiyetten sonra Buck, en sert dövüşçüleri bile alt etmeyi başardı.

Ora, quando Buck ringhiò e mostrò i denti, loro si fecero da parte.

Buck hırlayıp dişlerini gösterdiğinde ise kenara çekildiler.

Forse la cosa più bella di tutte era che a Buck piaceva sdraiarsi vicino al fuoco tremolante.

Belki de en çok, Buck'ın titrek kamp ateşinin yanında yatmayı sevmesi hoşuma gidiyordu.

Si accovacciò, con le zampe posteriori ripiegate e quelle anteriori distese in avanti.

Arka ayaklarını kıvırıp ön ayaklarını öne doğru uzatarak çömeldi.

Teneva la testa sollevata e sbatteva dolcemente le palpebre verso le fiamme ardenti.

Başını kaldırıp parlayan alevlere doğru yumuşakça gözlerini kırpıştırdı.

A volte ricordava la grande casa del giudice Miller a Santa Clara.

Bazen Yargıç Miller'ın Santa Clara'daki büyük evini hatırlıyordu.

Pensò alla piscina di cemento, a Ysabel e al carlino di nome Toots.

Çimento havuzunu, Ysabel'i ve Toots adlı pug cinsi köpeği düşündü.

Ma più spesso si ricordava del bastone dell'uomo con il maglione rosso.

Ama daha çok kırmızı kazaklı adamın sopasını hatırlıyordu.

Ricordava la morte di Curly e la sua feroce battaglia con Spitz.

Kıvırcık'nin ölümünü ve Spitz'le olan amansız mücadelesini hatırladı.

Ricordava anche il buon cibo che aveva mangiato o che ancora sognava.

Yediği veya hâlâ rüyasında gördüğü güzel yemekleri de hatırladı.

Buck non aveva nostalgia di casa: la valle calda era lontana e irreale.

Buck, memleketini özlemiyordu; sıcak vadi uzaktaydı ve gerçek dışıydı.

I ricordi della California non avevano più alcun fascino su di lui.

Kaliforniya'daki anılar artık onun üzerinde pek bir etki bırakmıyordu.

Più forti della memoria erano gli istinti radicati nella sua stirpe.

Hafızasından daha güçlü olan şey, kanının derinliklerindeki içgüdülerdi.

Le abitudini un tempo perdute erano tornate, ravvivate dal sentiero e dalla natura selvaggia.

Bir zamanlar kaybedilen alışkanlıklar, patika ve vahşi doğa tarafından yeniden canlandırılarak geri dönmüştü.

Mentre Buck osservava la luce del fuoco, a volte questa diventava qualcos'altro.

Buck ateşin ışığını izlerken, bazen bu ışık başka bir şeye dönüşüyordu.

Vide alla luce del fuoco un altro fuoco, più vecchio e più profondo di quello attuale.

Ateşin ışığında, şimdikinden daha eski ve daha derin bir ateş gördü.

Accanto all'altro fuoco era accovacciato un uomo che non somigliava per niente al cuoco meticcio.

Diğer ateşin yanında melez aşçıya benzemeyen bir adam çömelmişti.

Questa figura aveva gambe corte, braccia lunghe e muscoli duri e contratti.

Bu figürün kısa bacakları, uzun kolları ve sert, düğümlü kasları vardı.

I suoi capelli erano lunghi e arruffati, e gli scendevano all'indietro a partire dagli occhi.

Saçları uzun ve keçeleşmişti, gözlerinden geriye doğru uzuyordu.

Emetteva strani suoni e fissava l'oscurità con paura.

Garip sesler çıkarıyor, korkuyla karanlığa bakıyordu.

Teneva bassa una mazza di pietra, stretta saldamente nella sua mano lunga e ruvida.

Uzun, sert elinde sıkıca tuttuğu taş bir sopayı alçakta tutuyordu.

L'uomo indossava ben poco: solo una pelle carbonizzata che gli pendeva lungo la schiena.

Adamın üzerinde pek az şey vardı; sırtından aşağı doğru sarkan kömürleşmiş bir deri.

Il suo corpo era ricoperto da una folta peluria sulle braccia, sul petto e sulle cosce.

Vücudu, kolları, göğsü ve uylukları boyunca sık kıllarla kaplıydı.

Alcune parti del pelo erano aggrovigliate e formavano chiazze di pelo ruvido.

Saçların bazı kısımları sert kürk parçaları halinde birbirine karışmıştı.

Non stava dritto, ma era piegato in avanti dai fianchi alle ginocchia.

Ayakta dik durmuyordu, kalçadan dizlere kadar öne doğru eğilmişti.

I suoi passi erano elastici e felini, come se fosse sempre pronto a scattare.

Adımları sanki her an sıçramaya hazırmış gibi yaylı ve kedi gibiydi.

C'era una forte allerta, come se vivesse nella paura costante.

Sürekli bir korku içinde yaşıyormuş gibi keskin bir teyakkuz hali vardı.

Quest'uomo anziano sembrava aspettarsi il pericolo, indipendentemente dal fatto che questo venisse visto o meno.

Bu kadim insan, tehlike görülse de görülmese de tehlikeyi önceden seziyor gibiydi.

A volte l'uomo peloso dormiva accanto al fuoco, con la testa tra le gambe.

Bazen tüylü adam ateşin başında başını bacaklarının arasına sokup uyurdu.

Teneva i gomiti sulle ginocchia e le mani giunte sopra la testa.

Dirseklerini dizlerine dayamış, ellerini başının üstünde kavuşturmuştu.

Come un cane, usava le sue braccia pelose per proteggersi dalla pioggia che cadeva.

Bir köpek gibi, tüylü kollarını kullanarak yağan yağmuru döküyordu.

Oltre la luce del fuoco, Buck vide due carboni ardenti che ardevano nell'oscurità.

Buck, ateş ışığının ötesinde karanlıkta parlayan iki kömür gördü.

Sempre a due a due, erano gli occhi delle bestie da preda.

Her zaman ikişer ikişer, yırtıcı hayvanların peşindeki gözleriydiler.

Sentì corpi che si infrangevano tra i cespugli e rumori provenienti dalla notte.

Çalılıklarda ezilen cesetlerin sesini ve gecenin karanlığında çıkan sesleri duydu.

Sdraiato sulla riva dello Yukon, sbattendo le palpebre, Buck sognò accanto al fuoco.

Yukon kıyısında yatan Buck, gözlerini kırpıştırarak ateşin başında hayal kuruyordu.

Le immagini e i suoni di quel mondo selvaggio gli fecero rizzare i capelli.

O vahşi dünyanın görüntüleri ve sesleri tüylerini diken diken ediyordu.

La pelliccia gli si drizzò lungo la schiena, sulle spalle e sul collo.

Tüyler sırtından omuzlarına, boynuna kadar uzanıyordu.

Gemeva piano o emetteva un ringhio basso dal profondo del petto.

Hafifçe inliyordu ya da göğsünün derinliklerinden gelen alçak bir homurtu çıkarıyordu.

Allora il cuoco meticcio urlò: "Ehi, Buck, svegliati!"

Sonra melez aşçı bağırdı: "Hey, Buck, uyan!"

Il mondo dei sogni svanì e la vera vita tornò agli occhi di Buck.

Rüya dünyası kaybolmuş, gerçek hayat Buck'ın gözlerine geri dönmüştü.

Si sarebbe alzato, si sarebbe stiracchiato e avrebbe sbadigliato, come se si fosse svegliato da un pisolino.

Sanki uykudan uyanmış gibi kalkıp gerinecek, esneyecekti.

Il viaggio era duro, con la slitta postale che li trascinava dietro.

Posta kızaklarının arkalarında sürüklenmesiyle yolculuk zordu.

Carichi pesanti e lavoro duro sfinivano i cani ogni lunga giornata.

Ağır yükler ve zorlu çalışma, köpekleri her uzun günde yıpratıyordu.

Arrivarono a Dawson magro, stanco e con bisogno di più di una settimana di riposo.

Dawson'a zayıf, yorgun ve bir haftalık dinlenmeye ihtiyaç duyarak ulaştılar.

Ma solo due giorni dopo ripartirono per lo Yukon.

Ancak sadece iki gün sonra tekrar Yukon'a doğru yola koyuldular.

Erano carichi di altre lettere dirette al mondo esterno.

İçlerinde dış dünyaya gönderilmek üzere hazırlanmış daha çok mektup vardı.

I cani erano esausti e gli uomini si lamentavano in continuazione.

Köpekler bitkin düşmüştü ve adamlar sürekli şikâyet ediyorlardı.

Ogni giorno cadeva la neve, ammorbidendo il sentiero e rallentando le slitte.

Her gün yağan kar, patikayı yumuşatıyor ve kızakların hızını düşürüyordu.

Ciò rendeva la trazione più dura e aumentava la resistenza delle guide.

Bu durum koşucuların daha zor çekilmesine ve daha fazla sürtünmeye neden oldu.

Nonostante ciò, i piloti si sono dimostrati leali e hanno avuto cura delle loro squadre.

Buna rağmen sürücüler adil davrandılar ve takımlarına değer verdiler.

Ogni notte, i cani venivano nutriti prima che gli uomini mangiassero.

Her gece, adamlar yemek yemeden önce köpeklere yemek veriliyordu.

Nessun uomo dormiva prima di controllare le zampe del proprio cane.

Hiçbir adam kendi köpeğinin ayaklarını kontrol etmeden uyumazdı.

Tuttavia, i cani diventavano sempre più deboli man mano che i chilometri consumavano i loro corpi.

Ancak köpekler, kat ettikleri kilometreler vücutlarını yıprattıkça giderek zayıfladılar.

Avevano viaggiato per milleottocento miglia durante l'inverno.

Kış boyunca bin sekiz yüz mil yol kat etmişlerdi.

Percorrevano ogni miglio di quella distanza brutale trainando le slitte.

O acımasız mesafenin her milini kızaklarla kat ettiler.

Anche i cani da slitta più resistenti provano tensione dopo tanti chilometri.

En dayanıklı kızak köpekleri bile bu kadar kilometre kat ettikten sonra zorlanırlar.

Buck tenne duro, fece sì che la sua squadra lavorasse e mantenne la disciplina.

Buck direndi, ekibini çalışır durumda tuttu ve disiplini korudu.

Ma Buck era stanco, proprio come gli altri durante il lungo viaggio.

Ama Buck, uzun yolculuktaki diğerleri gibi yorgundu.

Billee piagnucolava e piangeva nel sonno ogni notte, senza sosta.

Billee her gece uykusunda sızlanıp ağlıyordu.

Joe diventò ancora più amareggiato e Solleks rimase freddo e distante.

Joe daha da öfkelendi, Solleks ise soğuk ve mesafeli davranmaya devam etti.

Ma è stato Dave a soffrire di più di tutta la squadra.

Ama tüm takım içinde en çok zarar gören Dave oldu.

Qualcosa dentro di lui era andato storto, anche se nessuno sapeva cosa.

İçinde bir şeyler ters gidiyordu ama kimse ne olduğunu bilmiyordu.

Divenne più lunatico e aggredì gli altri con rabbia crescente.

Daha da huysuzlaştı ve giderek artan bir öfkeyle başkalarına saldırmaya başladı.

Ogni notte andava dritto al suo nido, in attesa di essere nutrito.

Her gece doğruca yuvasına gidiyor ve beslenmeyi bekliyordu.

Una volta a terra, Dave non si alzò più fino al mattino.

Dave bir kere yere düştükten sonra sabaha kadar ayağa kalkmadı.

Sulle redini, gli improvvisi strattoni o sussulti lo facevano gridare di dolore.

Dizginlerde ani sarsıntılar veya sıçramalar onun acı içinde çığlık atmasına neden oluyordu.

L'autista ha cercato di capirne la causa, ma non ha trovato ferite.

Sürücüsü kazanın nedenini araştırdı ancak herhangi bir yaralanmaya rastlamadı.

Tutti gli autisti cominciarono a osservare Dave e a discutere del suo caso.

Tüm şoförler Dave'i izlemeye ve durumunu tartışmaya başladılar.

Parlarono durante i pasti e durante l'ultima sigaretta della giornata.

Yemeklerde ve günün son sigara içmelerinde sohbet ettiler.

Una notte tennero una riunione e portarono Dave al fuoco.

Bir gece toplantı yapıp Dave'i ateşin başına getirdiler.

Gli premevano e palpavano il corpo e lui gridava spesso.

Vücuduna bastırıp yokluyorlardı, o da sık sık bağırıyordu.

Era evidente che qualcosa non andava, anche se non sembrava esserci nessuna frattura.

Kemiklerin hiçbiri kırılmamış gibi görünse de, bir şeylerin ters gittiği açıkça belliydi.

Quando arrivarono al Cassiar Bar, Dave stava cadendo.

Cassiar Bar'a vardıklarında Dave yere yığılıyordu.

Il meticcio scozzese impose uno stop e rimosse Dave dalla squadra.

İskoç melezi yarışı durdurdu ve Dave'i takımdan çıkardı.

Fissò Solleks al posto di Dave, il più vicino possibile alla parte anteriore della slitta.

Solleks'i Dave'in yerine, kızakların ön tarafına en yakın yere bağladı.

Voleva lasciare che Dave riposasse e corresse libero dietro la slitta in movimento.

Dave'in dinlenmesini ve hareket eden kızak arkasında serbestçe koşmasını istiyordu.

Ma nonostante la malattia, Dave odiava che gli venisse tolto il lavoro che aveva ricoperto.

Ama Dave hasta bile olsa, sahip olduğu işinden alınmasından nefret ediyordu.

Ringhiò e piagnucolò quando gli strapparono le redini dal corpo.

Dizginler vücudundan çekilirken hırladı ve sızlandı.

Quando vide Solleks al suo posto, pianse disperato.

Solleks'i kendi yerinde görünce yüreği parçalanarak ağladı.

L'orgoglio per il lavoro sui sentieri era profondo in Dave, anche quando la morte si avvicinava.

Dave, ölüm yaklaşırken bile, patika çalışmalarının gururunu yaşıyordu.

Mentre la slitta si muoveva, Dave arrancava nella neve soffice vicino al sentiero.

Kızak hareket ettikçe Dave patikanın yakınındaki yumuşak karda tökezleyerek ilerliyordu.

Attaccò Solleks, mordendolo e spingendolo giù dal lato della slitta.

Solleks'e saldırdı, onu ısırdı ve kızak tarafından itti.

Dave cercò di saltare nell'imbracatura e di riprendersi il suo posto di lavoro.

Dave koşum takımına atlayıp çalışma yerini geri almaya çalıştı.

Lui guaiva, si lamentava e piangeva, diviso tra il dolore e l'orgoglio del parto.

Acıyla emeğinin gururu arasında kalmış bir halde, bağırıyor, sızlanıyor ve ağlıyordu.

Il meticcio usò la frusta per cercare di allontanare Dave dalla squadra.

Melez, Dave'i takımdan uzaklaştırmak için kırbacını kullandı.

Ma Dave ignorò la frustata e l'uomo non riuscì a colpirlo più forte.

Ama Dave kırbacı görmezden geldi ve adam ona daha sert vuramadı.

Dave rifiutò il sentiero più facile dietro la slitta, dove la neve era compatta.

Dave, kızak arkasındaki karın sıkıştırıldığı daha kolay yolu reddetti.

Invece, si ritrovò a lottare nella neve profonda, ai lati del sentiero, in preda alla miseria.

Bunun yerine, patikanın kenarındaki derin karda sefalet içinde mücadele etti.

Alla fine Dave crollò, giacendo sulla neve e urlando di dolore.

Sonunda Dave yere yığıldı, karda yattı ve acı içinde inledi.

Lanciò un grido mentre la lunga fila di slitte gli passava accanto una dopo l'altra.

Uzun kızak kafilesi birer birer yanından geçerken haykırdı.

Tuttavia, con le poche forze che gli rimanevano, si alzò e barcollò dietro di loro.

Yine de kalan gücüyle ayağa kalktı ve onların peşinden sendeleyerek yürüdü.

Quando il treno si fermò di nuovo, lo raggiunse e trovò la sua vecchia slitta.

Tren tekrar durduğunda yetişip eski kızaklarını buldu.

Superò con difficoltà le altre squadre e tornò a posizionarsi accanto a Solleks.

Diğer takımların arasından sıyrılıp tekrar Solleks'in yanına geldi.

Mentre l'autista si fermava per accendere la pipa, Dave colse l'ultima occasione.

Şoför piposunu yakmak için durduğunda Dave son şansını kullandı.

Quando l'autista tornò e urlò, la squadra non avanzò.

Şoför geri dönüp bağırdığında ise takım ilerlemedi.

I cani avevano girato la testa, confusi dall'improvviso arresto.

Köpekler, aniden durmanın verdiği şaşkınlıkla başlarını çevirmişlerdi.

Anche il conducente era scioccato: la slitta non si era mossa di un centimetro in avanti.

Sürücü de şok olmuştu; kızak bir santim bile ilerlememişti.

Chiamò gli altri perché venissero a vedere cosa era successo.

Diğerlerine seslenerek gelip ne olduğunu görmelerini söyledi.

Dave aveva masticato le redini di Solleks, spezzandole entrambe.

Dave, Solleks'in dizginlerini çiğnemiş, ikisini de parçalamıştı.

Ora era di nuovo in piedi davanti alla slitta, nella sua giusta posizione.

Şimdi kızak önünde, hak ettiği pozisyonda duruyordu.

Dave alzò lo sguardo verso l'autista, implorandolo silenziosamente di restare al passo.

Dave şoföre baktı, sessizce iz bırakmaması için yalvardı.

L'autista era perplesso e non sapeva cosa fare per il cane in difficoltà.

Sürücü, çırpınan köpeği için ne yapacağını bilemeyerek şaşkına döndü.

Gli altri uomini parlavano di cani morti perché li avevano portati fuori.

Diğer adamlar dışarı çıkarılıp öldürülen köpeklerden bahsettiler.

Raccontavano di cani vecchi o feriti il cui cuore si era spezzato quando erano stati abbandonati.

Yaşlı veya yaralı köpeklerin geride bırakıldıklarında kalplerinin kırıldığını anlattılar.

Concordarono che era un atto di misericordia lasciare che Dave morisse mentre era ancora imbrigliato.

Dave'in hala koşum takımıyla ölmesine izin vermenin bir merhamet olduğunu kabul ettiler.

Fu rimesso in sicurezza sulla slitta e Dave tirò con orgoglio.

Kızağa tekrar bağlandı ve Dave gururla çekti.

Anche se a volte gridava, lavorava come se il dolore potesse essere ignorato.

Bazen ağlasa da sanki acıyı görmezden gelebilirmiş gibi çalışıyordu.

Più di una volta cadde e fu trascinato prima di rialzarsi.

Birkaç kez düştü ve tekrar ayağa kalkmadan önce sürüklendi.

A un certo punto la slitta gli rotolò addosso e da quel momento in poi zoppicò.

Bir ara kızak üzerinden geçti ve o andan itibaren topallamaya başladı.

Nonostante ciò, lavorò finché non raggiunse l'accampamento e poi si sdraiò accanto al fuoco.

Yine de kampa varıncaya kadar çalıştı, sonra da ateşin başında uzandı.

Al mattino Dave era troppo debole per muoversi o anche solo per stare in piedi.

Sabah olduğunda Dave, yola çıkamayacak ve hatta ayakta duramayacak kadar güçsüzdü.

Al momento di allacciare l'imbracatura, cercò di raggiungere il suo autista con sforzi tremanti.

Koşum takımının takılması sırasında titrek bir çabayla sürücüsüne ulaşmaya çalıştı.

Si sforzò di rialzarsi, barcollò e crollò sul terreno innevato.

Kendini zorlayarak ayağa kalktı, sendeledi ve karlı zemine yığıldı.

Utilizzando le zampe anteriori, trascinò il suo corpo verso la zona dell'imbracatura.

Ön ayaklarını kullanarak vücudunu koşum alanına doğru sürükledi.

Si fece avanti, centimetro dopo centimetro, verso i cani da lavoro.

Kendini santim santim, çalışan köpeklere doğru çekti.

Le forze gli cedettero, ma continuò a muoversi nel suo ultimo disperato tentativo.

Gücü tükendi, ama son çaresiz hamlesiyle hareket etmeye devam etti.

I suoi compagni di squadra lo videro ansimare nella neve, ancora desideroso di unirsi a loro.

Takım arkadaşları onun karda soluk soluğa kaldığını ve hâlâ onlara katılmayı özlediğini gördüler.

Lo sentirono urlare di dolore mentre si lasciavano alle spalle l'accampamento.

Kampı geride bırakırken onun üzüntüyle bağırdığını duydular.

Mentre la squadra svaniva tra gli alberi, il grido di Dave risuonava dietro di loro.

Takım ağaçların arasında kaybolurken Dave'in çığlığı arkalarında yankılandı.

Il treno delle slitte si fermò brevemente dopo aver attraversato un tratto di fiume ricco di boschi.

Kızak treni, nehir kıyısındaki bir bölümü geçtikten sonra kısa bir süre durdu.

Il meticcio scozzese tornò lentamente verso l'accampamento alle sue spalle.

İskoç melezi yavaşça arkadaki kampa doğru yürüdü.

Gli uomini smisero di parlare quando lo videro scendere dal treno delle slitte.

Adamlar onun kızak treninden indiğini görünce konuşmayı bıraktılar.

Poi un singolo colpo di pistola risuonò chiaro e netto attraverso il sentiero.

Sonra patikanın karşısından tek bir el silah sesi duyuldu, net ve keskin bir şekilde.

L'uomo tornò rapidamente e prese il suo posto senza dire una parola.

Adam hemen geri döndü ve tek kelime etmeden yerini aldı.

Le fruste schioccavano, i campanelli tintinnavano e le slitte avanzavano sulla neve.

Kırbaçlar şaklıyor, çanlar şıngırdadı ve kızaklar karda yol aldı.

Ma Buck sapeva cosa era successo, come tutti gli altri cani.

Ama Buck olan biteni biliyordu; diğer köpekler de biliyordu.

La fatica delle redini e del sentiero
Dizginlerin ve İz Sürmenin Zorluğu

Trenta giorni dopo aver lasciato Dawson, la Salt Water Mail raggiunse Skaguay.
Dawson'dan ayrıldıktan otuz gün sonra Salt Water Mail Skaguay'a ulaştı.

Buck e i suoi compagni di squadra presero il comando e arrivarono in condizioni pietose.
Buck ve takım arkadaşları, acınası bir durumda olsalar da öne geçtiler.

Buck era sceso da 140 a 150 chili.
Buck 75 kilodan 85 kiloya düşmüştü.

Gli altri cani, sebbene più piccoli, avevano perso ancora più peso corporeo.
Diğer köpekler daha küçük olmalarına rağmen daha fazla kilo kaybetmişlerdi.

Pike, che una volta zoppicava fingendo, ora trascinava dietro di sé una gamba veramente ferita.
Bir zamanlar sahte bir topallama yaşayan Pike, şimdi gerçekten yaralı bacağını arkasından sürüklüyordu.

Solleks zoppicava gravemente e Dub aveva una scapola slogata.
Solleks çok topallıyordu ve Dub'ın kürek kemiği de burkulmuştu.

Tutti i cani del team avevano i piedi doloranti a causa delle settimane trascorse sul sentiero ghiacciato.
Takımdaki her köpeğin haftalardır buzlu yolda yürümesi nedeniyle ayakları yara içindeydi.

Non avevano più slancio nei loro passi, solo un movimento lento e trascinato.
Adımlarında hiç canlılık kalmamıştı, sadece yavaş, sürünen bir hareket vardı.

I loro piedi colpivano il sentiero con forza e ogni passo aggiungeva ulteriore sforzo al loro corpo.
Ayakları sertçe yola basıyordu, her adımda vücutlarına daha fazla yük biniyordu.

Non erano malati, erano solo stremati oltre ogni possibile guarigione naturale.

Hasta değillerdi, sadece doğal iyileşmenin ötesinde bitkin düşmüşlerdi.

Non si trattava della stanchezza di una giornata faticosa, curata con una notte di riposo.

Bu, bir gecelik dinlenmeyle düzelen, bir günün yorgunluğu değildi.

Era una stanchezza accumulata lentamente attraverso mesi di sforzi estenuanti.

Aylarca süren yorucu çabalar sonucunda yavaş yavaş oluşan bir yorgunluktu bu.

Non era rimasta alcuna riserva di forze: avevano esaurito ogni energia a loro disposizione.

Hiçbir yedek güçleri kalmamıştı; ellerindeki her zerreyi tüketmişlerdi.

Ogni muscolo, fibra e cellula del loro corpo era consumato e usurato.

Vücutlarındaki her kas, her lif, her hücre tükenmiş ve yıpranmıştı.

E c'era un motivo: avevano percorso duemilacinquecento miglia.

Ve bunun bir nedeni vardı; iki bin beş yüz mil yol kat etmişlerdi.

Si erano riposati solo cinque giorni durante le ultime milleottocento miglia.

Son bin sekiz yüz milde sadece beş gün dinlenmişlerdi.

Quando giunsero a Skaguay, sembrava che riuscissero a malapena a stare in piedi.

Skaguay'a vardıklarında ayakta durmakta bile güçlük çekiyorlardı.

Facevano fatica a tenere le redini strette e a restare davanti alla slitta.

Dizginleri sıkı tutmak ve kızakların önünde kalmak için çabalıyorlardı.

Nei pendii in discesa riuscivano solo a evitare di essere investiti.

Yokuş aşağı inerken ise ezilmekten kurtuluyorlardı.

"Continuate a marciare, poveri piedi doloranti", disse l'autista mentre zoppicavano.

"Yürümeye devam edin, zavallı yaralı ayaklar," dedi şoför aksayarak ilerlerken.

"Questo è l'ultimo tratto, poi ci prenderemo tutti un lungo riposo, di sicuro."

"Bu son bölüm, sonra hepimiz uzun bir dinlenme yapacağız, kesinlikle."

"Un riposo davvero lungo", promise, guardandoli barcollare in avanti.

"Gerçekten uzun bir dinlenme," diye söz verdi, onların sendeleyerek ilerlemesini izlerken.

Gli autisti si aspettavano una lunga e necessaria pausa.

Sürücüler artık uzun ve ihtiyaç duydukları bir molaya kavuşacaklarını umuyorlardı.

Avevano percorso milleduecento miglia con solo due giorni di riposo.

Sadece iki günlük dinlenmeyle bin iki yüz mil yol kat etmişlerdi.

Per correttezza e ragione, ritenevano di essersi guadagnati un po' di tempo per rilassarsi.

Adil olmak ve akıl yürütmek adına rahatlamak için zaman kazandıklarını düşünüyorlardı.

Ma troppi erano giunti nel Klondike e troppo pochi erano rimasti a casa.

Fakat Klondike'a çok fazla kişi gelmişti ve çok azı evde kalmıştı.

Le lettere delle famiglie continuavano ad arrivare, creando pile di posta in ritardo.

Ailelerden gelen mektuplar, gecikmiş posta yığınlarının oluşmasına neden oldu.

Arrivarono gli ordini ufficiali: i nuovi cani della Hudson Bay avrebbero preso il sopravvento.

Resmi emirler geldi; Hudson Körfezi'ndeki yeni köpekler görevi devralacaktı.

I cani esausti, ormai considerati inutili, dovevano essere eliminati.

Artık işe yaramaz hale gelen bitkin köpeklerin bertaraf edilmesi gerekiyordu.

Poiché i soldi erano più importanti dei cani, venivano venduti a basso prezzo.

Çünkü köpekler paradan daha önemliydi ve ucuza satılacaklardı.

Passarono altri tre giorni prima che i cani si accorgessero di quanto fossero deboli.

Köpeklerin ne kadar güçsüz olduklarını anlamaları üç gün daha sürdü.

La quarta mattina, due uomini provenienti dagli Stati Uniti acquistarono l'intera squadra.

Dördüncü sabah, Amerika'dan iki adam tüm takımı satın aldı.

La vendita comprendeva tutti i cani e le loro imbracature usate.

Satışa tüm köpekler ve yıpranmış koşum takımları da dahil edildi.

Mentre concludevano l'affare, gli uomini si chiamavano tra loro "Hal" e "Charles".

Anlaşmayı tamamlayan adamlar birbirlerine "Hal" ve "Charles" diye seslendiler.

Charles era un uomo di mezza età, pallido, con labbra molli e folti baffi.

Charles orta yaşlı, solgun yüzlü, sarkık dudaklı ve sert bıyık uçlu bir adamdı.

Hal era un giovane, forse diciannove anni, che indossava una cintura imbottita di cartucce.

Hal, on dokuz yaşlarında genç bir adamdı ve fişek dolu bir kemer takıyordu.

Nella cintura erano contenuti un grosso revolver e un coltello da caccia, entrambi inutilizzati.

Kemerinde kullanılmamış büyük bir tabanca ve bir av bıçağı vardı.

Dimostrava quanto fosse inesperto e inadatto alla vita nel Nord.

Kuzey yaşamına ne kadar deneyimsiz ve uygunsuz olduğunu gösteriyordu.

Nessuno dei due uomini viveva in natura; la loro presenza sfidava ogni ragionevolezza.

Hiçbir adam vahşi doğaya ait değildi; onların varlığı her türlü mantığa meydan okuyordu.

Buck osservava lo scambio di denaro tra l'acquirente e l'agente.

Buck, alıcı ile emlakçı arasında para alışverişinin gerçekleştiğini izledi.

Sapeva che i conducenti dei treni postali stavano abbandonando la sua vita come tutti gli altri.

Posta treni sürücülerinin de diğerleri gibi hayatından çıkacağını biliyordu.

Seguirono Perrault e François, ormai scomparsi.

Artık hatırlanamayacak durumda olan Perrault ve François'yı takip ettiler.

Buck e la squadra vennero condotti al disordinato accampamento dei loro nuovi proprietari.

Buck ve ekibi yeni sahiplerinin bakımsız kampına götürüldüler.

La tenda cedeva, i piatti erano sporchi e tutto era in disordine.

Çadır çökmüştü, tabaklar kirliydi, her şey darmadağındı.

Anche Buck notò una donna lì: Mercedes, moglie di Charles e sorella di Hal.

Buck orada bir kadın daha olduğunu fark etti; Mercedes, Charles'ın karısı ve Hal'in kız kardeşi.

Formavano una famiglia completa, anche se erano tutt'altro che adatti al sentiero.

Tam bir aileydiler ama patikaya pek uygun değillerdi.

Buck osservava nervosamente mentre il trio iniziava a impacchettare le provviste.

Buck, üçlünün malzemeleri toplamaya başlamasını gergin bir şekilde izliyordu.

Lavoravano duro ma senza ordine, solo confusione e sforzi sprecati.

Çok çalışıyorlardı ama düzensiz bir şekilde; sadece telaş ve boşa giden bir emek.

La tenda era arrotolata fino a formare una sagoma ingombrante, decisamente troppo grande per la slitta.

Çadır kızak için çok büyük olacak şekilde yuvarlanıp hantal bir hale getirilmişti.

I piatti sporchi venivano imballati senza essere stati né lavati né asciugati.

Kirli bulaşıklar hiç temizlenmeden veya kurutulmadan paketleniyordu.

Mercedes svolazzava in giro, parlando, correggendo e intromettendosi in continuazione.

Mercedes sürekli konuşuyor, düzeltiyor ve karışıyordu.

Quando le misero un sacco davanti, lei insistette perché lo mettesse dietro.

Ön tarafa çuval konulduğunda, çuvalın arka tarafa konulması konusunda ısrarcıydı.

Mise il sacco in fondo e un attimo dopo ne ebbe bisogno.

Çuvalı dibe yerleştirdi ve bir sonraki an ona ihtiyacı oldu.

Quindi la slitta venne disimballata di nuovo per raggiungere quella specifica borsa.

Böylece kızak tekrar açılıp belirli bir çantaya ulaşıldı.

Lì vicino, tre uomini stavano fuori da una tenda e osservavano la scena che si svolgeva.

Yakınlarda, üç adam bir çadırın dışında durmuş, olup biteni izliyordu.

Sorrisero, ammiccarono e sogghignarono di fronte all'evidente confusione dei nuovi arrivati.

Yeni gelenlerin apaçık şaşkınlığına gülümsediler, göz kırptılar ve sırıttılar.

"Hai già un carico parecchio pesante", disse uno degli uomini.

"Zaten çok ağır bir yükün var," dedi adamlardan biri.

"Non credo che dovresti portare quella tenda, ma la scelta è tua."

"Bence o çadırı taşımamalısın ama bu senin seçimin."

"Impensabile!" esclamò Mercedes, alzando le mani in segno di disperazione.

"Aklıma bile gelmedi!" diye haykırdı Mercedes, çaresizlik içinde ellerini havaya kaldırarak.

"Come potrei viaggiare senza una tenda sotto cui dormire?"

"Çadır altında kalmadan nasıl seyahat edebilirim ki?"

«È primavera, non vedrai più il freddo», rispose l'uomo.

"Bahar geldi, bir daha soğuk hava görmeyeceksin," diye cevapladı adam.

Ma lei scosse la testa e loro continuarono ad accumulare oggetti sulla slitta.

Ama o başını iki yana salladı ve onlar eşyaları kızaklara yığmaya devam ettiler.

Il carico era pericolosamente alto mentre aggiungevano gli ultimi oggetti.

Son şeyler eklendikçe yük tehlikeli bir şekilde yükseldi.

"Pensi che la slitta andrà avanti?" chiese uno degli uomini con aria scettica.

"Kızak gidebilir mi sence?" diye sordu adamlardan biri şüpheci bir bakışla.

"E perché non dovrebbe?" ribatté Charles con netto fastidio.

"Neden olmasın ki?" diye tersledi Charles, keskin bir sinirle.

"Oh, va bene", disse rapidamente l'uomo, evitando di offendersi.

"Ah, sorun değil," dedi adam hemen, gücenmekten kaçınarak.

"Mi chiedevo solo: mi sembrava un po' troppo pesante nella parte superiore."

"Sadece merak ediyordum, bana biraz fazla üstten ağır göründü."

Charles si voltò e legò il carico meglio che poté.

Charles arkasını döndü ve yükü elinden geldiğince bağlamaya çalıştı.

Ma le legature erano allentate e l'imballaggio nel complesso era fatto male.

Ancak bağlamalar gevşekti ve paketleme genel olarak kötü yapılmıştı.

"Certo, i cani tireranno così tutto il giorno", disse sarcasticamente un altro uomo.

"Elbette, köpekler bunu bütün gün çekecektir," dedi başka bir adam alaycı bir şekilde.

«Certamente», rispose Hal freddamente, afferrando il lungo timone della slitta.

"Elbette," diye soğuk bir şekilde cevapladı Hal, kızaktaki uzun gergi çubuğunu tutarak.

Tenendo una mano sul palo, faceva roteare la frusta nell'altra.

Bir eli sopanın üzerinde, diğer eliyle kırbacı sallıyordu.

"Andiamo!" urlò. "Muovetevi!", incitando i cani a partire.

"Hadi gidelim!" diye bağırdı. "Hadi!" diyerek köpekleri harekete geçmeye teşvik etti.

I cani si appoggiarono all'imbracatura e si sforzarono per qualche istante.

Köpekler koşum takımına yaslanıp birkaç saniye zorlandılar.

Poi si fermarono, incapaci di spostare di un centimetro la slitta sovraccarica.

Sonra durdular, aşırı yüklenmiş kızakları bir santim bile oynatamadılar.

"Quei fannulloni!" urlò Hal, alzando la frusta per colpirli.

"Tembel hayvanlar!" diye bağırdı Hal, kırbacı kaldırıp onlara vurarak.

Ma Mercedes si precipitò dentro e strappò la frusta dalle mani di Hal.

Ama Mercedes hemen gelip kırbacı Hal'in elinden aldı.

«Oh, Hal, non osare far loro del male», gridò allarmata.

"Ah Hal, sakın onlara zarar vermeye kalkma," diye korkuyla bağırdı.

"Promettimi che sarai gentile con loro, altrimenti non farò un altro passo."

"Bana onlara karşı nazik olacağına söz ver, yoksa bir adım daha ileri gitmem."

"Non sai niente di cani", scattò Hal contro la sorella.

"Köpekler hakkında hiçbir şey bilmiyorsun," diye çıkıştı Hal kız kardeşine.

"Sono pigri e l'unico modo per smuoverli è frustarli."

"Onlar tembeldir ve onları hareket ettirmenin tek yolu onları kırbaçlamaktır."

"Chiedi a chiunque, chiedi a uno di quegli uomini laggiù se dubiti di me."

"Kime sorsanız sorun, eğer benden şüphe ediyorsanız şuradaki adamlardan birine sorun."

Mercedes guardò gli astanti con occhi imploranti e pieni di lacrime.

Mercedes, yalvaran, yaşlı gözlerle seyircilere baktı.

Il suo viso rivelava quanto odiasse la vista di qualsiasi dolore.

Yüzünden, acının görüntüsünden ne kadar nefret ettiği anlaşılıyordu.

"Sono deboli, tutto qui", ha detto un uomo. "Sono sfiniti."

"Onlar zayıf, hepsi bu," dedi bir adam. "Yıpranmışlar."

"Hanno bisogno di riposare: hanno lavorato troppo a lungo senza una pausa."

"Dinlenmeye ihtiyaçları var. Uzun süre ara vermeden çalıştırıldılar."

«Che il resto sia maledetto», borbottò Hal arricciando il labbro.

"Geri kalanı lanet olsun," diye mırıldandı Hal, dudağını bükerek.

Mercedes sussultò, visibilmente addolorata per le parole volgari pronunciate da lui.

Mercedes, onun bu kaba sözünden dolayı açıkça acı çekerek nefesini tuttu.

Ciononostante, lei rimase leale e difese immediatamente il fratello.

Ama yine de sadık kaldı ve hemen kardeşini savundu.

"Non badare a quell'uomo", disse ad Hal. "Sono i nostri cani."

"O adamı umursama," dedi Hal'e. "Onlar bizim köpeklerimiz."

"Li guidi come meglio credi: fai ciò che ritieni giusto."

"Onları uygun gördüğünüz şekilde yönlendirin, doğru olduğunu düşündüğünüz şeyi yapın."

Hal sollevò la frusta e colpì di nuovo i cani senza pietà.

Hal kırbacı kaldırdı ve köpeklere yine acımasızca vurdu.

Si lanciarono in avanti, con i corpi bassi e i piedi che affondavano nella neve.

İleri doğru atıldılar, vücutları alçaktı, ayakları kara saplanıyordu.

Tutta la loro forza era concentrata nel traino, ma la slitta non si muoveva.

Bütün güçlerini kızak çekmeye harcıyorlardı ama kızak hareket etmiyordu.

La slitta rimase bloccata, come un'ancora congelata nella neve compatta.

Kızak, sıkışmış karın içine donmuş bir çapa gibi saplanıp kalmıştı.

Dopo un secondo tentativo, i cani si fermarono di nuovo, ansimando forte.

İkinci denemeden sonra köpekler tekrar durdu, soluk soluğaydılar.

Hal sollevò di nuovo la frusta, proprio mentre Mercedes interferiva di nuovo.

Hal, tam Mercedes'in müdahalesi sırasında kırbacı bir kez daha kaldırdı.

Si lasciò cadere in ginocchio davanti a Buck e gli abbracciò il collo.

Buck'ın önünde diz çöktü ve boynuna sarıldı.

Le lacrime le riempivano gli occhi mentre implorava il cane esausto.

Yorgun köpeğe yalvarırken gözleri yaşlarla doldu.

"Poveri cari", disse, "perché non tirate più forte?"

"Zavallıcıklar," dedi, "neden daha sert çekmiyorsunuz?"

"Se tiri, non verrai frustato così."

"Çekersen böyle kırbaçlanmazsın."

A Buck non piaceva Mercedes, ma ormai era troppo stanco per resisterle.

Buck, Mercedes'ten hoşlanmıyordu ama artık ona karşı koyamayacak kadar yorgundu.

Lui accettò le sue lacrime come se fossero solo un'altra parte di quella giornata miserabile.

Onun gözyaşlarını, o sefil günün bir parçası olarak kabul etti.

Uno degli uomini che osservavano, dopo aver represso la rabbia, finalmente parlò.

İzleyenlerden biri öfkesini bastırdıktan sonra nihayet konuştu.

"Non mi interessa cosa succede a voi, ma quei cani sono importanti."

"Sizlere ne olacağı umurumda değil ama o köpekler önemli."

"Se vuoi aiutare, stacca quella slitta: è ghiacciata e innevata."

"Yardım etmek istiyorsan, o kızakları çöz, karda donmuş."

"Spingi con forza il palo della luce, a destra e a sinistra, e rompi il sigillo di ghiaccio."

"Gee-direğine sağa ve sola sertçe bastırın ve buz örtüsünü kırın."

Fu fatto un terzo tentativo, questa volta seguendo il suggerimento dell'uomo.

Bu kez adamın önerisi üzerine üçüncü bir girişimde bulunuldu.

Hal fece oscillare la slitta da una parte all'altra, facendo staccare i pattini.

Hal kızakları bir yandan diğer yana sallayarak kızakların gevşemesini sağladı.

La slitta, benché sovraccarica e scomoda, alla fine sobbalzò in avanti.

Kızak aşırı yüklenmiş ve kullanışsız olmasına rağmen sonunda öne doğru sendeledi.

Buck e gli altri tirarono selvaggiamente, spinti da una tempesta di frustate.

Buck ve diğerleri, kırbaç darbelerinin etkisiyle çılgınca çekiştiriyorlardı.

Un centinaio di metri più avanti, il sentiero curvava e scendeva in pendenza verso la strada.

Yüz metre ileride patika kıvrılıp sokağa doğru eğimleniyordu.

Ci sarebbe voluto un guidatore esperto per tenere la slitta in posizione verticale.

Kızakları dik tutabilmek için yetenekli bir sürücüye ihtiyaç duyulacaktı.

Hal non era abile e la slitta si ribaltò mentre svoltava.

Hal beceriksizdi ve kızak virajı dönerken devrildi.

Le cinghie allentate cedettero e metà del carico si rovesciò sulla neve.

Gevşek bağlar koptu ve yükün yarısı kara döküldü.

I cani non si fermarono; la slitta più leggera continuò a procedere su un fianco.

Köpekler durmadı; daha hafif olan kızak yan yatarak uçtu.

I cani, furiosi per i maltrattamenti e per il peso del carico, corsero più veloci.

Kötü muameleden ve ağır yükten öfkelenen köpekler daha hızlı koşmaya başladılar.

Buck, infuriato, si lanciò a correre, seguito dalla squadra.

Buck öfkeyle koşmaya başladı, takım da onu takip etti.

Hal urlò "Whoa! Whoa!" ma la squadra non gli prestò attenzione.

Hal "Whoa! Whoa!" diye bağırdı ama takım ona hiç aldırış etmedi.

Inciampò, cadde e fu trascinato a terra dall'imbracatura.

Ayağı kaydı, düştü ve koşum takımı tarafından yerde sürüklendi.

La slitta rovesciata lo travolse mentre i cani continuavano a correre avanti.

Devrilen kızak köpeklerin önünden geçerken onun üzerinden geçti.

Il resto delle provviste è sparso lungo la trafficata strada di Skaguay.

Geriye kalan malzemeler Skaguay'ın işlek caddelerine dağılmıştı.

Le persone di buon cuore si precipitarono a fermare i cani e a raccogliere l'attrezzatura.

İyi kalpli insanlar köpekleri durdurmak ve malzemeleri toplamak için koştular.

Diedero anche consigli schietti e pratici ai nuovi viaggiatori.

Ayrıca yeni gezginlere açık ve pratik tavsiyelerde bulundular.

"Se vuoi raggiungere Dawson, prendi metà del carico e raddoppia i cani."

"Dawson'a ulaşmak istiyorsanız yükün yarısını alın ve köpek sayısını iki katına çıkarın."

Hal, Charles e Mercedes ascoltarono, anche se non con entusiasmo.

Hal, Charles ve Mercedes dinliyorlardı ama pek de coşkulu değillerdi.

Montarono la tenda e cominciarono a sistemare le loro provviste.

Çadırlarını kurup, erzaklarını ayırmaya başladılar.

Ne uscirono dei cibi in scatola, che fecero ridere a crepapelle gli astanti.

Ortaya çıkan konserveler, görenleri kahkahalara boğdu.

"Roba in scatola sul sentiero? Morirai di fame prima che si sciolga", disse uno.

"Yolda konserve yiyecek mi? Erimeden önce açlıktan ölürsün," dedi biri.

"Coperte d'albergo? Meglio buttarle via tutte."

"Otel battaniyeleri mi? Hepsini atsan daha iyi olur."

"Togli anche la tenda e qui nessuno laverà più i piatti."

"Çadırı da boşaltın, burada kimse bulaşık yıkamaz."

"Pensi di viaggiare su un treno Pullman con dei servitori a bordo?"

"Sen hizmetçilerin olduğu bir Pullman trenine bindiğini mi sanıyorsun?"

Il processo ebbe inizio: ogni oggetto inutile venne gettato da parte.

Süreç başladı; işe yaramayan her şey bir kenara atıldı.

Mercedes pianse quando le sue borse furono svuotate sul terreno innevato.

Mercedes, çantalarının karlı zemine boşaltılmasıyla ağladı.

Singhiozzava per ogni oggetto buttato via, uno per uno, senza sosta.

Tek tek atılan her eşyaya durmaksızın hıçkıra hıçkıra ağlıyordu.

Giurò di non fare un altro passo, nemmeno per dieci Charles.

Bir adım daha atmamaya yemin etti; on Charles bile olsa.

Pregò ogni persona vicina di lasciarle conservare le sue cose preziose.

Yakınında bulunan herkesten değerli eşyalarını kendisine vermelerini rica ediyordu.

Alla fine si asciugò gli occhi e cominciò a gettare via anche i vestiti più importanti.

En sonunda gözlerini sildi ve hayati önem taşıyan giysileri bile fırlatmaya başladı.

Una volta terminato il suo, cominciò a svuotare le scorte degli uomini.

Kendi işini bitirince erkeklerinkini boşaltmaya başladı.

Come un turbine, fece a pezzi gli effetti personali di Charles e Hal.

Bir hortum gibi Charles ve Hal'in eşyalarını parçaladı.

Sebbene il carico fosse dimezzato, era comunque molto più pesante del necessario.

Yük yarı yarıya azalmış olsa da, yine de gereğinden çok daha ağırdı.

Quella notte, Charles e Hal uscirono e comprarono sei nuovi cani.

O gece Charles ve Hal dışarı çıkıp altı yeni köpek satın aldılar.

Questi nuovi cani si unirono ai sei originali, più Teek e Koona.

Bu yeni köpekler orijinal altı köpeğe Teek ve Koona'nın da eklenmesiyle eklenmiştir.

Insieme formarono una squadra di quattordici cani attaccati alla slitta.

Kızaklara bağlanan on dört köpekten oluşan bir ekip oluşturdular.

Ma i nuovi cani erano inadatti e poco addestrati per il lavoro con la slitta.

Ancak yeni köpekler kızak işine uygun değildi ve yetersiz eğitimliydiler.

Tre dei cani erano cani da caccia a pelo corto, mentre uno era un Terranova.

Köpeklerden üçü kısa tüylü pointer cinsi, biri ise Newfoundland cinsiydi.

Gli ultimi due cani erano meticci senza alcuna razza o scopo ben definito.

Son iki köpeğin cinsi veya amacı belli olmayan melez köpekler olduğu ortaya çıktı.

Non capivano il percorso e non lo imparavano in fretta.

İzi anlayamadılar ve çabuk öğrenemediler.

Buck e i suoi compagni li osservavano con disprezzo e profonda irritazione.

Buck ve arkadaşları onları küçümseyerek ve derin bir öfkeyle izliyorlardı.

Sebbene Buck insegnasse loro cosa non fare, non poteva insegnare loro il dovere.

Buck onlara ne yapmamaları gerektiğini öğretse de, görev bilincini öğretemedi.

Non amavano la vita sui sentieri né la trazione delle redini e delle slitte.

Patikalarda yürümeye, dizgin ve kızakların çekimine pek alışamadılar.

Soltanto i bastardi cercarono di adattarsi, e anche a loro mancava lo spirito combattivo.

Sadece melezler uyum sağlamaya çalıştılar, onlar bile mücadele ruhundan yoksundu.

Gli altri cani erano confusi, indeboliti e distrutti dalla loro nuova vita.

Diğer köpekler ise yeni hayatlarından dolayı şaşkın, güçsüz ve bitkin durumdaydılar.

Con i nuovi cani all'oscuro e i vecchi esausti, la speranza era flebile.

Yeni köpeklerin hiçbir şeyden haberi olmaması ve eskilerinin de bitkin olması nedeniyle umut zayıftı.

La squadra di Buck aveva percorso duemilacinquecento miglia di sentiero accidentato.

Buck'ın ekibi iki bin beş yüz mil zorlu patika yolunu kat etmişti.

Ciononostante, i due uomini erano allegri e orgogliosi della loro grande squadra di cani.

Yine de iki adam neşeliydi ve büyük köpek takımlarıyla gurur duyuyorlardı.

Pensavano di viaggiare con stile, con quattordici cani al seguito.

On dört köpeği bir arada taşıyarak şık bir yolculuk yaptıklarını sanıyorlardı.

Avevano visto delle slitte partire per Dawson e altre arrivarne.

Dawson'a giden kızakları ve oradan gelen kızakları görmüşlerdi.

Ma non ne avevano mai vista una trainata da ben quattordici cani.

Ama daha önce hiç on dört köpeğin çektiğini görmemişlerdi.

C'era un motivo per cui squadre del genere erano rare nelle terre selvagge dell'Artico.

Bu tür takımların Arktik vahşi doğasında nadir olmasının bir nedeni vardı.

Nessuna slitta poteva trasportare cibo sufficiente a sfamare quattordici cani per l'intero viaggio.

Hiçbir kızak, on dört köpeğin yolculuk boyunca beslenebileceği kadar yiyecek taşıyamazdı.

Ma Charles e Hal non lo sapevano: avevano fatto i calcoli.

Ama Charles ve Hal bunu bilmiyorlardı; hesaplamışlardı.

Hanno pianificato la razione di cibo: una certa quantità per cane, per un certo numero di giorni, fatta.

Yiyecekleri şöyle yazdılar: köpek başına şu kadar, şu kadar gün, tamam.

Mercedes guardò i numeri e annuì come se avessero senso.

Mercedes onların rakamlarına baktı ve sanki mantıklıymış gibi başını salladı.

Tutto le sembrava molto semplice, almeno sulla carta.

Her şey ona, en azından kağıt üzerinde, çok basit görünüyordu.

La mattina seguente, Buck guidò lentamente la squadra lungo la strada innevata.

Ertesi sabah Buck, ekibi karlı sokaktan ağır ağır yukarı doğru yönlendirdi.

Non c'era né energia né spirito in lui e nei cani dietro di lui.

Ne kendisinde ne de arkasındaki köpeklerde ne bir enerji ne de bir ruh vardı.

Erano stanchi morti fin dall'inizio: non avevano più riserve.

Baştan itibaren çok yorgunlardı, yedekleri kalmamıştı.

Buck aveva già fatto quattro viaggi tra Salt Water e Dawson.

Buck, Salt Water ile Dawson arasında dört sefer yapmıştı.

Ora, di fronte alla stessa pista, non provava altro che amarezza.

Şimdi aynı iz ile tekrar karşı karşıya geldiğinde hissettiği tek şey buruklaktu.

Il suo cuore non c'era, e nemmeno quello degli altri cani.

Onun yüreği bu işte değildi, diğer köpeklerin yüreği de yoktu.

I nuovi cani erano timidi e gli husky non si fidavano per niente.

Yeni köpekler ürkekti ve Sibirya kurdu da güven duygusundan yoksundu.

Buck capì che non poteva fare affidamento su quei due uomini o sulla loro sorella.

Buck, bu iki adama ya da kız kardeşlerine güvenemeyeceğini hissetti.

Non sapevano nulla e non mostravano alcun segno di apprendimento lungo il percorso.

Hiçbir şey bilmiyorlardı ve yolda hiçbir öğrenme belirtisi göstermiyorlardı.

Erano disorganizzati e privi di qualsiasi senso di disciplina.

Dağınıktılar ve disiplin duygusundan yoksunlardı.

Ogni volta impiegavano metà della notte per allestire un accampamento malmesso.

Her seferinde özensiz bir kamp kurmaları yarım geceyi alıyordu.

E metà della mattina successiva la trascorsero di nuovo armeggiando con la slitta.

Ertesi sabahın yarısını yine kızakla uğraşarak geçirdiler.

Spesso a mezzogiorno si fermavano solo per sistemare il carico irregolare.

Öğle vaktine doğru, sadece dengesiz yükü düzeltmek için bile duruyorlardı.

In alcuni giorni percorsero meno di dieci miglia in totale.

Bazı günler toplamda on milden daha az yol kat ediyorlardı.

Altri giorni non riuscivano proprio ad abbandonare l'accampamento.

Diğer günlerde ise kamptan hiç ayrılmayı başaramadılar.

Non sono mai riusciti a coprire la distanza alimentare prevista.

Planlanan yiyecek mesafesine asla yaklaşamadılar.

Come previsto, il cibo per i cani finì molto presto.

Beklendiği gibi köpekler için yiyecek çok kısa sürede tükendi.

Nei primi tempi hanno peggiorato ulteriormente la situazione con l'eccesso di cibo.

İlk günlerde aşırı besleme yaparak durumu daha da kötüleştirdiler.

Ciò rendeva la carestia sempre più vicina, con ogni razione disattenta.

Her dikkatsiz rasyonla açlık daha da yaklaşıyordu.

I nuovi cani non avevano ancora imparato a sopravvivere con molto poco.

Yeni köpekler henüz çok az şeyle yaşamayı öğrenmemişlerdi.

Mangiarono avidamente, con un appetito troppo grande per il sentiero.

Yol boyunca yiyebilecekleri kadar büyük iştahlarla, açgözlülükle yediler.

Vedendo i cani indebolirsi, Hal pensò che il cibo non fosse sufficiente.

Köpeklerin zayıfladığını gören Hal, verilen yiyeceğin yeterli olmadığını düşündü.

Raddoppiò le razioni, peggiorando ulteriormente l'errore.

Tazminatı iki katına çıkarınca hata daha da büyüdü.

Mercedes aggravò il problema con le sue lacrime e le sue suppliche sommesse.

Mercedes ise gözyaşlarıyla ve yumuşak yalvarışlarla soruna katkıda bulundu.

Quando non riuscì a convincere Hal, diede da mangiare ai cani di nascosto.

Hal'i ikna edemeyince köpekleri gizlice besledi.

Rubò il pesce dai sacchi e glielo diede alle spalle.

Balık çuvallarından çalıp, arkasından onlara verdi.

Ma ciò di cui i cani avevano veramente bisogno non era altro cibo: era riposo.

Ancak köpeklerin gerçekten ihtiyaç duyduğu şey daha fazla yiyecek değil, dinlenmeydi.

Nonostante la loro scarsa velocità, la pesante slitta continuava a procedere.

Zamanları kötüydü ama ağır kızak hâlâ sürükleniyordu.

Quel peso da solo esauriva ogni giorno le loro forze rimanenti.

Sadece bu ağırlık bile her gün kalan güçlerini tüketiyordu.

Poi arrivò la fase della sottoalimentazione, quando le scorte scarseggiavano.

Daha sonra, kaynaklar azaldığında yetersiz beslenme aşamasına geçildi.

Una mattina Hal si accorse che metà del cibo per cani era già finito.

Hal bir sabah köpek mamasının yarısının bittiğini fark etti.

Avevano percorso solo un quarto della distanza totale del sentiero.

Toplam parkur mesafesinin sadece dörtte birini kat etmişlerdi.

Non si poteva più comprare cibo, a qualunque prezzo.

Artık ne fiyat teklif edilirse edilsin, yiyecek satın alınamıyordu.

Ridusse le porzioni dei cani al di sotto della razione giornaliera standard.

Köpeklerin porsiyonlarını günlük standart rasyonun altına düşürdü.

Allo stesso tempo, chiese di viaggiare più a lungo per compensare la perdita.

Aynı zamanda kayıpların telafisi için daha uzun bir yolculuk talep etti.

Mercedes e Charles appoggiarono questo piano, ma fallirono nella sua realizzazione.

Mercedes ve Charles bu planı desteklediler ancak uygulamada başarısız oldular.

La loro pesante slitta e la mancanza di abilità rendevano il progresso quasi impossibile.

Ağır kızakları ve beceri eksiklikleri ilerlemeyi neredeyse imkansız hale getiriyordu.

Era facile dare meno cibo, ma impossibile forzare uno sforzo maggiore.

Daha az yemek vermek kolaydı, ama daha fazla çaba harcamak imkânsızdı.

Non potevano partire prima, né viaggiare per ore extra.

Ne erken yola çıkabildiler, ne de ekstra saatlerce yolculuk yapabildiler.

Non sapevano come gestire i cani, e nemmeno loro stessi, a dire il vero.

Ne köpekleri nasıl çalıştıracaklarını biliyorlardı, ne de kendilerini.

Il primo cane a morire fu Dub, lo sfortunato ma laborioso ladro.

Ölen ilk köpek, talihsiz ama çalışkan hırsız Dub'dı.

Sebbene spesso punito, Dub aveva fatto la sua parte senza lamentarsi.

Sık sık cezalandırılsa da Dub, şikayet etmeden üzerine düşeni yapmıştı.

La sua spalla ferita peggiorò se non ricevette cure adeguate e non ebbe bisogno di riposo.

Yaralı omzu, bakım görmediği ve istirahat etmesine gerek kalmadığı için daha da kötüleşti.

Alla fine, Hal usò la pistola per porre fine alle sofferenze di Dub.

Sonunda Hal, tabancayı kullanarak Dub'ın acısına son verdi.

Un detto comune afferma che i cani normali muoiono se
vengono nutriti con razioni di husky.

Yaygın bir söze göre normal köpekler husky rasyonuyla
beslenirse ölür.

I sei nuovi compagni di Buck avevano ricevuto solo metà
della quota di cibo riservata all'husky.

Buck'ın altı yeni arkadaşının yiyeceğinin sadece yarısı kadarı
Sibirya kurdunun payına düşüyordu.

Il Terranova morì per primo, seguito dai tre cani da caccia a
pelo corto.

Önce Newfoundland cinsi köpek öldü, ardından üç kısa tüylü
av köpeği.

I due bastardi resistettero più a lungo ma alla fine morirono
come gli altri.

İki melez yavru daha uzun süre dayandılar ama sonunda
diğerleri gibi yok oldular.

Ormai tutti i comfort e la gentilezza del Southland erano
scomparsi.

Bu sırada Güney'in bütün güzellikleri ve nezaketi kalmamıştı.

Le tre persone avevano perso le ultime tracce della loro
educazione civile.

Üç kişi de medeni terbiyelerinin son izlerini bırakmışlardı.

Spogliato di glamour e romanticismo, il viaggio nell'Artico è
diventato brutalmente reale.

Göz kamaştırıcılığından ve romantizminden sıyrılan Arktika
seyahatleri acımasızca gerçek oldu.

Era una realtà troppo dura per il loro senso di virilità e
femminilità.

Bu, onların erkeklik ve kadınlık duygularına ağır gelen bir
gerçekti.

Mercedes non piangeva più per i cani, ma piangeva solo per
se stessa.

Mercedes artık köpekler için ağlamıyor, sadece kendisi için
ağlıyordu.

Trascorreva il tempo piangendo e litigando con Hal e
Charles.

Zamanını ağlayarak ve Hal ve Charles ile kavga ederek geçiriyordu.

Litigare era l'unica cosa per cui non si stancavano mai.

Kavga etmek, asla yapmaktan yorulmadıkları tek şeydi.

La loro irritabilità derivava dalla miseria, cresceva con essa e la superava.

Onların sinirlilikleri sefaletten kaynaklanıyordu, sefaletle birlikte büyüyor ve sefaleti aşıyordu.

La pazienza del cammino, nota a coloro che faticano e soffrono con generosità, non è mai arrivata.

Çalışıp didinenlerin, acı çekenlerin bildiği yol sabrı hiçbir zaman gelmedi.

Quella pazienza che rende dolce la parola nonostante il dolore, era a loro sconosciuta.

Acı içinde sözü tatlı kılan o sabrı bilmiyorlardı.

Non avevano alcun briciolo di pazienza, nessuna forza derivante dalla sofferenza con grazia.

Onlarda sabırdan eser yoktu, acı çekmekten gelen zarafetten gelen bir güç yoktu.

Erano irrigiditi dal dolore: dolori nei muscoli, nelle ossa e nel cuore.

Acıdan kaskatı kesilmişlerdi; kasları, kemikleri ve kalpleri sızlıyordu.

Per questo motivo, divennero taglienti nella lingua e pronti a pronunciare parole dure.

Bundan dolayı dilleri keskinleşti ve sert söz söylemekte çabuk davrandılar.

Ogni giorno iniziava e finiva con voci arrabbiate e lamentele amare.

Her gün öfkeli sesler ve acı şikayetlerle başlıyor ve bitiyordu.

Charles e Hal litigavano ogni volta che Mercedes ne dava loro l'occasione.

Charles ve Hal, Mercedes onlara fırsat verdiğinde sürekli kavga ediyorlardı.

Ogni uomo credeva di aver fatto più del dovuto.

Her adam işin adil kısmından fazlasını yaptığına inanıyordu.

Nessuno dei due ha mai perso l'occasione di dirlo, ancora e ancora.

Bunu her ikisi de tekrar tekrar dile getirme fırsatını kaçırmadılar.

A volte Mercedes si schierava con Charles, a volte con Hal.

Bazen Mercedes Charles'ın, bazen de Hal'in tarafını tutuyordu.

Ciò portò a una grande e infinita lite tra i tre.

Bu durum üçü arasında büyük ve bitmek bilmeyen bir kavgaya yol açtı.

La disputa su chi dovesse tagliare la legna da ardere divenne incontrollabile.

Odun kesme işini kimin yapacağı konusunda çıkan anlaşmazlık kontrolden çıktı.

Ben presto vennero nominati padri, madri, cugini e parenti defunti.

Kısa süre sonra babalar, anneler, kuzenler ve ölmüş akrabaların isimleri verildi.

Le opinioni di Hal sull'arte o sulle opere teatrali di suo zio divennero parte della lotta.

Hal'in sanata veya amcasının oyunlarına ilişkin görüşleri mücadelenin bir parçası haline geldi.

Anche le convinzioni politiche di Carlo entrarono nel dibattito.

Charles'ın siyasi görüşleri de tartışmaya dahil oldu.

Per Mercedes, perfino i pettegolezzi della sorella del marito sembravano rilevanti.

Mercedes'e göre, kocasının kız kardeşinin dedikodusu bile önemliydi.

Espresse la sua opinione su questo e su molti dei difetti della famiglia di Charles.

Bu konuda ve Charles'ın ailesinin birçok kusuru hakkında görüşlerini dile getirdi.

Mentre discutevano, il fuoco rimase spento e l'accampamento mezzo allestito.

Tartışırken ateş söndü, kamp da yarı hazır bir halde kaldı.

Nel frattempo i cani erano rimasti infreddoliti e senza cibo.

Bu arada köpekler üşüyor ve yiyeceksiz kalıyorlardı.

Mercedes nutriva un risentimento che considerava profondamente personale.

Mercedes'in çok kişisel olarak değerlendirdiği bir şikâyeti vardı.

Si sentiva maltrattata in quanto donna e le venivano negati i suoi gentili privilegi.

Bir kadın olarak kötü muamele gördüğünü, nazik ayrıcalıklarının elinden alındığını hissetti.

Era carina e gentile, e per tutta la vita era stata abituata alla cavalleria.

Güzel ve yumuşak huyluydu, hayatı boyunca centilmenlik gösterdi.

Ma suo marito e suo fratello ora la trattavano con impazienza.

Ama kocası ve kardeşi artık ona sabırsızlıkla yaklaşıyorlardı.

A veva l'abitudine di comportarsi in modo impotente e loro cominciarono a lamentarsi.

Çaresizlik içinde davranmayı alışkanlık haline getirmişti ve onlar da şikâyet etmeye başladılar.

Offesa da ciò, rese loro la vita ancora più difficile.

Bu durumdan rahatsız olan kadın, onların hayatını daha da zorlaştırdı.

Ignorò i cani e insistette per guidare lei stessa la slitta.

Köpekleri görmezden gelip kızaklara kendisi binmekte ısrar etti.

Sebbene sembrasse esile, pesava centoventi libbre (circa quaranta chili).

Görünüşü zayıf olmasına rağmen, elli kilo ağırlığındaydı.

Quel peso aggiuntivo era troppo per i cani affamati e deboli.

Aç ve güçsüz köpekler için bu ek yük çok fazlaydı.

Nonostante ciò, continuò a cavalcare per giorni, finché i cani non crollarono nelle redini.

Yine de, köpekler dizginlerde yığılıp kalana kadar günlerce at sırtında gitti.

La slitta si fermò e Charles e Hal la implorarono di proseguire a piedi.

Kızak duruyordu ve Charles ile Hal, onun yürümesini rica ediyorlardı.

Loro la implorarono e la scongiurarono, ma lei pianse e li definì crudeli.

Yalvarıp yakardılar, ama o ağladı ve onlara zalim dedi.

In un'occasione, la tirarono giù dalla slitta con pura forza e rabbia.

Bir keresinde onu büyük bir güç ve öfkeyle kızaktan aşağı çektiler.

Dopo quello che accadde quella volta non ci riprovarono più.

O olaydan sonra bir daha hiç denemediler.

Si accasciò come una bambina viziata e si sedette nella neve.

Şımarık bir çocuk gibi gevşekçe yürüyüp karda oturdu.

Continuarono a muoversi, ma lei si rifiutò di alzarsi o di seguirli.

Onlar ilerlediler, ama o ayağa kalkmayı ya da arkalarından gelmeyi reddetti.

Dopo tre miglia si fermarono, tornarono indietro e la riportarono indietro.

Üç mil sonra durdular, geri döndüler ve onu geri taşıdılar.

La ricaricarono sulla slitta, usando ancora una volta la forza bruta.

Yine kaba kuvvet kullanarak onu kızağa yeniden yüklediler.

Nella loro profonda miseria, erano insensibili alla sofferenza dei cani.

Derin bir acı içinde oldukları için köpeklerin çektiği acılara duyarsızdılar.

Hal credeva che fosse necessario indurirsi e impose questa convinzione agli altri.

Hal, insanın katılaşması gerektiğine inanıyordu ve bu inancı başkalarına da zorla kabul ettiriyordu.

Inizialmente ha cercato di predicare la sua filosofia a sua sorella

Felsefesini ilk önce kız kardeşine vaaz etmeye çalıştı

e poi, senza successo, predicò al cognato.

ve sonra, başarısızlıkla sonuçlanan bir şekilde, kayınbiraderine vaaz verdi.

Ebbe più successo con i cani, ma solo perché li ferì.

Köpeklerle daha başarılı oldu ama sadece onlara zarar verdiği için.

Da Five Fingers, il cibo per cani è rimasto completamente vuoto.

Five Fingers'da köpek maması tamamen bitti.

Una vecchia squaw sdentata vendette qualche chilo di pelle di cavallo congelata

Dişsiz yaşlı bir kadın birkaç kilo dondurulmuş at derisi sattı

Hal scambiò la sua pistola con la pelle di cavallo secca.

Hal, tabancasını kurutulmuş at derisi ile takas etti.

La carne proveniva dai cavalli affamati di allevatori di bovini, morti mesi prima.

Et, aylar önce sığır yetiştiricilerinin aç bırakılmış atlarından gelmişti.

Congelata, la pelle era come ferro zincato: dura e immangiabile.

Dondurulduğunda deri galvanizli demir gibiydi; sert ve yenmezdi.

Per riuscire a mangiarla, i cani dovevano masticare la pelle senza sosta.

Köpekler deriyi yiyebilmek için durmadan çiğnemek zorunda kalıyorlardı.

Ma le corde coriacee e i peli corti non erano certo un nutrimento.

Ama deri gibi ipler ve kısa saçlar pek de besin değildi.

La maggior parte della pelle era irritante e non era cibo in senso stretto.

Derinin büyük kısmı tahriş ediciydi ve gerçek anlamda yiyecek değildi.

E nonostante tutto, Buck barcollava davanti a tutti, come in un incubo.

Ve tüm bunlar olurken Buck, bir kabustaymış gibi önde sendeledi.

Quando poteva, tirava; quando non poteva, restava lì finché non veniva sollevato dalla frusta o dal bastone.

Gücü yettiği zaman çekiyor, gücü yetmediği zaman kırbaç veya sopayla kaldırılıncaya kadar yatıyordu.

Il suo pelo fine e lucido aveva perso tutta la rigidità e la lucentezza di un tempo.

İnce, parlak tüyleri bir zamanlar sahip olduğu sertliği ve parlaklığı kaybetmişti.

I suoi capelli erano flosci, spettinati e pieni di sangue rappreso a causa dei colpi.

Saçları cansız, dağınık ve aldığı darbelerden dolayı kurumuş kanla pıhtılaşmıştı.

I suoi muscoli si ridussero a midolli e i cuscinetti di carne erano tutti consumati.

Kasları adeta kordonlara dönüşmüş, et yastıkçıkları aşınmıştı.

Ogni costola, ogni osso erano chiaramente visibili attraverso le pieghe della pelle rugosa.

Her kaburga, her kemik, kırışık deri kıvrımlarının arasından açıkça görünüyordu.

Fu straziante, ma il cuore di Buck non riuscì a spezzarsi.

Yüreği parçalayıcıydı ama Buck'ın yüreği kırılamıyordu.

L'uomo con il maglione rosso lo aveva testato e dimostrato molto tempo prima.

Kırmızı kazaklı adam bunu çoktan test etmiş ve kanıtlamıştı.

Così come accadde a Buck, accadde anche a tutti i suoi compagni di squadra rimasti.

Buck'ın durumu neyse, diğer takım arkadaşlarının durumu da aynıydı.

Ce n'erano sette in totale, ognuno uno scheletro ambulante di miseria.

Toplam yedi taneydiler, her biri yürüyen birer sefalet iskeletiydi.

Erano diventati insensibili alle fruste e sentivano solo un dolore distante.

Kırbaç darbelerine karşı duyarsızlaşmışlardı, yalnızca uzak bir acı hissediyorlardı.

Anche la vista e i suoni li raggiungevano debolmente, come attraverso una fitta nebbia.

Hatta görüntü ve ses bile, yoğun bir sisin içinden geçercesine belli belirsiz duyuluyordu.

Non erano mezzi vivi: erano ossa con deboli scintille al loro interno.

Yarı canlı değillerdi; içlerinde sönük kıvılcımlar olan kemiklerdi onlar.

Una volta fermati, crollarono come cadaveri, con le scintille quasi del tutto spente.

Durdurulduklarında cesetler gibi yere yığıldılar, kıvılcımları neredeyse yok olmuştu.

E quando la frusta o il bastone colpivano di nuovo, le scintille sfarfallavano debolmente.

Ve kırbaç ya da sopa tekrar vurduğunda kıvılcımlar zayıfça çırpınıyordu.

Poi si alzarono, barcollarono in avanti e trascinarono le loro membra in avanti.

Sonra ayağa kalktılar, sendeleyerek ilerlediler ve bacaklarını öne doğru sürüklediler.

Un giorno il gentile Billee cadde e non riuscì più a rialzarsi.

Bir gün nazik Billee düştü ve bir daha ayağa kalkamadı.

Hal aveva scambiato la sua pistola con quella di Billee, così decise di ucciderla con un'ascia.

Hal tabancasını takas etmişti, bu yüzden Billee'yi öldürmek için baltayı kullandı.

Lo colpì alla testa, poi gli tagliò il corpo e lo trascinò via.

Kafasına vurdu, sonra da gövdesini kesip sürükledi.

Buck se ne accorse, e così fecero anche gli altri: sapevano che la morte era vicina.

Buck bunu gördü ve diğerleri de gördü; ölümün yakın olduğunu biliyorlardı.

Il giorno dopo Koona se ne andò, lasciando solo cinque cani nel gruppo affamato.

Ertesi gün Koona gitti ve açlık çeken ekipte sadece beş köpek kaldı.

Joe, non più cattivo, era ormai troppo fuori di sé per rendersi conto di nulla.
Joe artık kötü biri değildi, pek bir şeyin farkında olmayacak kadar ileri gitmişti.
Pike, ormai non fingeva più di essere ferito, era appena cosciente.
Artık yaralıymış gibi davranmayan Pike, bilincini neredeyse kaybetmişti.
Solleks, ancora fedele, si rammaricava di non avere più la forza di dare.
Solleks hâlâ sadıktı, verecek gücünün olmamasına üzülüyordu.
Teek fu battuto più di tutti perché era più fresco, ma stava calando rapidamente.
Teek daha dinç olduğu ve hızla zayıfladığı için en çok dövülen kişi oldu.
E Buck, ancora in testa, non mantenne più l'ordine né lo fece rispettare.
Ve hala önde olan Buck artık düzeni sağlayamıyor ve uygulatmıyordu.
Mezzo accecato dalla debolezza, Buck seguì la pista solo a tentoni.
Güçsüzlükten yarı kör olan Buck, sadece el yordamıyla izi takip ediyordu.
Era una bellissima primavera, ma nessuno di loro se ne accorse.
Güzel bir bahar havasıydı ama hiçbiri bunu fark etmemişti.
Ogni giorno il sole sorgeva prima e tramontava più tardi.
Güneş her gün bir öncekinden daha erken doğuyor ve daha geç batıyordu.
Alle tre del mattino era già spuntata l'alba; il crepuscolo durò fino alle nove.
Sabahın üçü civarında şafak söktü; alacakaranlık dokuza kadar sürdü.
Le lunghe giornate erano illuminate dal sole primaverile.
Uzun günler bahar güneşinin tüm parlaklığıyla doluydu.

Il silenzio spettrale dell'inverno si era trasformato in un caldo mormorio.

Kışın hayaletsi sessizliği sıcak bir mırıltıya dönüşmüştü.

Tutta la terra si stava svegliando, animata dalla gioia degli esseri viventi.

Bütün topraklar canlılığın sevinciyle uyanıyordu.

Il suono proveniva da ciò che era rimasto morto e immobile per tutto l'inverno.

Ses, kış boyunca ölü ve hareketsiz yatan bir yerden geliyordu.

Ora quelle cose si mossero di nuovo, scrollandosi di dosso il lungo sonno del gelo.

İşte o şeyler uzun süren don uykusundan uyanarak tekrar hareketlendiler.

La linfa saliva attraverso i tronchi scuri dei pini in attesa.

Bekleyen çam ağaçlarının karanlık gövdelerinden özsu sızıyordu.

Salici e pioppi tremuli fanno sbocciare giovani gemme luminose su ogni ramoscello.

Söğütler ve kavaklar her dalda parlak genç tomurcuklar açıyor.

Arbusti e viti si tingono di un verde fresco mentre il bosco si anima.

Orman canlandıkça çalılar ve sarmaşıklar taze yeşilliğe büründü.

Di notte i grilli cantavano e di giorno gli insetti strisciavano nella luce del sole.

Geceleri cırcır böcekleri ötüyordu, böcekler gündüz güneşinde sürünüyordu.

Le pernici gridavano e i picchi picchiavano in profondità tra gli alberi.

Keklikler ötüyordu, ağaçkakanlar ağaçların derinliklerine dalıp gidiyordu.

Gli scoiattoli chiacchieravano, gli uccelli cantavano e le oche starnazzavano per richiamare l'attenzione dei cani.

Sincaplar şakıyor, kuşlar şarkı söylüyor ve kazlar köpeklerin üzerine gaklıyordu.

Gli uccelli selvatici arrivavano a cunei affilati, volando in alto da sud.

Güneyden gelen yabani kuşlar keskin kanatlar halinde uçarak geldiler.

Da ogni pendio giungeva la musica di ruscelli nascosti e impetuosi.

Her yamaçtan gizli, çağlayan derelerin müziği duyuluyordu.

Tutto si scongelava e si spezzava, si piegava e ricominciava a muoversi.

Her şey eridi, çatladı, eğildi ve tekrar harekete geçti.

Lo Yukon si sforzò di spezzare le fredde catene del ghiaccio ghiacciato.

Yukon, donmuş buzun soğuk zincirlerini kırmak için çabalıyordu.

Il ghiaccio si scioglieva sotto, mentre il sole lo scioglieva dall'alto.

Alttaki buzlar erirken, üstteki güneş buzları eritiyordu.

Si aprirono dei buchi, si allargarono delle crepe e dei pezzi caddero nel fiume.

Hava delikleri açıldı, çatlaklar oluştu ve parçalar nehre düştü.

In mezzo a tutta questa vita sfrenata e sfrenata, i viaggiatori barcollavano.

Bütün bu coşkulu ve alevli hayatın ortasında, yolcular sendeledi.

Due uomini, una donna e un branco di husky camminavano come morti.

İki adam, bir kadın ve bir Sibirya kurdu sürüsü ölü gibi yürüyordu.

I cani cadevano, Mercedes piangeva, ma continuava a guidare la slitta.

Köpekler düşüyordu, Mercedes ağlıyordu ama hâlâ kızaktaydı.

Hal imprecò debolmente e Charles sbatté le palpebre con gli occhi lacrimanti.

Hal zayıf bir küfür savurdu, Charles ise sulu gözlerini kırpıştırdı.

Si imbatterono nell'accampamento di John Thornton, nei pressi della foce del White River.

White River'ın ağzında John Thornton'un kampına rastladılar.

Quando si fermarono, i cani caddero a terra, come se fossero stati tutti colpiti a morte.

Durduklarında köpekler sanki hepsi ölmüş gibi yere yığıldılar.

Mercedes si asciugò le lacrime e guardò John Thornton.

Mercedes gözyaşlarını sildi ve John Thornton'a baktı.

Charles si sedette su un tronco, lentamente e rigidamente, dolorante per il sentiero.

Charles, patikadan dolayı ağrıyan bir kütüğün üzerine yavaşça ve kaskatı oturdu.

Hal parlava mentre Thornton intagliava l'estremità del manico di un'ascia.

Thornton bir balta sapının ucunu oyarken Hal konuşuyordu.

Tagliò il legno di betulla e rispose con frasi brevi e decise.

Huş ağacını yonttu ve kısa, kesin yanıtlar verdi.

Quando gli veniva chiesto, dava un consiglio, certo che non sarebbe stato seguito.

Sorulduğunda, uygulanmayacağından emin olduğu tavsiyelerde bulundu.

Hal spiegò: "Ci avevano detto che il ghiaccio lungo la pista si stava staccando".

Hal, "Bize buzun erimeye başladığını söylediler." diye açıkladı.

"Ci avevano detto che dovevamo restare fermi, ma siamo arrivati a White River."

"Yerimizde kalmamız gerektiğini söylediler ama White River'a ulaştık."

Concluse con un tono beffardo, come per cantare vittoria nelle difficoltà.

Sanki zorluklara rağmen zafer kazandığını iddia ediyormuş gibi alaycı bir tonla sözlerini tamamladı.

"E ti hanno detto la verità", rispose John Thornton a bassa voce ad Hal.

"Ve sana doğruyu söylediler," diye cevapladı John Thornton Hal'e sessizce.

"Il ghiaccio potrebbe cedere da un momento all'altro: è pronto a staccarsi."

"Buz her an çözülebilir, düşmeye hazır."

"Solo la fortuna cieca e gli sciocchi avrebbero potuto arrivare vivi fin qui."

"Sadece kör şans ve aptallar bu kadar uzağa canlı olarak gelebilirdi."

"Te lo dico senza mezzi termini: non rischierei la vita per tutto l'oro dell'Alaska."

"Size açıkça söylüyorum, Alaska'nın tüm altınları için hayatımı riske atmam."

"Immagino che tu non sia uno stupido", rispose Hal.

"Sanırım bunun sebebi senin aptal olmaman," diye cevapladı Hal.

"Comunque, andiamo avanti con Dawson." Srotolò la frusta.

"Yine de Dawson'a doğru yola devam edeceğiz." Kırbacını çözdü.

"Sali, Buck! Ehi! Alzati! Forza!" urlò con voce roca.

"Hadi, Buck! Merhaba! Hadi, kalk! Hadi!" diye sertçe bağırdı.

Thornton continuò a intagliare, sapendo che gli sciocchi non volevano sentire ragioni.

Thornton, aptalların mantığı duymayacağını bilerek kesmeye devam etti.

Fermare uno stupido era inutile, e due o tre stupidi non cambiavano nulla.

Bir aptalı durdurmak boşunaydı; iki veya üç aptalın olması da hiçbir şeyi değiştirmiyordu.

Ma la squadra non si mosse al suono del comando di Hal.

Ancak Hal'in emri üzerine ekip hareket etmedi.

Ormai solo i colpi potevano farli sollevare e avanzare.

Artık onları ayağa kaldırıp ileri çekebilecek tek şey darbelerdi.

La frusta schioccava ripetutamente sui cani indeboliti.

Kırbaç, zayıf düşen köpeklerin üzerinden tekrar tekrar şaklıyordu.

John Thornton strinse forte le labbra e osservò in silenzio.

John Thornton dudaklarını sıkıca birbirine bastırdı ve sessizce izledi.

Solleks fu il primo a rialzarsi sotto la frusta.
Kırbaç darbesi altında ilk ayağa kalkan Solleks oldu.

Poi Teek lo seguì, tremando. Joe urlò mentre barcollava.
Sonra Teek titreyerek onu takip etti. Joe sendeleyerek ayağa kalkarken ciyakladı.

Pike cercò di alzarsi, fallì due volte, poi alla fine si rialzò barcollando.
Pike ayağa kalkmaya çalıştı, iki kez başarısız oldu, sonra en sonunda sendeleyerek ayağa kalktı.

Ma Buck rimase lì dov'era caduto, senza muoversi affatto.
Ama Buck düştüğü yerde yatıyordu, bu sefer hiç kıpırdamıyordu.

La frusta lo colpì più volte, ma lui non emise alcun suono.
Kırbaç ona defalarca vurdu ama o hiç ses çıkarmadı.

Lui non sussultò né oppose resistenza, rimase semplicemente immobile e in silenzio.
Hiçbir şekilde gözünü kırpmadı, direnmedi, sadece hareketsiz ve sessiz kaldı.

Thornton si mosse più di una volta, come per dire qualcosa, ma non lo fece.
Thornton sanki konuşacakmış gibi birden fazla kez kıpırdandı, ama konuşmadı.

I suoi occhi si inumidirono, ma la frusta continuava a schioccare contro Buck.
Gözleri yaşla doldu, ama kırbaç hâlâ Buck'a çarpıyordu.

Alla fine Thornton cominciò a camminare lentamente, incerto sul da farsi.
Sonunda Thornton ne yapacağını bilemeyerek yavaş yavaş yürümeye başladı.

Era la prima volta che Buck falliva e Hal si infuriò.
Buck'ın ilk başarısızlığıydı ve Hal öfkelenmeye başladı.

Gettò via la frusta e prese al suo posto il pesante manganello.
Kırbacı yere attı ve onun yerine ağır sopayı aldı.

La mazza di legno colpì con violenza, ma Buck non si alzò per muoversi.

Tahta sopa sertçe yere indi, ama Buck hâlâ hareket etmek için ayağa kalkmadı.

Come i suoi compagni di squadra, era troppo debole, ma non solo.

Takım arkadaşları gibi o da çok zayıftı; ama bundan da fazlası vardı.

Buck aveva deciso di non muoversi, qualunque cosa accadesse.

Buck, bundan sonra ne olursa olsun hareket etmemeye karar vermişti.

Sentì qualcosa di oscuro e sicuro incombere proprio davanti a sé.

Az ileride karanlık ve kesin bir şeyin havada asılı kaldığını hissetti.

Quel terrore lo aveva colto non appena aveva raggiunto la riva del fiume.

Nehir kıyısına ulaştığı anda o korku onu ele geçirmişti.

Quella sensazione non lo aveva abbandonato da quando aveva sentito il ghiaccio assottigliarsi sotto le zampe.

Patilerinin altındaki buzun inceldiğini hissettiğinden beri bu his onu terk etmemişti.

Qualcosa di terribile lo stava aspettando: lo sentiva proprio lungo il sentiero.

Korkunç bir şey bekliyordu; bunu patikanın hemen aşağısında hissetti.

Non avrebbe camminato verso quella cosa terribile davanti a lui

Önündeki o korkunç şeye doğru yürümeyecekti

Non avrebbe obbedito a nessun ordine che lo avrebbe condotto a quella cosa.

Kendisini o şeye götürecek hiçbir emre itaat etmeyecekti.

Ormai il dolore dei colpi non lo sfiorava più: era troppo stanco.

Darbelerin acısı artık ona dokunmuyordu, çok ileri gitmişti.

La scintilla della vita tremolava lentamente, affievolita da ogni colpo crudele.

Hayat kıvılcımı her acımasız darbenin altında zayıflıyor, sönüyordu.

Gli arti gli sembravano distanti; tutto il corpo sembrava appartenere a un altro.

Uzuvları uzaklardaydı; bütün bedeni sanki başkasına aitti.

Sentì uno strano torpore mentre il dolore scompariva completamente.

Ağrı tamamen geçince garip bir uyuşukluk hissetti.

Da lontano, sentiva che lo stavano picchiando, ma non se ne rendeva conto.

Uzaktan dövüldüğünü hissediyordu ama farkında bile değildi.

Poteva udire debolmente i tonfi, ma ormai non gli facevano più male.

Gürültüleri belli belirsiz duyabiliyordu ama artık gerçekten acıtmıyordu.

I colpi andarono a segno, ma il suo corpo non sembrava più il suo.

Darbeler iniyordu ama bedeni artık kendisine ait değildi.

Poi, all'improvviso, senza alcun preavviso, John Thornton lanciò un grido selvaggio.

Sonra ansızın, hiçbir uyarı olmaksızın, John Thornton vahşi bir çığlık attı.

Era inarticolato, più il grido di una bestia che di un uomo.

Anlaşılmaz bir çığlıktı, bir insandan çok bir hayvanın çığlığını andırıyordu.

Si lanciò sull'uomo con la mazza e fece cadere Hal all'indietro.

Sopayla adamın üzerine atıldı ve Hal'i geriye doğru devirdi.

Hal volò come se fosse stato colpito da un albero, atterrando pesantemente al suolo.

Hal sanki bir ağaca çarpmış gibi uçtu ve sert bir şekilde yere indi.

Mercedes urlò a gran voce in preda al panico e si portò le mani al viso.

Mercedes panikle yüksek sesle çığlık attı ve yüzünü tuttu.

Charles si limitò a guardare, si asciugò gli occhi e rimase seduto.

Charles sadece baktı, gözlerini sildi ve oturmaya devam etti.

Il suo corpo era troppo irrigidito dal dolore per alzarsi o contribuire alla lotta.

Vücudu acıdan öylesine kaskatı kesilmişti ki ayağa kalkamıyor ve kavgaya yardım edemiyordu.

Thornton era in piedi davanti a Buck, tremante di rabbia, incapace di parlare.

Thornton öfkeden titriyor, konuşamıyordu ve Buck'ın başında duruyordu.

Tremava di rabbia e lottò per trovare la voce.

Öfkeden titriyor ve sesini duyurmak için çabalıyordu.

"Se colpisci ancora quel cane, ti uccido", disse infine.

"O köpeğe bir daha vurursan seni öldürürüm," dedi sonunda.

Hal si asciugò il sangue dalla bocca e tornò avanti.

Hal ağzındaki kanı sildi ve tekrar öne çıktı.

"È il mio cane", borbottò. "Togliti di mezzo o ti sistemo io."

"Bu benim köpeğim," diye mırıldandı. "Yoldan çekil, yoksa seni düzeltirim."

"Vado da Dawson e tu non mi fermerai", ha aggiunto.

"Dawson'a gidiyorum ve sen beni durduramayacaksın" diye ekledi.

Thornton si fermò tra Buck e il giovane arrabbiato.

Thornton, Buck ile öfkeli genç adam arasında kararlı bir şekilde duruyordu.

Non aveva alcuna intenzione di farsi da parte o di lasciar passare Hal.

Kenara çekilmeye veya Hal'in geçmesine izin vermeye hiç niyeti yoktu.

Hal tirò fuori il suo coltello da caccia, lungo e pericoloso nella sua mano.

Hal, elindeki uzun ve tehlikeli av bıçağını çıkardı.

Mercedes urlò, poi pianse, poi rise in preda a un'isteria selvaggia.

Mercedes çığlık attı, sonra ağladı, sonra da çılgınca bir histeri içinde güldü.

Thornton colpì la mano di Hal con il manico dell'ascia, con forza e rapidità.

Thornton, balta sapıyla Hal'in eline sert ve hızlı bir şekilde vurdu.

Il coltello si liberò dalla presa di Hal e volò a terra.

Bıçak Hal'in elinden kurtulup yere uçtu.

Hal cercò di raccogliere il coltello, ma Thornton gli batté di nuovo le nocche.

Hal bıçağı almaya çalıştı, ama Thornton yine parmak eklemlerine vurdu.

Poi Thornton si chinò, afferrò il coltello e lo tenne fermo.

Sonra Thornton eğildi, bıçağı aldı ve tuttu.

Con due rapidi colpi del manico dell'ascia, tagliò le redini di Buck.

Balta sapıyla iki hızlı vuruşla Buck'ın dizginlerini kesti.

Hal non aveva più voglia di combattere e si allontanò dal cane.

Hal'in artık mücadele gücü kalmamıştı ve köpekten uzaklaştı.

Inoltre, ora Mercedes aveva bisogno di entrambe le braccia per restare in piedi.

Ayrıca Mercedes'in ayakta kalabilmesi için artık iki koluna da ihtiyacı vardı.

Buck era troppo vicino alla morte per poter nuovamente tirare la slitta.

Buck, kızak çekmek için tekrar kullanılamayacak kadar ölüme yakındı.

Pochi minuti dopo, ripartirono, dirigendosi verso il fiume.

Birkaç dakika sonra yola çıktılar ve nehre doğru yöneldiler.

Buck sollevò debolmente la testa e li guardò lasciare la banca.

Buck başını güçsüzce kaldırdı ve onların bankadan çıkışını izledi.

Pike guidava la squadra, con Solleks dietro al volante.

Pike takıma liderlik ederken, Solleks ise direksiyon başında en arkada yer aldı.

Joe e Teek camminavano in mezzo, zoppicando entrambi per la stanchezza.

Joe ve Teek aralarında yürüyorlardı, ikisi de yorgunluktan topallıyordu.

Mercedes si sedette sulla slitta e Hal afferrò la lunga pertica.

Mercedes kızakta oturuyordu, Hal ise uzun gergi çubuğunu tutuyordu.

Charles barcollava dietro di lui, con passi goffi e incerti.

Charles geride tökezledi, adımları beceriksiz ve kararsızdı.

Thornton si inginocchiò accanto a Buck e tastò delicatamente per vedere se aveva ossa rotte.

Thornton, Buck'ın yanına diz çöktü ve kırık kemiklerini nazikçe yokladı.

Le sue mani erano ruvide, ma si muovevano con gentilezza e cura.

Elleri sertti ama şefkat ve özenle hareket ediyordu.

Il corpo di Buck era pieno di lividi, ma non presentava lesioni permanenti.

Buck'ın vücudu morluklar içindeydi ama kalıcı bir hasar yoktu.

Ciò che restava era una fame terribile e una debolezza quasi totale.

Geriye korkunç bir açlık ve neredeyse tam bir halsizlik kaldı.

Quando la situazione fu più chiara, la slitta era già andata molto a valle.

Bu netleştiğinde kızak nehrin aşağısına doğru epeyce ilerlemişti.

L'uomo e il cane osservavano la slitta avanzare lentamente sul ghiaccio che si rompeva.

Adam ve köpek, kızakların çatlayan buzun üzerinde yavaşça ilerlemesini izliyorlardı.

Poi videro la slitta sprofondare in una cavità.

Daha sonra kızakların çukurun içine battığını gördüler.

La pertica volò in alto, ma Hal vi si aggrappò ancora invano.

Çubuk havaya uçtu, Hal ise hâlâ boşuna ona tutunuyordu.

L'urlo di Mercedes li raggiunse attraverso la fredda distanza.

Mercedes'in çığlığı soğuk mesafeleri aşarak onlara ulaştı.

Charles si voltò e fece un passo indietro, ma era troppo tardi.

Charles dönüp geri çekildi, ama çok geçti.

Un'intera calotta di ghiaccio cedette e tutti precipitarono.

Bütün bir buz tabakası koptu ve hepsi aşağı düştü.

Cani, slitte e persone scomparvero nelle acque nere sottostanti.

Köpekler, kızaklar ve insanlar aşağıdaki karanlık suda kaybolup gittiler.

Nel punto in cui erano passati era rimasto solo un largo buco nel ghiaccio.

Geçtikleri yerde sadece buzda geniş bir delik kalmıştı.

Il fondo del sentiero era crollato, proprio come aveva previsto Thornton.

Thornton'un uyardığı gibi, patikanın tabanı çökmüştü.

Thornton e Buck si guardarono l'un l'altro, in silenzio per un momento.

Thornton ve Buck bir an sessiz kalarak birbirlerine baktılar.

"Povero diavolo", disse Thornton dolcemente, e Buck gli leccò la mano.

"Zavallı şeytan," dedi Thornton yumuşak bir sesle ve Buck elini yaladı.

Per amore di un uomo
Bir Adamın Aşkı İçin

John Thornton si congelò i piedi per il freddo del dicembre precedente.
John Thornton, geçen Aralık ayındaki soğukta ayaklarını dondurmuştu.

I suoi compagni lo fecero sentire a suo agio e lo lasciarono guarire da solo.
Ortakları onu rahatlattılar ve iyileşmesi için yalnız bıraktılar.

Risalirono il fiume per raccogliere una zattera di tronchi da sega per Dawson.
Dawson için bir sal kereste toplamak üzere nehre doğru gittiler.

Zoppicava ancora leggermente quando salvò Buck dalla morte.
Buck'ı ölümden kurtardığında hâlâ hafifçe topallıyordu.

Ma con il persistere del caldo, anche quella zoppia è scomparsa.
Ancak havaların ısınmasıyla birlikte aksama da ortadan kalktı.

Sdraiato sulla riva del fiume durante le lunghe giornate primaverili, Buck si riposò.
Uzun bahar günlerinde Buck nehir kıyısında uzanıp dinleniyordu.

Osservava l'acqua che scorreva e ascoltava gli uccelli e gli insetti.
Akan suyu izliyor, kuşların ve böceklerin seslerini dinliyordu.

Lentamente Buck riacquistò le forze sotto il sole e il cielo.
Buck, güneşin ve gökyüzünün altında yavaş yavaş gücünü yeniden kazandı.

Dopo aver viaggiato tremila miglia, riposarsi è stato meraviglioso.
Üç bin mil yol kat ettikten sonra dinlenmek harika bir duyguydu.

Buck diventò pigro man mano che le sue ferite guarivano e il suo corpo si riempiva.

Buck, yaraları iyileştikçe ve vücudu dolgunlaştıkça tembelleşti.

I suoi muscoli si rassodarono e la carne tornò a ricoprire le sue ossa.

Kasları güçlendi ve kemikleri etle kaplandı.

Stavano tutti riposando: Buck, Thornton, Skeet e Nig.

Hepsi dinleniyordu: Buck, Thornton, Skeet ve Nig.

Aspettarono la zattera che li avrebbe portati a Dawson.

Kendilerini Dawson'a götürecek olan salı beklediler.

Skeet era un piccolo setter irlandese che fece amicizia con Buck.

Skeet, Buck ile arkadaş olan küçük bir İrlanda setteriydi.

Buck era troppo debole e malato per resisterle al loro primo incontro.

Buck, ilk karşılaşmalarında ona karşı koyamayacak kadar zayıf ve hastaydı.

Skeet aveva la caratteristica di guaritore che alcuni cani possiedono per natura.

Skeet, bazı köpeklerin doğuştan sahip olduğu şifacı özelliğe sahipti.

Come una gatta, leccò e pulì le ferite aperte di Buck.

Bir anne kedi gibi Buck'ın açık yaralarını yalayıp temizliyordu.

Ogni mattina, dopo colazione, ripeteva il suo attento lavoro.

Her sabah kahvaltıdan sonra özenli çalışmalarını tekrarlıyordu.

Buck finì per aspettarsi il suo aiuto tanto quanto quello di Thornton.

Buck, Thornton'ın yardımını beklediği kadar onun da yardımını bekliyordu.

Anche Nig era amichevole, ma meno aperto e meno affettuoso.

Nig de arkadaş canlısıydı ama daha az açık sözlü ve daha az şefkatliydi.

Nig era un grosso cane nero, in parte segugio e in parte levriero.

Nig, yarı tazı yarı geyik tazısı olan büyük, siyah bir köpekti.

Aveva occhi sorridenti e un'infinita bontà d'animo.

Gülen gözleri ve sonsuz bir iyilik ruhu vardı.

Con sorpresa di Buck, nessuno dei due cani mostrò gelosia nei suoi confronti.

Buck'ın şaşkınlığına rağmen, iki köpek de ona karşı kıskançlık göstermiyordu.

Sia Skeet che Nig condividevano la gentilezza di John Thornton.

Hem Skeet hem de Nig, John Thornton'ın nezaketini paylaşıyordu.

Man mano che Buck diventava più forte, lo attiravano in stupidi giochi da cani.

Buck güçlendikçe onu aptalca köpek oyunlarına çekmeye başladılar.

Anche Thornton giocava spesso con loro, incapace di resistere alla loro gioia.

Thornton da sık sık onlarla oynuyordu, onların neşesine dayanamıyordu.

In questo modo giocoso, Buck passò dalla malattia a una nuova vita.

Buck, bu eğlenceli yolla hastalıktan yeni bir hayata doğru yol aldı.

L'amore, quello vero, ardente e passionale, era finalmente suo.

Aşk—gerçek, yakıcı ve tutkulu aşk—en sonunda onun olmuştu.

Non aveva mai conosciuto questo tipo di amore nella tenuta di Miller.

Miller'ın malikanesinde böyle bir aşkı hiç tatmamıştı.

Con i figli del giudice aveva condiviso lavoro e avventure.

Yargıcın oğullarıyla birlikte hem işi hem de macerayı paylaşmıştı.

Nei nipoti notò un orgoglio rigido e vanitoso.

Torunlarında ise katı ve övüngen bir gurur gördü.

Con lo stesso giudice Miller aveva un rapporto di rispettosa amicizia.

Yargıç Miller'la arasında saygılı bir dostluk vardı.

Ma l'amore che era fuoco, follia e adorazione era ciò che accadeva con Thornton.

Ama ateş, delilik ve tapınma olan aşk Thornton'la geldi.

Quest'uomo aveva salvato la vita di Buck, e questo di per sé significava molto.

Bu adam Buck'ın hayatını kurtarmıştı ve bu bile tek başına çok şey ifade ediyordu.

Ma più di questo, John Thornton era il tipo ideale di maestro.

Ama bundan da öte, John Thornton ideal türden bir ustaydı.

Altri uomini si prendevano cura dei cani per dovere o per necessità lavorative.

Diğer adamlar ise görev gereği veya iş gereği köpek bakıyorlardı.

John Thornton si prendeva cura dei suoi cani come se fossero figli.

John Thornton köpeklerine sanki çocuklarıymış gibi bakıyordu.

Si prendeva cura di loro perché li amava e semplicemente non poteva farne a meno.

Onlara değer veriyordu çünkü onları seviyordu ve buna engel olamıyordu.

John Thornton vide molto più lontano di quanto la maggior parte degli uomini riuscisse mai a vedere.

John Thornton çoğu insanın görebildiğinden daha uzağı gördü.

Non dimenticava mai di salutarli gentilmente o di pronunciare una parola di incoraggiamento.

Onları selamlamayı, onlara güzel sözler söylemeyi hiç ihmal etmiyordu.

Amava sedersi con i cani per fare lunghe chiacchierate, o "gassy", come diceva lui.

Köpeklerle oturup uzun sohbetler etmeyi severdi, ya da kendi deyimiyle "gazlı" sohbetler etmeyi.

Gli piaceva afferrare bruscamente la testa di Buck tra le sue mani forti.

Buck'ın başını güçlü ellerinin arasına sertçe almaktan
hoşlanıyordu.

**Poi appoggiò la testa contro quella di Buck e lo scosse
delicatamente.**

Sonra başını Buck'ın başına yasladı ve onu hafifçe salladı.

**Nel frattempo, chiamava Buck con nomi volgari che per lui
significavano affetto.**

Bu arada Buck'a kaba isimler takıyordu, bu Buck için aşk
anlamına geliyordu.

**Per Buck, quell'abbraccio rude e quelle parole portarono una
gioia profonda.**

Buck için o sert kucaklaşma ve o sözler derin bir mutluluk
getirdi.

**A ogni movimento il suo cuore sembrava sussultare di
felicità.**

Her hareketinde yüreği mutluluktan yerinden fırlayacak
gibiydi.

Quando poi balzò in piedi, la sua bocca sembrava ridere.

Sonra ayağa kalktığında ağzı sanki gülüyormuş gibi
görünüyordu.

**I suoi occhi brillavano intensamente e la sua gola tremava
per una gioia inespressa.**

Gözleri ışıl ışıl parlıyor, boğazı dile getiremediği bir sevinçle
titriyordu.

**Il suo sorriso rimase immobile in quello stato di emozione e
affetto ardente.**

O duygu ve parıldayan şefkat hali içinde gülümsemesi hâlâ
duruyordu.

**Allora Thornton esclamò pensieroso: "Dio! Riesce quasi a
parlare!"**

Sonra Thornton düşünceli bir şekilde haykırdı, "Tanrım!
Neredeyse konuşabiliyor!"

**Buck aveva uno strano modo di esprimere l'amore che quasi
gli causava dolore.**

Buck'ın sevgiyi ifade etme biçimi neredeyse acıya sebep olacak
kadar tuhaftı.

Spesso stringeva forte la mano di Thornton tra i denti.

Thornton'un elini sık sık dişlerinin arasına alırdı.

Il morso avrebbe lasciato segni profondi che sarebbero rimasti per qualche tempo.

Isırığın derin izleri bir süre daha kalacaktı.

Buck credeva che quei giuramenti fossero amore, e Thornton la pensava allo stesso modo.

Buck bu yeminlerin sevgi olduğuna inanıyordu ve Thornton da aynı şeyi biliyordu.

Il più delle volte, l'amore di Buck si manifestava in un'adorazione silenziosa, quasi silenziosa.

Buck'ın sevgisi çoğu zaman sessiz, neredeyse sessiz bir hayranlıkla kendini gösteriyordu.

Sebbene fosse emozionato quando veniva toccato o gli si parlava, non cercava attenzione.

Dokunulduğunda veya kendisiyle konuşulduğunda heyecanlansa da, ilgi çekmeye çalışmıyordu.

Skeet spinse il naso sotto la mano di Thornton finché lui non la accarezzò.

Skeet, Thornton'ın elinin altına burnunu soktu ve okşadı.

Nig si avvicinò silenziosamente e appoggiò la sua grande testa sulle ginocchia di Thornton.

Nig sessizce yaklaştı ve büyük başını Thornton'un dizine yasladı.

Buck, al contrario, si accontentava di amare da una rispettosa distanza.

Buck ise saygılı bir mesafeden sevmekten memnundu.

Rimase sdraiato per ore ai piedi di Thornton, vigile e attento.

Thornton'un ayaklarının dibinde saatlerce uyanık bir şekilde yattı ve dikkatle izledi.

Buck studiò ogni dettaglio del volto del suo padrone, perfino il più piccolo movimento.

Buck, efendisinin yüzündeki her ayrıntıyı ve en ufak hareketi inceledi.

Oppure sdraiati più lontano, studiando in silenzio la sagoma dell'uomo.

Ya da daha uzağa uzanıp sessizce adamın siluetini inceledi.

Buck osservava ogni piccolo movimento, ogni cambiamento di postura o di gesto.

Buck her küçük hareketi, her duruş veya jest değişikliğini izliyordu.

Questo legame era così potente che spesso catturava lo sguardo di Thornton.

Bu bağ o kadar güçlüydü ki sık sık Thornton'un bakışlarını üzerine çekiyordu.

Incontrò lo sguardo di Buck senza dire parole, e il suo amore traspariva chiaramente.

Hiçbir şey söylemeden Buck'ın gözleriyle buluştu, gözlerinden açıkça sevgi akıyordu.

Per molto tempo dopo essere stato salvato, Buck non perse mai di vista Thornton.

Kurtarıldıktan sonra bile Buck, Thornton'ı uzun süre gözden kaybetmedi.

Ogni volta che Thornton usciva dalla tenda, Buck lo seguiva da vicino all'esterno.

Thornton çadırdan her çıktığında Buck onu yakından takip ederek dışarı çıkıyordu.

Tutti i severi padroni delle Terre del Nord avevano fatto sì che Buck non riuscisse più a fidarsi.

Kuzey'deki bütün sert efendiler Buck'ın güvenmekten korkmasına neden olmuştu.

Temeva che nessun uomo potesse restare suo padrone se non per un breve periodo.

Hiçbir adamın kısa bir süreden fazla efendisi kalamayacağından korkuyordu.

Temeva che John Thornton sarebbe scomparso come Perrault e François.

John Thornton'un Perrault ve François gibi ortadan kaybolacağından korkuyordu.

Anche di notte, la paura di perderlo tormentava il sonno agitato di Buck.

Buck'ın huzursuz uykuları, onu kaybetme korkusuyla geceleri bile devam ediyordu.

Quando Buck si svegliò, si trascinò fuori al freddo e andò nella tenda.

Buck uyandığında, soğuk havaya çıktı ve çadıra gitti.

Ascoltò attentamente il leggero suono del suo respiro interiore.

İçeriden gelen yumuşak nefes sesini dikkatle dinledi.

Nonostante il profondo amore di Buck per John Thornton, la natura selvaggia sopravvisse.

Buck'ın John Thornton'a olan derin aşkına rağmen vahşi doğa hayatta kalmayı başardı.

Quell'istinto primitivo, risvegliatosi nel Nord, non scomparve.

Kuzey'de uyanan o ilkel içgüdü kaybolmadı.

L'amore portava devozione, lealtà e il caldo legame attorno al fuoco.

Aşk, bağlılığı, sadakati ve şöminenin sıcak bağını getirdi.

Ma Buck mantenne anche i suoi istinti selvaggi, acuti e sempre all'erta.

Ama Buck aynı zamanda vahşi içgüdülerini, keskin ve her zaman tetikte olmayı da sürdürdü.

Non era solo un animale domestico addomesticato proveniente dalle dolci terre della civiltà.

O, uygarlığın yumuşak topraklarından gelen evcil bir evcil hayvan değildi.

Buck era un essere selvaggio che si era seduto accanto al fuoco di Thornton.

Buck, Thornton'un ateşinin yanına oturmaya gelen vahşi bir varlıktı.

Sembrava un cane del Southland, ma in lui albergava la natura selvaggia.

Güneyli bir köpeğe benziyordu ama içinde vahşilik yaşıyordu.

Il suo amore per Thornton era troppo grande per permettersi un furto da parte di quell'uomo.

Thornton'a olan sevgisi, adamın malını çalmasına izin vermeyecek kadar büyüktü.

Ma in qualsiasi altro campo ruberebbe con audacia e senza esitazione.

Ama başka bir kampta olsaydı, hiç duraksamadan ve cüretkarca çalardı.

Era così abile nel rubare che nessuno riusciva a catturarlo o accusarlo.

Hırsızlıkta o kadar ustaydı ki, kimse onu yakalayamıyor ve suçlayamıyordu.

Il suo viso e il suo corpo erano coperti di cicatrici dovute a molti combattimenti passati.

Yüzü ve vücudu geçmişteki birçok kavgadan kalma yara izleriyle doluydu.

Buck continuava a combattere con ferocia, ma ora lo faceva con maggiore astuzia.

Buck hâlâ sert bir şekilde dövüşüyordu ama artık daha kurnazca dövüşüyordu.

Skeet e Nig erano troppo docili per combattere, ed erano di Thornton.

Skeet ve Nig dövüşemeyecek kadar naziktiler ve onlar Thornton'ındı.

Ma qualsiasi cane estraneo, non importa quanto forte o coraggioso, cedeva.

Ama ne kadar güçlü veya cesur olursa olsun, herhangi bir yabancı köpek ona boyun eğiyordu.

Altrimenti, il cane si ritrovò a combattere contro Buck, lottando per la propria vita.

Aksi takdirde köpek kendini Buck'la savaşırken, yaşam mücadelesi verirken bulacaktı.

Buck non ebbe pietà quando decise di combattere contro un altro cane.

Buck, bir başka köpekle dövüşmeyi seçtiğinde hiç merhamet göstermedi.

Aveva imparato bene la legge del bastone e della zanna nel Nord.

Kuzey'de sopa ve diş yasasını iyi öğrenmişti.

Non ha mai rinunciato a un vantaggio e non si è mai tirato indietro dalla battaglia.

Hiçbir zaman elindeki avantajı kaybetmedi ve savaştan geri adım atmadı.

Aveva studiato Spitz e i cani più feroci della polizia e della posta.

Spitz'i ve posta ve polis köpeklerinin cn vahşilerini incelemişti.

Sapeva chiaramente che non esisteva via di mezzo in un combattimento selvaggio.

Vahşi bir mücadelede orta yol olmadığını açıkça biliyordu.

Doveva governare o essere governato; mostrare misericordia significava mostrare debolezza.

Yönetmek ya da yönetilmek gerekiyordu; merhamet göstermek, acizlik göstermek anlamına geliyordu.

La pietà era sconosciuta nel mondo crudo e brutale della sopravvivenza.

Hayatta kalma mücadelesinin acımasız ve vahşi dünyasında merhamet bilinmiyordu.

Mostrare pietà era visto come un atto di paura, e la paura conduceva rapidamente alla morte.

Merhamet göstermek korku olarak görülüyordu ve korku da hızla ölüme yol açıyordu.

La vecchia legge era semplice: uccidere o essere uccisi, mangiare o essere mangiati.

Eski yasa basitti: öldür ya da öldürül, ye ya da yen.

Quella legge proveniva dalle profondità del tempo e Buck la seguì alla lettera.

Bu yasa zamanın derinliklerinden geliyordu ve Buck da bu yasaya harfiyen uyuyordu.

Buck era più vecchio dei suoi anni e del numero dei suoi respiri.

Buck, yaşından ve aldığı nefes sayısından daha yaşlıydı.

Collegava in modo chiaro il passato remoto con il momento presente.

Eski geçmişi günümüzle net bir şekilde bağdaştırdı.

I ritmi profondi dei secoli si muovevano attraverso di lui come le maree.

Çağların derin ritimleri gelgitler gibi onun içinden geçiyordu.

Il tempo pulsava nel suo sangue con la stessa sicurezza con cui le stagioni muovevano la terra.

Zaman, mevsimlerin dünyayı hareket ettirmesi gibi, kanında da aynı kesinlikle atıyordu.

Sedeva accanto al fuoco di Thornton, con il petto forte e le zanne bianche.

Thornton'un ateşinin başında oturuyordu, güçlü göğüslüydü ve dişleri beyazdı.

La sua lunga pelliccia ondeggiava, ma dietro di lui lo osservavano gli spiriti dei cani selvatici.

Uzun tüyleri dalgalanıyordu ama arkasında vahşi köpeklerin ruhları onu izliyordu.

Lupi mezzi e lupi veri si agitavano nel suo cuore e nei suoi sensi.

Yüreğinde ve duyularında yarı kurtlar ve tam kurtlar kıpırdanıyordu.

Assaggiarono la sua carne e bevvero la stessa acqua che bevve lui.

Onun etinin tadına baktılar ve onunla aynı suyu içtiler.

Annusarono il vento insieme a lui e ascoltarono la foresta.

Onunla birlikte rüzgârı kokluyor, ormanı dinliyorlardı.

Sussurravano il significato dei suoni selvaggi nell'oscurità.

Karanlıkta duyulan vahşi seslerin anlamlarını fısıldadılar.

Modellavano il suo umore e guidavano ciascuna delle sue reazioni silenziose.

Onun ruh hallerini şekillendiriyor ve her sessiz tepkisine rehberlik ediyorlardı.

Giacevano accanto a lui mentre dormiva e diventavano parte dei suoi sogni profondi.

Uyurken yanında yatıyorlardı ve onun derin rüyalarının bir parçası oluyorlardı.

Sognavano con lui, oltre lui, e costituivano il suo stesso spirito.

Onunla birlikte, ondan ötede rüya gördüler ve onun ruhunu oluşturdular.

Gli spiriti della natura selvaggia chiamavano con tanta forza che Buck si sentì attratto.

Vahşi doğanın ruhları öyle güçlü bir şekilde sesleniyordu ki Buck kendini çekilmiş hissetti.

Ogni giorno che passava, l'umanità e le sue rivendicazioni si indebolivano nel cuore di Buck.

Her geçen gün insanlık ve iddiaları Buck'ın yüreğinde biraz daha zayıflıyordu.

Nel profondo della foresta si stava per udire un richiamo strano ed emozionante.

Ormanın derinliklerinden, tuhaf ve heyecan verici bir çağrı yükselecekti.

Ogni volta che sentiva la chiamata, Buck provava un impulso a cui non riusciva a resistere.

Buck her çağrıyı duyduğunda karşı koyamadığı bir dürtü hissediyordu.

Avrebbe voltato le spalle al fuoco e ai sentieri battuti dagli uomini.

Ateşten ve insanların çiğnediği yollardan yüz çevirecekti.

Stava per addentrarsi nella foresta, avanzando senza sapere il perché.

Nedenini bilmeden ormana doğru ilerleyecekti.

Non mise in discussione questa attrazione, perché la chiamata era profonda e potente.

Bu çekimi sorgulamadı, çünkü çağrı derin ve güçlüydü.

Spesso raggiungeva l'ombra verde e la terra morbida e intatta

Sık sık yeşil gölgeye ve yumuşak, el değmemiş toprağa ulaştı

Ma poi il forte amore per John Thornton lo riportò al fuoco.

Ama sonra John Thornton'a duyduğu güçlü aşk onu tekrar ateşe çekti.

Soltanto John Thornton riuscì davvero a tenere stretto il cuore selvaggio di Buck.

Buck'ın vahşi yüreğini gerçekten kavrayan tek kişi John Thornton'dı.

Per Buck il resto dell'umanità non aveva alcun valore o significato duraturo.

Buck için insanlığın geri kalanının kalıcı bir değeri veya anlamı yoktu.

Gli sconosciuti potrebbero lodarlo o accarezzargli la pelliccia con mani amichevoli.

Yabancılar onu övebilir veya dost elleriyle tüylerini okşayabilirler.

Buck rimase impassibile e se ne andò per eccesso di affetto.

Buck, fazla sevgiden dolayı tepkisiz kaldı ve uzaklaştı.

Hans e Pete arrivarono con la zattera che era stata attesa a lungo

Hans ve Pete uzun zamandır beklenen salla geldiler

Buck li ignorò finché non venne a sapere che erano vicini a Thornton.

Buck, Thornton'a yaklaştıklarını öğrenene kadar onları görmezden geldi.

Da allora in poi li tollerò, ma non dimostrò mai loro tutto il suo calore.

Ondan sonra onlara tahammül etti ama hiçbir zaman tam sıcaklık göstermedi.

Accettava da loro cibo o gentilezza come se volesse fare loro un favore.

Sanki onlara bir iyilik yapıyormuş gibi onlardan yiyecek veya iyilik alıyordu.

Erano come Thornton: semplici, onesti e lucidi nei pensieri.

Onlar da Thornton gibiydiler; sade, dürüst ve düşünceleri açıktı.

Tutti insieme viaggiarono verso la segheria di Dawson e il grande vortice

Hep birlikte Dawson'ın kereste fabrikasına ve büyük girdaba doğru yola çıktılar

Nel corso del loro viaggio impararono a comprendere profondamente la natura di Buck.

Yolculukları sırasında Buck'ın doğasını derinlemesine anlamaya başladılar.

Non cercarono di avvicinarsi come avevano fatto Skeet e Nig.

Skeet ve Nig'in yaptığı gibi yakınlaşmaya çalışmadılar.

Ma l'amore di Buck per John Thornton non fece che aumentare con il tempo.

Ancak Buck'ın John Thornton'a olan aşkı zamanla daha da derinleşti.

Solo Thornton poteva mettere uno zaino sulla schiena di Buck durante l'estate.

Yazın Buck'ın sırtına bir paket koyabilecek tek kişi Thornton'dı.

Buck era disposto a eseguire senza riserve qualsiasi ordine impartito da Thornton.

Thornton ne emrederse Buck onu tam olarak yapmaya hazırdı.

Un giorno, dopo aver lasciato Dawson per le sorgenti del Tanana,

Bir gün, Dawson'dan ayrılıp Tanana'nın kaynaklarına doğru yola çıktıklarında,

il gruppo era seduto su una rupe che scendeva per un metro fino a raggiungere la nuda roccia.

Grup, üç metre derinliğindeki çıplak kayanın olduğu bir uçurumun üzerine oturdu.

John Thornton si sedette vicino al bordo e Buck si riposò accanto a lui.

John Thornton kenarda oturuyordu ve Buck da onun yanında dinleniyordu.

Thornton ebbe un'idea improvvisa e richiamò l'attenzione degli uomini.

Thornton'un aklına aniden bir fikir geldi ve adamların dikkatini çekti.

Indicò l'altro lato del baratro e diede a Buck un unico comando.

Uçurumun öte tarafını işaret etti ve Buck'a tek bir emir verdi.

"Salta, Buck!" disse, allungando il braccio oltre il precipizio.

"Atla, Buck!" dedi ve kolunu uçurumun üzerinden savurdu.

Un attimo dopo dovette afferrare Buck, che stava saltando per obbedire.

Bir an sonra, itaat etmek için sıçrayan Buck'ı yakalamak zorundaydı.

Hans e Pete si precipitarono in avanti e tirarono entrambi indietro per metterli in salvo.

Hans ve Pete ileri atılıp ikisini de güvenli bir yere çektiler.

Dopo che tutto fu finito e che ebbero ripreso fiato, Pete prese la parola.

Her şey bittikten ve nefesler tutulduktan sonra Pete konuştu.

«È un amore straordinario», disse, scosso dalla feroce devozione del cane.

"Aşk çok tuhaf," dedi, köpeğin vahşi bağlılığından sarsılarak.

Thornton scosse la testa e rispose con calma e serietà.

Thornton başını iki yana salladı ve sakin bir ciddiyetle cevap verdi.

«No, l'amore è splendido», disse, «ma anche terribile».

"Hayır, aşk muhteşemdir," dedi, "ama aynı zamanda korkunçtur."

"A volte, devo ammetterlo, questo tipo di amore mi fa paura."

"Bazen itiraf etmeliyim ki, bu tür aşk beni korkutuyor."

Pete annuì e disse: "Mi dispiacerebbe tanto essere l'uomo che ti tocca".

Pete başını salladı ve "Sana dokunan adam olmaktan nefret ederim." dedi.

Mentre parlava, guardava Buck con aria seria e piena di rispetto.

Konuşurken Buck'a ciddi ve saygılı bir şekilde baktı.

"Py Jingo!" esclamò Hans in fretta. "Neanch'io, no signore."

"Py Jingo!" dedi Hans hemen. "Ben de, hayır efendim."

Prima che finisse l'anno, i timori di Pete si avverarono a Circle City.

Yıl bitmeden Pete'in korkuları Circle City'de gerçek oldu.

Un uomo crudele di nome Black Burton attaccò una rissa nel bar.

Black Burton adında zalim bir adam barda kavga çıkardı.

Era arrabbiato e cattivo, e si scagliava contro un novellino.

Öfkeliydi ve kötü niyetliydi, yeni gelen bir acemiye saldırıyordu.

John Thornton intervenne, calmo e bonario come sempre.

John Thornton her zamanki gibi sakin ve iyi huylu bir şekilde araya girdi.

Buck giaceva in un angolo, con la testa bassa, e osservava Thornton attentamente.

Buck, başını öne eğmiş bir şekilde köşede yatıyor, Thornton'ı dikkatle izliyordu.

Burton colpì all'improvviso e il suo pugno fece girare Thornton.

Burton aniden saldırdı ve yumruğu Thornton'ı döndürdü.

Solo la ringhiera della sbarra gli impedì di cadere violentemente a terra.

Sadece barın korkuluğu onun sert bir şekilde yere çakılmasını engelledi.

Gli osservatori hanno sentito un suono che non era un abbaio o un guaito

Gözlemciler havlama veya uluma olmayan bir ses duydular

Buck emise un profondo ruggito mentre si lanciava verso l'uomo.

Buck adama doğru atılırken derin bir kükreme duyuldu.

Burton alzò il braccio e per poco non si salvò la vita.

Burton kolunu havaya kaldırdı ve canını zor kurtardı.

Buck si schiantò contro di lui, facendolo cadere a terra.

Buck ona çarptı ve onu yere serdi.

Buck gli diede un morso profondo al braccio, poi si lanciò alla gola.

Buck adamın kolunu ısırdı, sonra da boğazına doğru hamle yaptı.

Burton riuscì a parare solo in parte e il suo collo fu squarciato.

Burton ancak kısmen bloke edebildi ve boynu yarıldı.

Gli uomini si precipitarono dentro, brandendo i manganelli e allontanarono Buck dall'uomo sanguinante.

Adamlar sopalarını kaldırarak içeri daldılar ve Buck'ı kanayan adamın üzerinden attılar.

Un chirurgo ha lavorato rapidamente per impedire che il sangue fuoriuscisse.

Bir cerrah hızla kanın dışarı akmasını durdurmak için harekete geçti.

Buck camminava avanti e indietro ringhiando, tentando di attaccare ancora e ancora.

Buck volta atıyor ve homurdanıyor, tekrar tekrar saldırmaya çalışıyordu.

Soltanto i bastoni oscillanti gli impedirono di raggiungere Burton.

Burton'a ulaşmasını engelleyen tek şey sopaları sallamaktı.

Proprio lì, sul posto, venne convocata una riunione dei minatori.

Hemen orada bir madenci toplantısı düzenlendi.

Concordarono sul fatto che Buck era stato provocato e votarono per liberarlo.

Buck'ın kışkırtıldığını kabul ettiler ve serbest bırakılması yönünde oy kullandılar.

Ma il nome feroce di Buck risuonava ormai in ogni accampamento dell'Alaska.

Ama Buck'ın sert adı artık Alaska'daki her kampta yankılanıyordu.

Più tardi, quello stesso autunno, Buck salvò Thornton di nuovo in un modo nuovo.

Aynı sonbaharda Buck, Thornton'u yeni bir şekilde kurtardı.

I tre uomini stavano guidando una lunga barca lungo delle rapide impetuose.

Üç adam, uzun bir tekneyi engebeli akıntılarda yönlendiriyorlardı.

Thornton manovrava la barca, gridando indicazioni per raggiungere la riva.

Thornton tekneyi yönetiyor ve kıyı şeridine giden yolu tarif ediyordu.

Hans e Pete correvano sulla terraferma, tenendo una corda da un albero all'altro.

Hans ve Pete ağaçtan ağaca ip tutarak karada koştular.

Buck procedeva a passo d'uomo sulla riva, tenendo sempre d'occhio il suo padrone.

Buck, efendisini sürekli gözetleyerek kıyıda ilerliyordu.

In un punto pericoloso, delle rocce sporgevano dall'acqua veloce.

Hızlı akan suyun altında çirkin bir yerde kayalar belirdi.

Hans lasciò andare la cima e Thornton tirò la barca verso la larghezza.

Hans ipi bıraktı ve Thornton tekneyi geniş bir açıyla dümenledi.

Hans corse a percorrerla di nuovo, superando le pericolose rocce.

Hans tehlikeli kayaların yanından geçip tekneye yetişmek için hızla koştu.

La barca superò la sporgenza ma trovò una corrente più forte.

Tekne çıkıntıdan kurtuldu ancak akıntının daha güçlü bir kısmına çarptı.

Hans afferrò la cima troppo velocemente e fece perdere l'equilibrio alla barca.

Hans ipi çok hızlı yakaladı ve teknenin dengesini bozdu.

La barca si capovolse e sbatté contro la riva, con la parte inferiore rivolta verso l'alto.

Tekne alabora oldu ve dipten yukarı doğru kıyıya çarptı.

Thornton venne scaraventato fuori e trascinato nella parte più selvaggia dell'acqua.

Thornton dışarı atıldı ve suyun en vahşi noktasına sürüklendi.

Nessun nuotatore sarebbe sopravvissuto in quelle acque pericolose e pericolose.

Hiçbir yüzücü o ölümcül, hızlı sularda hayatta kalamazdı.

Buck si lanciò all'istante e inseguì il suo padrone lungo il fiume.

Buck hemen atıldı ve efendisini nehir boyunca kovaladı.

Dopo trecento metri finalmente raggiunse Thornton.

Üç yüz metre kadar yürüdükten sonra sonunda Thornton'a ulaştı.

Thornton afferrò la coda di Buck, e Buck si diresse verso la riva.

Thornton, Buck'ın kuyruğunu yakaladı ve Buck kıyıya doğru döndü.

Nuotò con tutte le sue forze, lottando contro la forte resistenza dell'acqua.

Suyun vahşi sürüklenmesine karşı koyarak tüm gücüyle yüzdü.

Si spostarono verso valle più velocemente di quanto riuscissero a raggiungere la riva.

Kıyıya ulaşabileceklerinden daha hızlı bir şekilde akıntı yönünde hareket ettiler.

Più avanti, il fiume ruggiva più forte, precipitando in rapide mortali.

Önümüzde, nehir ölümcül akıntılara doğru akarken daha da gürültülü bir şekilde kükredi.

Le rocce fendevano l'acqua come i denti di un enorme pettine.

Kayalar, büyük bir tarağın dişleri gibi suyu kesiyordu.

La forza di attrazione dell'acqua nei pressi del dislivello era selvaggia e ineluttabile.

Suyun düşüşe yakın çekimi vahşi ve kaçınılmazdı.

Thornton sapeva che non sarebbero mai riusciti a raggiungere la riva in tempo.

Thornton kıyıya zamanında ulaşamayacaklarını biliyordu.

Raschiò una roccia, ne sbatté una seconda,

Bir kayanın üzerinden geçti, ikincisine çarptı,

Poi si schiantò contro una terza roccia, afferrandola con entrambe le mani.

Ve sonra üçüncü bir kayaya çarptı ve onu iki eliyle yakaladı.

Lasciò andare Buck e urlò sopra il ruggito: "Vai, Buck! Vai!"

Buck'ı bıraktı ve gürültünün arasından bağırdı: "Hadi, Buck! Hadi!"

Buck non riuscì a restare a galla e fu trascinato dalla corrente.

Buck su üstünde kalmayı başaramadı ve akıntıya kapıldı.

Lottò con tutte le sue forze, cercando di girarsi, ma non fece alcun progresso.

Çok mücadele etti, dönmek için çabaladı ama hiçbir ilerleme kaydedemedi.

Poi sentì Thornton ripetere il comando sopra il fragore del fiume.

Sonra Thornton'un nehrin uğultusu arasında emri
tekrarladığını duydu.

**Buck si impennò fuori dall'acqua e sollevò la testa come per
dare un'ultima occhiata.**

Buck sudan çıktı, son bir kez bakmak istercesine başını
kaldırdı.

poi si voltò e obbedì, nuotando verso la riva con risolutezza.

Sonra dönüp itaat etti ve kararlılıkla kıyıya doğru yüzdü.

Pete e Hans lo tirarono a riva all'ultimo momento possibile.

Pete ve Hans onu son anda kıyıya çektiler.

**Sapevano che Thornton avrebbe potuto aggrapparsi alla
roccia solo per pochi minuti.**

Thornton'un kayaya ancak birkaç dakika daha
tutunabileceğini biliyorlardı.

**Corsero su per la riva fino a un punto molto più in alto
rispetto al punto in cui lui era appeso.**

Asılı olduğu yerden çok daha yukarıda bir noktaya kadar
koşarak kıyıya çıktılar.

**Legarono con cura la cima della barca al collo e alle spalle di
Buck.**

Teknenin ipini Buck'ın boynuna ve omuzlarına dikkatlice
bağladılar.

**La corda era stretta ma abbastanza larga da permettere di
respirare e muoversi.**

İp sıkıydı ama nefes alıp hareket edebilecek kadar da gevşekti.

Poi lo gettarono di nuovo nel fiume impetuoso e mortale.

Sonra onu tekrar çağlayan, ölümcül nehre fırlattılar.

**Buck nuotò coraggiosamente ma non riuscì a prendere
l'angolazione giusta per affrontare la forza della corrente.**

Buck cesurca yüzdü ama akıntının hızına karşı açısını kaçırdı.

Si accorse troppo tardi che stava per superare Thornton.

Thornton'u geride bırakacağını çok geç fark etti.

**Hans tirò forte la corda, come se Buck fosse una barca che si
capovolge.**

Hans, Buck'ı alabora olmuş bir tekneymiş gibi ipi sertçe çekti.

**La corrente lo trascinò sott'acqua e lui scomparve sotto la
superficie.**

Akıntı onu suyun altına çekti ve su altında kayboldu.

Il suo corpo colpì la riva prima che Hans e Pete lo tirassero fuori.

Hans ve Pete onu kurtarana kadar cesedi kıyıya çarptı.

Era mezzo annegato e gli tolsero l'acqua dal corpo.

Yarı boğulmuş haldeydi, onu suyun dışına kadar dövdüler.

Buck si alzò, barcollò e crollò di nuovo a terra.

Buck ayağa kalktı, sendeledi ve tekrar yere yığıldı.

Poi udirono la voce di Thornton portata debolmente dal vento.

Sonra Thornton'un sesinin rüzgârla hafifçe taşındığını duydular.

Sebbene le parole non fossero chiare, sapevano che era vicino alla morte.

Sözcükler belirsiz olsa da onun ölümün eşiğinde olduğunu biliyorlardı.

Il suono della voce di Thornton colpì Buck come una scossa elettrica.

Thornton'un sesi Buck'a elektrik şoku gibi çarptı.

Saltò in piedi e corse su per la riva, tornando al punto di partenza.

Ayağa fırladı ve koşarak kıyıya çıktı, fırlatma noktasına geri döndü.

Legarono di nuovo la corda a Buck, e di nuovo lui entrò nel fiume.

İpi tekrar Buck'a bağladılar ve tekrar dereye girdi.

Questa volta nuotò direttamente e con decisione nell'acqua impetuosa.

Bu sefer doğrudan ve kararlı bir şekilde akan suya doğru yüzdü.

Hans lasciò scorrere la corda con regolarità, mentre Pete impediva che si aggrovigliasse.

Hans ipi yavaşça serbest bırakırken Pete ipin dolaşmasını engelliyordu.

Buck nuotò con forza finché non si trovò allineato appena sopra Thornton.

Buck, Thornton'un hemen yukarısında sıralanana kadar hızla yüzdü.

Poi si voltò e si lanciò verso di lui come un treno a tutta velocità.

Sonra dönüp tam hızla bir tren gibi aşağıya doğru hücum etti.

Thornton lo vide arrivare, si preparò e gli abbracciò il collo.

Thornton onun geldiğini gördü, kendini hazırladı ve kollarını onun boynuna doladı.

Hans legò saldamente la corda attorno a un albero mentre entrambi venivano tirati sott'acqua.

Hans ipi sıkıca bir ağaca bağladı ve ikisi de aşağı çekildi.

Caddero sott'acqua, schiantandosi contro rocce e detriti del fiume.

Su altına düşüp kayalara ve nehir döküntülerine çarptılar.

Un attimo prima Buck era in cima e un attimo dopo Thornton si alzava ansimando.

Bir an Buck zirvedeydi, bir sonraki an Thornton soluk soluğa ayağa kalkıyordu.

Malconci e soffocati, si diressero verso la riva e si misero in salvo.

Yıpranmış ve boğulmuş bir halde kıyıya ve güvenliğe doğru yöneldiler.

Thornton riprese conoscenza mentre era sdraiato su un tronco alla deriva.

Thornton bilincini yeniden kazandı ve bir kütüğün üzerine uzandı.

Hans e Pete lavorarono duramente per riportarlo a respirare e a vivere.

Hans ve Pete, ona nefes ve hayat vermek için çok uğraştılar.

Il suo primo pensiero fu per Buck, che giaceva immobile e inerte.

İlk aklına gelen şey hareketsiz ve bitkin yatan Buck oldu.

Nig ululò sul corpo di Buck e Skeet gli leccò delicatamente il viso.

Nig, Buck'ın cesedinin başında uluyordu ve Skeet onun yüzünü nazikçe yaladı.

Thornton, dolorante e contuso, esaminò Buck con mano attenta.

Thornton, yara bere içinde, Buck'ı dikkatle inceledi.

Ha trovato tre costole rotte, ma il cane non presentava ferite mortali.

Köpeğin üç kaburgasının kırıldığı, ancak ölümcül bir yaraya rastlanmadığı belirtildi.

"Questo è tutto", disse Thornton. "Ci accamperemo qui". E così fecero.

"Bu meseleyi halleder," dedi Thornton. "Burada kamp yapıyoruz." Ve öyle de yaptılar.

Rimasero lì finché le costole di Buck non guarirono e lui poté di nuovo camminare.

Buck'ın kaburgaları iyileşene ve tekrar yürüyebilene kadar orada kaldılar.

Quell'inverno Buck compì un'impresa che accrebbe ulteriormente la sua fama.

Buck o kış, ününü daha da artıracak bir başarıya imza attı.

Fu un gesto meno eroico del salvataggio di Thornton, ma altrettanto impressionante.

Thornton'u kurtarmak kadar kahramanca değildi ama aynı derecede etkileyiciydi.

A Dawson, i soci avevano bisogno di provviste per un viaggio lontano.

Dawson'da ortakların uzak bir yolculuk için malzemelere ihtiyacı vardı.

Volevano viaggiare verso est, in terre selvagge e incontaminate.

Doğuya, el değmemiş vahşi topraklara doğru seyahat etmek istiyorlardı.

Quel viaggio fu possibile grazie all'impresa compiuta da Buck nell'Eldorado Saloon.

Buck'ın Eldorado Saloon'daki tapusu bu seyahati mümkün kıldı.

Tutto cominciò con degli uomini che si vantavano dei loro cani bevendo qualcosa.

Her şey erkeklerin içki içerken köpekleriyle övünmesiyle başladı.

La fama di Buck lo rese bersaglio di sfide e dubbi.

Buck'ın şöhreti onu zorlukların ve şüphelerin hedefi haline getirdi.

Thornton, fiero e calmo, rimase fermo nel difendere il nome di Buck.

Thornton, gururlu ve sakin bir şekilde, Buck'ın adını savunmada kararlı bir duruş sergiledi.

Un uomo ha affermato che il suo cane riusciva a trainare facilmente duecentocinquanta chili.

Bir adam köpeğinin 250 kilo ağırlığı rahatlıkla çekebildiğini söyledi.

Un altro disse seicento, e un terzo si vantò di settecento.

Bir başkası altı yüz dedi, bir üçüncüsü de yedi yüz diye övündü.

"Pfft!" disse John Thornton, "Buck può trainare una slitta da mille libbre."

"Pfft!" dedi John Thornton, "Buck bin kiloluk bir kızak çekebilir."

Matthewson, un Bonanza King, si sporse in avanti e lo sfidò.

Bonanza Kralı Matthewson öne doğru eğildi ve ona meydan okudu.

"Pensi che possa spostare tutto quel peso?"

"O kadar ağırlığı harekete geçirebileceğini mi sanıyorsun?"

"E pensi che riesca a sollevare il peso per cento metri?"

"Ve sen onun bu yükü yüz metre kadar taşıyabileceğini mi düşünüyorsun?"

Thornton rispose freddamente: "Sì. Buck è abbastanza cane da farlo."

Thornton soğukkanlılıkla cevap verdi, "Evet. Buck bunu yapabilecek kadar köpek."

"Metterà in moto mille libbre e la tirerà per cento metri."

"Bin pound ağırlığındaki bir yükü harekete geçirip yüz metre kadar çekecek."

Matthewson sorrise lentamente e si assicurò che tutti gli uomini udissero le sue parole.

Matthewson yavaşça gülümsedi ve sözlerinin herkes tarafından duyulmasını sağladı.

"Ho mille dollari che dicono che non può. Eccoli."

"Bin dolarım var, ona bunu yapamayacağını söylüyor. İşte burada."

Sbatté sul bancone un sacco di polvere d'oro grande quanto una salsiccia.

Sosis büyüklüğündeki altın tozu dolu bir keseyi bara sertçe çarptı.

Nessuno disse una parola. Il silenzio si fece pesante e teso intorno a loro.

Kimse tek kelime etmedi. Sessizlik etraflarında ağır ve gergin bir hal aldı.

Il bluff di Thornton, se mai lo fu, era stato preso sul serio.

Thornton'un blöfü -eğer gerçekten blöfse- ciddiye alınmıştı.

Sentì il calore salirgli al viso mentre il sangue gli affluiva alle guance.

Yanaklarına kan hücum ederken yüzünün ısındığını hissetti.

In quel momento la sua lingua aveva preceduto la ragione.

O an aklının önüne dili geçmişti.

Non sapeva davvero se Buck sarebbe riuscito a spostare mille libbre.

Buck'ın bin poundu kaldırabileceğini gerçekten bilmiyordu.

Mezza tonnellata! Solo la sua mole gli faceva sentire il cuore pesante.

Yarım ton! Sadece büyüklüğü bile kalbini ağırlaştırıyordu.

Aveva fiducia nella forza di Buck e lo riteneva capace.

Buck'ın gücüne inanıyordu ve onun yetenekli olduğunu düşünüyordu.

Ma non aveva mai affrontato una sfida di questo tipo, non in questo modo.

Ama daha önce hiç böyle bir zorlukla karşılaşmamıştı.

Una dozzina di uomini lo osservavano in silenzio, in attesa di vedere cosa avrebbe fatto.

Bir düzine adam sessizce onu izliyor, ne yapacağını bekliyordu.

Lui non aveva i soldi, e nemmeno Hans e Pete.

Parası yoktu, Hans'ın ve Pete'in de yoktu.

"Ho una slitta fuori", disse Matthewson in modo freddo e diretto.

"Dışarıda bir kızak var," dedi Matthewson soğuk ve net bir şekilde.

"È carico di venti sacchi, da cinquanta libbre ciascuno, tutti di farina.

"Yirmi çuval dolusu, her biri elli kilo ağırlığında, hepsi un.

Quindi non lasciare che la scomparsa della slitta diventi la tua scusa", ha aggiunto.

Bu yüzden kaybolan kızak bahaneniz olmasın" diye ekledi.

Thornton rimase in silenzio. Non sapeva che parole dire.

Thornton sessiz kaldı. Ne söyleyeceğini bilmiyordu.

Guardò i volti intorno a sé senza vederli chiaramente.

Etrafına baktı ama yüzleri net göremedi.

Sembrava un uomo immerso nei suoi pensieri, che cercava di ripartire.

Düşüncelere dalmış, yeniden başlamaya çalışan bir adam gibi görünüyordu.

Poi incontrò Jim O'Brien, un amico dei tempi dei Mastodon.

Daha sonra Mastodon günlerinden arkadaşı Jim O'Brien'ı gördü.

Quel volto familiare gli diede un coraggio che non sapeva di avere.

Tanıdık yüz ona bilmediği bir cesaret verdi.

Si voltò e chiese a bassa voce: "Puoi prestarmi mille dollari?"

Döndü ve alçak sesle sordu: "Bana bin dolar borç verebilir misin?"

"Certo", disse O'Brien, lasciando cadere un pesante sacco vicino all'oro.

"Elbette," dedi O'Brien, altınların olduğu ağır bir keseyi yere bırakarak.

"Ma sinceramente, John, non credo che la bestia possa fare questo."

"Ama doğrusu John, canavarın bunu yapabileceğine inanmıyorum."

Tutti quelli presenti all'Eldorado Saloon si precipitarono fuori per assistere all'evento.

Eldorado Saloon'daki herkes etkinliği izlemek için dışarı koştu.

Lasciarono tavoli e bevande e perfino le partite furono sospese.

Masalar ve içecekler bırakıldı, hatta oyunlara bile ara verildi.

Croupier e giocatori accorsero per assistere alla conclusione di questa audace scommessa.

Krupiyeler ve kumarbazlar bu cesur bahsin sonuna tanıklık etmek için geldiler.

Centinaia di persone si radunarono attorno alla slitta sulla strada ghiacciata.

Buzlu açık sokakta kızak etrafında yüzlerce kişi toplanmıştı.

La slitta di Matthewson era carica di un carico completo di sacchi di farina.

Matthewson'un kızakları un çuvallarıyla doluydu.

La slitta era rimasta ferma per ore a temperature sotto lo zero.

Kızak saatlerdir eksi derecelerde bekliyordu.

I pattini della slitta erano congelati e incollati alla neve compatta.

Kızakların ayakları sıkıştırılmış karda donmuştu.

Gli uomini scommettevano due a uno che Buck non sarebbe riuscito a spostare la slitta.

Erkekler Buck'ın kızak hareket ettiremeyeceğine ikiye bir oranında bahis koydular.

Scoppiò una disputa su cosa significasse realmente "break out".

"Kaçmak" ifadesinin gerçekte ne anlama geldiği konusunda bir tartışma çıktı.

O'Brien ha affermato che Thornton dovrebbe allentare la base ghiacciata della slitta.

O'Brien, Thornton'un kızakların donmuş tabanını gevşetmesi gerektiğini söyledi.

Buck potrebbe quindi "rompere" una partenza solida e immobile.

Buck daha sonra sağlam ve hareketsiz bir başlangıçtan
"sıyrılabilir".

**Matthewson sosteneva che anche il cane doveva liberare i
corridori.**

Matthewson, köpeğin koşucuları da serbest bırakması
gerektiğini savundu.

**Gli uomini che avevano sentito la scommessa concordavano
con Matthewson.**

Bahsi dinleyen adamlar da Matthewson'un görüşüne
katılıyorlardı.

**Con questa sentenza, le probabilità contro Buck salirono a
tre a uno.**

Bu kararla birlikte, Buck'ın lehine olan bahis oranı üçe bire
çıktı.

**Nessuno si fece avanti per accettare le crescenti quote di tre a
uno.**

Üç-bir oranındaki artış karşısında kimse öne çıkmadı.

**Nessuno credeva che Buck potesse compiere la grande
impresa.**

Hiçbir adam Buck'ın bu büyük başarıyı elde edebileceğine
inanmıyordu.

Thornton era stato spinto a scommettere, pieno di dubbi.

Thornton, şüphelerle dolu bir şekilde bahse girmişti.

Ora guardava la slitta e la muta di dieci cani accanto ad essa.

Şimdi kızak ve yanındaki on köpekli takıma bakıyordu.

**Vedere la realtà del compito lo faceva sembrare ancora più
impossibile.**

Görevin gerçekliğini görünce, bunun daha da imkânsız
olduğu ortaya çıktı.

**In quel momento Matthewson era pieno di orgoglio e
sicurezza.**

Matthewson o an gurur ve özgüvenle doluydu.

"Tre a uno!" urlò. "Ne scommetto altri mille, Thornton!

"Üçte bir!" diye bağırdı. "Bin daha bahse girerim, Thornton!

**"Cosa dici?" aggiunse, abbastanza forte da farsi sentire da
tutti.**

"Ne diyorsun?" diye ekledi, herkesin duyabileceği kadar yüksek sesle.

Il volto di Thornton esprimeva i suoi dubbi, ma il suo spirito era sollevato.

Thornton'un yüzünde şüpheler vardı ama morali yükselmişti.

Quello spirito combattivo ignorava le avversità e non temeva nulla.

O mücadeleci ruh, hiçbir şeyden korkmaz, hiçbir zorluğa aldırmazdı.

Chiamò Hans e Pete perché portassero tutti i loro soldi al tavolo.

Hans ve Pete'i çağırıp tüm nakitlerini masaya getirmelerini istedi.

Non gli era rimasto molto altro: solo duecento dollari in tutto.

Geriye pek az paraları kalmıştı; toplamda sadece iki yüz dolar.

Questa piccola somma costituiva la loro intera fortuna nei momenti difficili.

Bu küçük miktar, zor zamanlarında onların toplam servetiydi.

Ciononostante puntarono tutta la loro fortuna contro la scommessa di Matthewson.

Yine de Matthewson'ın bahsine karşı tüm servetlerini ortaya koydular.

La muta composta da dieci cani venne sganciata e allontanata dalla slitta.

On köpekten oluşan takım kızaktan ayrıldı ve uzaklaştı.

Buck venne messo alle redini, indossando la sua consueta imbracatura.

Buck, alışık olduğu koşum takımını takarak dizginlerin başına geçti.

Aveva colto l'energia della folla e ne aveva percepito la tensione.

Kalabalığın enerjisini yakalamış, gerginliği hissetmişti.

In qualche modo sapeva che doveva fare qualcosa per John Thornton.

Bir şekilde John Thornton için bir şeyler yapması gerektiğini biliyordu.

La gente mormorava ammirata di fronte alla figura fiera del cane.

İnsanlar köpeğin gururlu duruşuna hayranlıkla bakıp mırıldanıyorlardı.

Era magro e forte, senza un solo grammo di carne in più.

Zayıf ve güçlüydü, vücudunda tek bir gram et yoktu.

Il suo peso di centocinquanta chili era sinonimo di potenza e resistenza.

Yüz elli kilo ağırlığındaki adamın ağırlığı, tamamen güç ve dayanıklılıktan ibaretti.

Il mantello di Buck brillava come la seta, denso di salute e forza.

Buck'ın tüyleri ipek gibi parlıyordu, sağlık ve güçle kalınlaşmıştı.

La pelliccia sul collo e sulle spalle sembrava sollevarsi e drizzarsi.

Boynundaki ve omuzlarındaki tüyler diken diken olmuş gibiydi.

La sua criniera si muoveva leggermente, ogni capello era animato dalla sua grande energia.

Yelesi hafifçe hareket ediyordu, her bir saç teli büyük enerjisiyle canlanıyordu.

Il suo petto ampio e le sue gambe forti si sposavano bene con la sua corporatura pesante e robusta.

Geniş göğsü ve güçlü bacakları, iri ve sert yapısına uygundu.

I muscoli si tesero sotto il cappotto, tesi e sodi come ferro legato.

Paltosunun altındaki kaslar gergin ve sıkı bir demir gibi dalgalanıyordu.

Gli uomini lo toccavano e giuravano che era fatto come una macchina d'acciaio.

Adamlar ona dokunuyor ve onun çelik bir makine gibi yapıldığına yemin ediyorlardı.

Le probabilità contro il grande cane sono scese leggermente a due a uno.

Büyük köpeğe karşı bahisler ikiye bire düştü.

Un uomo dei banchi di Skookum si fece avanti balbettando.

Skookum Benches'ten bir adam kekeleyerek öne doğru
ilerledi.

"Bene, signore! Offro ottocento per lui... prima della prova,
signore!"

"İyi, efendim! Ona sekiz yüz teklif ediyorum—sınavdan önce,
efendim!"

"Ottocento, così com'è adesso!" insistette l'uomo.

"Şu anki haliyle sekiz yüz!" diye ısrar etti adam.

Thornton fece un passo avanti, sorrise e scosse la testa con
calma.

Thornton öne çıktı, gülümsedi ve sakin bir şekilde başını
salladı.

Matthewson intervenne rapidamente con tono ammonitore e
aggrottando la fronte.

Matthewson hemen uyarıcı bir ses tonuyla ve kaşlarını çatarak
araya girdi.

"Devi allontanarti da lui", disse. "Dagli spazio."

"Ondan uzaklaşmalısın," dedi. "Ona alan ver."

La folla tacque; solo i giocatori continuavano a offrire due a
uno.

Kalabalık sessizleşti; sadece kumarbazlar hâlâ ikiye bir teklif
ediyordu.

Tutti ammiravano la corporatura di Buck, ma il carico
sembrava troppo pesante.

Herkes Buck'ın yapısına hayrandı ama yük çok fazlaydı.

Venti sacchi di farina, ciascuno del peso di cinquanta libbre,
sembravano decisamente troppi.

Her biri yirmişer kilo ağırlığında olan yirmi çuval un çok fazla
görünüyordu.

Nessuno era disposto ad aprire la borsa e a rischiare i propri
soldi.

Hiç kimse kesesini açıp parasını riske atmaya yanaşmıyordu.

Thornton si inginocchiò accanto a Buck e gli prese la testa
tra entrambe le mani.

Thornton, Buck'ın yanına diz çöktü ve başını iki elinin arasına
aldı.

Premette la guancia contro quella di Buck e gli parlò all'orecchio.

Yanağını Buck'ın yanağına bastırdı ve kulağına konuştu.

Non c'erano più né scossoni giocosi né insulti affettuosi sussurrati.

Artık ne şaka yollu tokalaşmalar, ne de fısıldanan sevgi dolu hakaretler vardı.

Mormorò solo dolcemente: "Quanto mi ami, Buck."

Sadece yumuşak bir sesle mırıldandı, "Beni sevdiğin kadar, Buck."

Buck emise un gemito sommesso, trattenendo a stento la sua impazienza.

Buck sessizce sızlandı, hevesi zar zor kontrol ediliyordu.

Gli astanti osservavano con curiosità la tensione che aleggiava nell'aria.

İzleyiciler, gerginliğin hakim olduğu olayı merakla izliyordu.

Quel momento sembrava quasi irreale, qualcosa che trascendeva la ragione.

O an neredeyse gerçek dışıydı, sanki akıl almaz bir şeydi.

Quando Thornton si alzò, Buck gli prese delicatamente la mano tra le fauci.

Thornton ayağa kalktığında Buck nazikçe elini çenesine aldı.

Premette con i denti, poi lasciò andare lentamente e delicatamente.

Dişleriyle bastırdı, sonra yavaşça ve nazikçe bıraktı.

Fu una risposta silenziosa d'amore, non detta, ma compresa.

Bu, söylenmeyen ama anlaşılan sessiz bir sevgi cevabıydı.

Thornton si allontanò di molto dal cane e diede il segnale.

Thornton köpekten epeyce uzaklaştı ve işareti verdi.

"Ora, Buck", disse, e Buck rispose con calma concentrata.

"Hadi Buck," dedi ve Buck sakin bir şekilde cevap verdi.

Buck tese le corde, poi le allentò di qualche centimetro.

Buck önce telleri sıkılaştırdı, sonra birkaç santim gevşetti.

Questo era il metodo che aveva imparato; il suo modo per rompere la slitta.

Bu onun öğrendiği yöntemdi; kızak kırmanın yoluydu.

"Caspita!" urlò Thornton, con voce acuta nel silenzio pesante.

"Vay canına!" diye bağırdı Thornton, sesi yoğun sessizlikte tizdi.

Buck si girò verso destra e si lanciò con tutto il suo peso.

Buck sağa döndü ve tüm ağırlığıyla hamle yaptı.

Il gioco svanì e tutta la massa di Buck colpì le timonerie strette.

Boşluk kayboldu ve Buck'ın tüm kütlesi sıkı raylara çarptı.

La slitta tremò e i pattini produssero un suono secco e scoppiettante.

Kızak titriyordu, kızaklardan çıtır çıtır sesler geliyordu.

"Haw!" ordinò Thornton, cambiando di nuovo direzione a Buck.

"Haw!" diye emretti Thornton, Buck'ın yönünü tekrar değiştirerek.

Buck ripeté la mossa, questa volta tirando bruscamente verso sinistra.

Buck hareketi tekrarladı, bu sefer sertçe sola doğru çekti.

La slitta scricchiolava più forte, i pattini schioccavano e si spostavano.

Kızak daha da yüksek sesle çatırdadı, kızaklar kırılıp kaydı.

Il pesante carico scivolò leggermente di lato sulla neve ghiacciata.

Ağır yük, donmuş karın üzerinde hafifçe yana doğru kaydı.

La slitta si era liberata dalla presa del sentiero ghiacciato!

Kızak buzlu patikanın pençesinden kurtulmuştu!

Gli uomini trattennero il respiro, inconsapevoli di non stare nemmeno respirando.

Adamlar nefeslerini tuttular, nefes almadıklarının farkında bile değillerdi.

"Ora, TIRA!" gridò Thornton nel silenzio glaciale.

"Şimdi ÇEK!" diye haykırdı Thornton, donmuş sessizliğin içinden.

Il comando di Thornton risuonò netto, come lo schiocco di una frusta.

Thornton'un emri kırbaç şaklaması gibi sert bir şekilde çınladı.

Buck si lanciò in avanti con un affondo violento e violento.
Buck sert ve sarsıcı bir hamleyle kendini öne doğru fırlattı.

Tutto il suo corpo si irrigidì e si contrasse sotto l'enorme sforzo.
Bütün vücudu, bu büyük gerginlik karşısında gerildi ve buruştu.

I muscoli si muovevano sotto la pelliccia come serpenti che prendevano vita.
Kasları, canlanan yılanlar gibi tüylerinin altında dalgalanıyordu.

Il suo grande petto era basso e la testa era protesa in avanti verso la slitta.
Geniş göğsü alçaktı, başı kızaklara doğru uzanıyordu.

Le sue zampe si muovevano come fulmini e gli artigli fendevano il terreno ghiacciato.
Patileri yıldırım gibi hareket ediyor, pençeleri donmuş toprağı kesiyordu.

I solchi erano profondi mentre lottava per ogni centimetro di trazione.
Her bir çekiş gücü için mücadele ederken, oluklar derinleşti.

La slitta ondeggiò, tremò e cominciò a muoversi lentamente e in modo inquieto.
Kızak sallandı, titredi ve yavaş, tedirgin bir hareket başladı.

Un piede scivolò e un uomo tra la folla gemette ad alta voce.
Bir ayağı kaydı ve kalabalığın içindeki bir adam yüksek sesle inledi.

Poi la slitta si lanciò in avanti con un movimento brusco e a scatti.
Sonra kızak sarsıntılı, sert bir hareketle öne doğru fırladı.

Non si fermò più: mezzo pollice...un pollice...cinque pollici in più.
Yine durmadı, yarım santim...bir santim...iki santim daha.

Gli scossoni si fecero più lievi man mano che la slitta cominciava ad acquistare velocità.
Kızak hızlandıkça sarsıntılar azaldı.

Presto Buck cominciò a tirare con una potenza fluida e uniforme.

Çok geçmeden Buck düzgün, eşit ve yuvarlanan bir güçle çekmeye başladı.

Gli uomini sussultarono e finalmente si ricordarono di respirare di nuovo.

Adamlar nefes nefese kaldılar ve sonunda tekrar nefes almayı hatırladılar.

Non si erano accorti che il loro respiro si era fermato per lo stupore.

Nefeslerinin hayretten kesildiğini fark etmemişlerdi.

Thornton gli corse dietro, gridando comandi brevi e allegri.

Thornton arkasından koşup kısa ve neşeli emirler yağdırıyordu.

Davanti a noi c'era una catasta di legna da ardere che segnava la distanza.

Önümüzde mesafeyi belirleyen bir odun yığını vardı.

Mentre Buck si avvicinava al mucchio, gli applausi diventavano sempre più forti.

Buck yığına yaklaştıkça tezahüratlar giderek arttı.

Gli applausi crebbero fino a diventare un boato quando Buck superò il traguardo.

Buck bitiş noktasını geçtiğinde tezahüratlar bir kükremeye dönüştü.

Gli uomini saltarono e gridarono, perfino Matthewson sorrise.

Adamlar zıplayıp bağırıyorlardı, hatta Matthewson bile sırıtmaya başlamıştı.

I cappelli volavano in aria e i guanti venivano lanciati senza pensarci o mirare.

Şapkalar havaya uçtu, eldivenler düşüncesizce ve amaçsızca fırlatıldı.

Gli uomini si afferrarono e si strinsero la mano senza sapere chi.

Adamlar, kiminle olduklarını bilmeden birbirlerinin elini sıktılar.

Tutta la folla era in delirio, in un tripudio di gioia e di entusiasmo.

Bütün kalabalık çılgınca, neşeli bir kutlamayla uğulduyordu.

Thornton cadde in ginocchio accanto a Buck con le mani tremanti.

Thornton titreyen elleriyle Buck'ın yanına diz çöktü.

Premette la testa contro quella di Buck e lo scosse delicatamente avanti e indietro.

Başını Buck'ın başına yasladı ve onu yavaşça ileri geri salladı.

Chi si avvicinava lo sentiva maledire il cane con amore silenzioso.

Yaklaşanlar onun köpeğe sessizce sevgiyle lanet okuduğunu duydular.

Imprecò a lungo contro Buck, con dolcezza, calore, emozione.

Uzun süre Buck'a küfür etti; yumuşakça, sıcak bir şekilde, duygu dolu bir şekilde.

"Bene, signore! Bene, signore!" esclamò di corsa il re della panchina di Skookum.

"İyi, efendim! İyi, efendim!" diye bağırdı Skookum Bench kralı aceleyle.

"Le darò mille, anzi milleduecento, per quel cane, signore!"

"O köpek için size bin dolar, hayır bin iki yüz dolar veririm, efendim!"

Thornton si alzò lentamente in piedi, con gli occhi brillanti di emozione.

Thornton yavaşça ayağa kalktı, gözleri duyguyla parlıyordu.

Le lacrime gli rigavano le guance senza alcuna vergogna.

Gözyaşları yanaklarından utanmadan akıyordu.

"Signore", disse al re della panchina di Skookum, con fermezza e fermezza

"Efendim," dedi Skookum Bench kralına, kararlı ve kararlı bir şekilde

"No, signore. Può andare all'inferno, signore. Questa è la mia risposta definitiva."

"Hayır efendim. Cehenneme gidebilirsiniz efendim. Bu benim son cevabım."

Buck afferrò delicatamente la mano di Thornton tra le sue forti mascelle.

Buck, Thornton'un elini güçlü çeneleriyle nazikçe kavradı.

Thornton lo scosse scherzosamente; il loro legame era più profondo che mai.

Thornton onu şakacı bir şekilde salladı, aralarındaki bağ her zamankinden daha derindi.

La folla, commossa dal momento, fece un passo indietro in silenzio.

O anın heyecanıyla kalabalık sessizce geri çekildi.

Da quel momento in poi nessuno osò più interrompere un affetto così sacro.

O günden sonra hiç kimse bu kutsal sevgiyi bozmaya cesaret edemedi.

Il suono della chiamata
Çağrının Sesi

Buck aveva guadagnato milleseicento dollari in cinque minuti.
Buck beş dakikada bin altı yüz dolar kazanmıştı.

Il denaro permise a John Thornton di saldare alcuni dei suoi debiti.
Bu para John Thornton'un borçlarının bir kısmını ödemesine olanak sağladı.

Con il resto del denaro si diresse verso est insieme ai suoi soci.
Geriye kalan parayla ortaklarıyla birlikte Doğu'ya doğru yola çıktı.

Cercarono una leggendaria miniera perduta, antica quanto il paese stesso.
Ülkenin kendisi kadar eski, efsanevi kayıp bir madeni arıyorlardı.

Molti uomini avevano cercato la miniera, ma pochi l'avevano trovata.
Madeni çok kişi aramıştı ama çok azı bulabilmişti.

Molti uomini erano scomparsi durante la pericolosa ricerca.
Tehlikeli görev sırasında birkaç adamdan fazlası kaybolmuştu.

Questa miniera perduta era avvolta nel mistero e nella vecchia tragedia.
Bu kayıp maden hem gizemle hem de eski bir trajediyle sarmalanmıştı.

Nessuno sapeva chi fosse stato il primo uomo a scoprire la miniera.
Madeni ilk bulan adamın kim olduğu bilinmiyordu.

Le storie più antiche non menzionano nessuno per nome.
En eski hikâyelerde hiç kimsenin ismi geçmez.

Lì c'era sempre stata una vecchia capanna fatiscente.
Orada her zaman eski, harap bir kulübe vardı.

I moribondi avevano giurato che vicino a quella vecchia capanna ci fosse una miniera.

Ölmekte olan adamlar o eski kulübenin yanında bir maden olduğuna yemin etmişlerdi.

Hanno dimostrato le loro storie con un oro che non ha eguali altrove.

Hikayelerini başka hiçbir yerde bulunamayacak altınlarla kanıtladılar.

Nessuna anima viva aveva mai saccheggiato il tesoro da quel luogo.

Hiçbir canlı o yerden hazineyi yağmalamamıştı.

I morti erano morti e i morti non raccontano storie.

Ölüler ölmüştü ve ölü adamlar hikaye anlatmaz.

Così Thornton e i suoi amici si diressero verso Est.

Böylece Thornton ve arkadaşları Doğu'ya doğru yola koyuldular.

Si unirono a noi Pete e Hans, portando con sé Buck e sei cani robusti.

Pete ve Hans da Buck ve altı güçlü köpeğiyle birlikte onlara katıldı.

Si avviarono lungo un sentiero sconosciuto dove altri avevano fallito.

Başkalarının başarısız olduğu bilinmeyen bir yola doğru yola koyuldular.

Percorsero in slitta settanta miglia lungo il fiume Yukon ghiacciato.

Donmuş Yukon Nehri üzerinde yetmiş mil kızak kaydılar.

Girarono a sinistra e seguirono il sentiero verso lo Stewart.

Sola dönüp patikayı takip ederek Stewart'a doğru ilerlediler.

Superarono il Mayo e il McQuestion e proseguirono oltre.

Mayo ve McQuestion'ı geçip daha da ileriye doğru ilerlediler.

Lo Stewart si restringeva fino a diventare un ruscello, infilandosi tra cime frastagliate.

Stewart Nehri, engebeli zirveleri aşarak bir dereye dönüştü.

Queste vette aguzze rappresentavano la spina dorsale del continente.

Bu sivri zirveler kıtanın omurgasını oluşturuyordu.

John Thornton pretendeva poco dagli uomini e dalla terra selvaggia.

John Thornton insanlardan veya vahşi topraklardan pek az şey talep ediyordu.

Non temeva nulla della natura e affrontava la natura selvaggia con disinvoltura.

Doğada hiçbir şeyden korkmuyordu ve vahşi doğayla rahatlıkla yüzleşiyordu.

Con solo del sale e un fucile poteva viaggiare dove voleva.

Sadece tuz ve bir tüfekle istediği yere seyahat edebilirdi.

Come gli indigeni, durante il viaggio cacciava per procurarsi il cibo.

Yerliler gibi o da yolculuğu sırasında yiyecek avlıyordu.

Se non prendeva nulla, continuava ad andare avanti, confidando nella fortuna che lo attendeva.

Hiçbir şey yakalayamazsa şansına güvenerek yoluna devam ederdi.

Durante questo lungo viaggio, la carne era l'alimento principale di cui si nutrivano.

Bu uzun yolculukta yedikleri başlıca şey et oldu.

La slitta trasportava attrezzi e munizioni, ma non c'era un orario preciso.

Kızakta alet ve mühimmat vardı ama kesin bir zaman çizelgesi yoktu.

Buck amava questo vagabondare, la caccia e la pesca senza fine.

Buck bu gezintileri, bitmek bilmeyen avlanmayı ve balık tutmayı çok seviyordu.

Per settimane viaggiarono senza sosta, giorno dopo giorno.

Haftalardır her gün düzenli olarak yolculuk ediyorlardı.

Altre volte si accampavano e restavano fermi per settimane.

Bazen kamp kurup haftalarca hareketsiz kalıyorlardı.

I cani riposarono mentre gli uomini scavavano nel terreno ghiacciato.

Adamlar donmuş toprağı kazarken köpekler dinleniyordu.

Scaldavano le padelle sul fuoco e cercavano l'oro nascosto.

Ateşte tavaları ısıtıp gizli altınları aradılar.

C'erano giorni in cui pativano la fame, altri in cui banchettavano.

Bazı günler aç kalıyorlardı, bazı günler ziyafet çekiyorlardı.

Il loro pasto dipendeva dalla selvaggina e dalla fortuna della caccia.

Yemekleri avın türüne ve av şansına göre değişiyordu.

Con l'arrivo dell'estate, uomini e cani caricavano carichi sulle spalle.

Yaz gelince adamlar ve köpekler yüklerini sırtlarına yüklerlerdi.

Fecero rafting sui laghi azzurri nascosti nelle foreste di montagna.

Dağ ormanlarının arasında saklı mavi göllerde rafting yaptılar.

Navigavano su imbarcazioni sottili su fiumi che nessun uomo aveva mai mappato.

Daha önce hiç kimsenin haritası çıkaramadığı nehirlerde incecik teknelerle yolculuk yapıyorlardı.

Quelle barche venivano costruite con gli alberi che avevano segato in natura.

Bu tekneler, doğada kesilen ağaçlardan yapılmıştı.

Passarono i mesi e loro viaggiarono attraverso terre selvagge e sconosciute.

Aylar geçti ve onlar bilinmez vahşi topraklarda dolaştılar.

Non c'erano uomini lì, ma vecchie tracce lasciavano intendere che alcuni di loro fossero presenti.

Orada hiç erkek yoktu, ama eski izler erkeklerin var olduğunu gösteriyordu.

Se la Capanna Perduta fosse esistita davvero, allora altre persone in passato erano passate da lì.

Kayıp Kulübe gerçek olsaydı, o zaman başkaları da bir zamanlar buradan geçmiş olurdu.

Attraversavano passi alti durante le bufere di neve, anche d'estate.

Yaz aylarında bile tipide yüksek geçitlerden geçiyorlardı.

Rabbrividivano sotto il sole di mezzanotte sui pendii brulli delle montagne.

Çıplak dağ yamaçlarında gece yarısı güneşinin altında titriyorlardı.

Tra il limite degli alberi e i campi di neve, salivano lentamente.

Ağaçların arasından ve karlı arazilerden geçerek yavaşça tırmandılar.

Nelle valli calde, scacciavano nuvole di moscerini e mosche.

Sıcak vadilerde sivrisinek ve sinek sürülerini kovaladılar.

Raccolsero bacche dolci vicino ai ghiacciai nel pieno della fioritura estiva.

Yazın tam çiçek açmış buzulların yakınında tatlı meyveler topladılar.

I fiori che trovarono erano belli quanto quelli del Southland.

Buldukları çiçekler Güney'deki çiçekler kadar güzeldi.

Quell'autunno giunsero in una regione solitaria piena di laghi silenziosi.

O sonbaharda sessiz göllerle dolu ıssız bir bölgeye ulaştılar.

La terra era triste e vuota, un tempo brulicava di uccelli e animali.

Bir zamanlar kuşlar ve hayvanlarla dolu olan topraklar hüzünlü ve boştu.

Ora non c'era più vita, solo il vento e il ghiaccio che si formava nelle pozze.

Artık hiçbir hayat yoktu, sadece rüzgar ve göletlerde oluşan buzlar vardı.

Le onde lambivano le rive deserte con un suono dolce e lugubre.

Dalgalar boş kıyılara yumuşak, hüzünlü bir sesle çarpıyordu.

Arrivò un altro inverno e loro seguirono di nuovo deboli e vecchi sentieri.

Bir kış daha geldi ve yine silik, eski patikaları takip ettiler.

Erano le tracce di uomini che avevano cercato molto prima di loro.

Bunlar kendilerinden çok önceleri arayan adamların izleriydi.

Una volta trovarono un sentiero che si inoltrava nel profondo della foresta oscura.

Bir gün karanlık ormanın derinliklerine doğru uzanan bir patika buldular.

Era un vecchio sentiero e sentivano che la baita perduta era vicina.

Eski bir patikaydı ve kayıp kulübenin yakında olduğunu düşünüyorlardı.

Ma il sentiero non portava da nessuna parte e si perdeva nel fitto del bosco.

Ama patika hiçbir yere çıkmıyordu ve sık ormanın içinde kayboluyordu.

Nessuno sapeva chi avesse tracciato il sentiero e perché lo avesse fatto.

Bu izi kim yaptı ve neden yaptı, kimse bilmiyordu.

Più tardi trovarono i resti di una capanna nascosta tra gli alberi.

Daha sonra ağaçların arasında saklı bir kulübenin enkazını buldular.

Coperte marce erano sparse dove un tempo qualcuno aveva dormito.

Bir zamanlar birinin uyuduğu yerde çürüyen battaniyeler dağılmıştı.

John Thornton trovò sepolto all'interno un fucile a pietra focaia a canna lunga.

John Thornton, tüfeğin içinde gömülü uzun namlulu bir çakmaklı tüfek buldu.

Sapeva fin dai primi tempi che si trattava di un cannone della Hudson Bay.

İlk ticaret günlerinden itibaren bunun bir Hudson Körfezi silahı olduğunu biliyordu.

A quei tempi, tali armi venivano barattate con pile di pelli di castoro.

O günlerde bu tür silahlar kunduz derileri ile takas ediliyordu.

Questo era tutto: non rimaneva alcuna traccia dell'uomo che aveva costruito la loggia.

Hepsi bu kadardı; kulübeyi inşa eden adamdan geriye hiçbir ipucu kalmamıştı.

Arrivò di nuovo la primavera e non trovarono traccia della Capanna Perduta.

Bahar yine geldi ve Kayıp Kulübe'den hiçbir iz bulamadılar.

Invece trovarono un'ampia valle con un ruscello poco profondo.

Bunun yerine sığ bir derenin aktığı geniş bir vadi buldular.

L'oro si stendeva sul fondo della pentola come burro giallo e liscio.

Altın, pürüzsüz, sarı tereyağı gibi tavaların tabanlarına yayılmıştı.

Si fermarono lì e non cercarono oltre la cabina.

Orada durdular ve kulübeyi daha fazla aramadılar.

Ogni giorno lavoravano e ne trovavano migliaia di pezzi in polvere d'oro.

Her gün çalışıyorlardı ve binlercesini altın tozu içinde buluyorlardı.

Confezionarono l'oro in sacchi di pelle di alce, da cinquanta libbre ciascuno.

Altınları, her biri elli kilo ağırlığında geyik derisinden yapılmış torbalara koydular.

I sacchi erano accatastati come legna da ardere fuori dal loro piccolo rifugio.

Çantalar küçük kulübelerinin dışında odun gibi istiflenmişti.

Lavoravano come giganti e i giorni trascorrevano veloci come sogni.

Devler gibi çalışıyorlardı, günler de hızlı bir rüya gibi geçiyordu.

Accumularono tesori mentre gli infiniti giorni trascorrevano rapidamente.

Sonsuz günler hızla akıp geçerken hazineleri biriktirdiler.

I cani avevano ben poco da fare, se non trasportare la carne di tanto in tanto.

Köpeklerin arada sırada et taşımaktan başka yapacak pek bir şeyleri yoktu.

Thornton cacciò e uccise la selvaggina, mentre Buck si sdraiò accanto al fuoco.

Thornton avlanıp avlanırken, Buck da ateşin başında yatıyordu.

Trascorse lunghe ore in silenzio, perso nei pensieri e nei ricordi.

Uzun saatler boyunca sessizlik içinde, düşüncelere ve anılara dalarak vakit geçirdi.

L'immagine dell'uomo peloso tornava sempre più spesso alla mente di Buck.

Buck'ın aklına daha çok tüylü adam görüntüsü geliyordu.

Ora che il lavoro scarseggiava, Buck sognava mentre sbatteva le palpebre verso il fuoco.

Artık iş sıkıntısı yaşandığından Buck, ateşe bakarak gözlerini kırpıştırırken hayal kuruyordu.

In quei sogni, Buck vagava con l'uomo in un altro mondo.

Buck o rüyalarda adamla birlikte başka bir dünyada dolaşıyordu.

La paura sembrava il sentimento più forte in quel mondo lontano.

Korku, o uzak dünyadaki en güçlü duygu gibi görünüyordu.

Buck vide l'uomo peloso dormire con la testa bassa.

Buck, tüylü adamın başını öne eğmiş bir şekilde uyuduğunu gördü.

Aveva le mani giunte e il suo sonno era agitato e interrotto.

Elleri kenetlenmişti, uykusu huzursuz ve bölünmüştü.

Si svegliava di soprassalto e fissava il buio con timore.

Birdenbire uyanır ve korkuyla karanlığa bakardı.

Poi aggiungeva altra legna al fuoco per mantenere viva la fiamma.

Sonra ateşin alevini canlı tutmak için ateşe biraz daha odun atardı.

A volte camminavano lungo una spiaggia in riva a un mare grigio e infinito.

Bazen gri, uçsuz bucaksız bir denizin kıyısındaki kumsalda yürüyorlardı.

L'uomo peloso raccolse i frutti di mare e li mangiò mentre camminava.

Tüylü adam yürürken kabuklu deniz ürünleri topluyor ve yiyordu.

I suoi occhi cercavano sempre pericoli nascosti nell'ombra.

Gözleri daima gölgelerde saklı tehlikeleri arardı.

Le sue gambe erano sempre pronte a scattare al primo segno di minaccia.

Tehlikenin ilk belirtisinde bacakları her zaman koşmaya hazırdı.

Avanzavano furtivamente nella foresta, silenziosi e cauti, uno accanto all'altro.

Ormanın içinde sessizce ve temkinle yan yana ilerliyorlardı.

Buck lo seguì alle calcagna, ed entrambi rimasero all'erta.

Buck da onun peşinden gidiyordu ve ikisi de tetikteydi.

Le loro orecchie si muovevano e si contraevano, i loro nasi fiutavano l'aria.

Kulakları seğiriyor ve hareket ediyor, burunları havayı kokluyordu.

L'uomo riusciva a sentire e ad annusare la foresta in modo altrettanto acuto quanto Buck.

Adam da Buck kadar keskin bir şekilde ormanı duyabiliyor ve koklayabiliyordu.

L'uomo peloso si lanciò tra gli alberi a velocità improvvisa.

Tüylü adam ağaçların arasından ani bir hızla ilerledi.

Saltava da un ramo all'altro senza mai perdere la presa.

Daldan dala atlıyor, hiçbir zaman tutunmayı bırakmıyordu.

Si muoveva con la stessa rapidità con cui si muoveva sopra e sopra il terreno.

Yer üstünde olduğu kadar yukarıda da aynı hızla hareket ediyordu.

Buck ricordava le lunghe notti passate sotto gli alberi a fare la guardia.

Buck, ağaçların altında nöbet tutarak geçirdiği uzun geceleri hatırladı.

L'uomo dormiva appollaiato sui rami, aggrappandosi forte.

Adam dalların arasında tüneyip sıkı sıkıya tutunarak uyuyordu.

Questa visione dell'uomo peloso era strettamente legata al richiamo profondo.

Bu tüylü adam vizyonu derin çağrıyla yakından bağlantılıydı.

Il richiamo risuonava ancora nella foresta con una forza inquietante.

Çağrı, ormanın içinden ürkütücü bir güçle hâlâ duyuluyordu.

La chiamata riempì Buck di desiderio e di un inquieto senso di gioia.

Bu çağrı Buck'ı özlemle ve huzursuz bir sevinçle doldurdu.

Sentì strani impulsi e stimoli a cui non riusciva a dare un nome.

Adını koyamadığı garip dürtüler ve kıpırdanmalar hissediyordu.

A volte seguiva la chiamata inoltrandosi nel silenzio dei boschi.

Bazen çağrıyı ormanın derinliklerine kadar takip ediyordu.

Cercava il richiamo, abbaiando piano o bruscamente mentre camminava.

Çağrıyı aradı, giderken yumuşak ya da sert bir şekilde havladı.

Annusò il muschio e il terreno nero dove cresceva l'erba.

Otların yetiştiği yerdeki yosunları ve kara toprağı kokladı.

Sbuffò di piacere sentendo i ricchi odori della terra profonda.

Derin toprağın zengin kokularını duyunca zevkten burnundan soluyordu.

Rimase accovacciato per ore dietro i tronchi ricoperti di funghi.

Mantarla kaplı ağaç gövdelerinin arkasında saatlerce çömeldi.

Rimase immobile, ascoltando con gli occhi sgranati ogni minimo rumore.

O, kıpırdamadan durdu ve kocaman gözlerle her küçük sesi dinledi.

Forse sperava di sorprendere la cosa che aveva emesso la chiamata.

Çağrıyı yapanı şaşırtmayı ummuş olabilir.

Non sapeva perché si comportava in quel modo: lo faceva e basta.

Neden böyle davrandığını bilmiyordu, sadece yapıyordu.

Questi impulsi provenivano dal profondo, al di là del pensiero o della ragione.

Bu dürtüler düşüncenin ve mantığın ötesinde, içimizden geliyordu.

Buck fu colto da impulsi irresistibili, senza preavviso o motivo.

Buck'ın içinde hiçbir uyarı veya sebep olmaksızın karşı konulmaz dürtüler belirdi.

A volte sonnecchiava pigramente nell'accampamento, sotto il caldo di mezzogiorno.

Bazen öğle sıcağında kampta tembel tembel uyukluyordu.

All'improvviso sollevò la testa e le sue orecchie si drizzarono in allerta.

Birdenbire başı kalktı ve kulakları irkildi.

Poi balzò in piedi e si lanciò nella natura selvaggia senza fermarsi.

Sonra ayağa fırladı ve hiç duraksamadan vahşi doğaya doğru koştu.

Corse per ore attraverso sentieri forestali e spazi aperti.

Saatlerce orman yollarında ve açık alanlarda koştu.

Amava seguire i letti asciutti dei torrenti e spiare gli uccelli sugli alberi.

Kuru dere yataklarını takip etmeyi ve ağaçlardaki kuşları gözetlemeyi severdi.

Poteva restare nascosto tutto il giorno, osservando le pernici che si pavoneggiavano in giro.

Bütün gün saklanıp kekliklerin etrafta dolaşmasını izleyebilirdi.

Suonavano i tamburi e marciavano, ignari della presenza immobile di Buck.

Buck'ın hâlâ orada olduğunun farkında olmadan davul çalıp yürüyüşe geçtiler.

Ma ciò che amava di più era correre al crepuscolo estivo.

Ama en çok sevdiği şey yaz aylarında alacakaranlıkta koşmaktı.

La luce fioca e i suoni assonnati della foresta lo riempivano di gioia.

Loş ışık ve uykulu orman sesleri onu neşeyle doldurdu.

Leggeva i cartelli della foresta con la stessa chiarezza con cui un uomo legge un libro.

Orman işaretlerini bir adamın kitap okuması gibi net bir şekilde okudu.

E cercava sempre la strana cosa che lo chiamava.

Ve o, kendisini çağıran o garip şeyi her zaman aradı.

Quella chiamata non si è mai fermata: lo raggiungeva sia da sveglio che nel sonno.

Bu çağrı hiç durmadı; uyanıkken de uyurken de ona ulaştı.

Una notte si svegliò di soprassalto, con gli occhi acuti e le orecchie tese.

Bir gece, gözleri keskin, kulakları dik bir şekilde uyandı.

Le sue narici si contrassero mentre la sua criniera si rizzava in onde.

Yelesi dalgalar halinde dikilirken burun delikleri seğiriyordu.

Dal profondo della foresta giunse di nuovo quel suono, il vecchio richiamo.

Ormanın derinliklerinden o ses tekrar duyuldu, o eski çağrı.

Questa volta il suono risuonò chiaro, un ululato lungo, inquietante e familiare.

Bu kez ses net bir şekilde çınladı; uzun, ürkütücü, tanıdık bir uluma.

Era come il verso di un husky, ma dal tono strano e selvaggio.

Bir Sibirya kurdunun çığlığına benziyordu ama tuhaf ve vahşi bir tondaydı.

Buck riconobbe subito quel suono: lo aveva già sentito molto tempo prima.

Buck sesi hemen tanıdı; aynı sesi çok uzun zaman önce duymuştu.

Attraversò con un balzo l'accampamento e scomparve rapidamente nel bosco.

Kampın arasından atlayıp hızla ormanın derinliklerine doğru kayboldu.

Avvicinandosi al suono, rallentò e si mosse con cautela.

Sese yaklaştıkça yavaşladı ve dikkatli hareket etti.

Presto raggiunse una radura tra fitti pini.

Kısa süre sonra sık çam ağaçlarının arasında bir açıklığa ulaştı.

Lì, ritto sulle zampe posteriori, sedeva un lupo grigio alto e magro.

Orada, dimdik ayakta duran, uzun boylu, zayıf bir orman kurdu oturuyordu.

Il naso del lupo puntava verso il cielo, continuando a riecheggiare il richiamo.

Kurtun burnu göğe doğru bakıyordu, hâlâ çağrıyı yankılıyordu.

Buck non aveva emesso alcun suono, eppure il lupo si fermò e ascoltò.

Buck hiç ses çıkarmamıştı, ama kurt durup dinledi.

Percependo qualcosa, il lupo si irrigidì e scrutò l'oscurità.

Bir şey hisseden kurt gerildi, karanlığı taradı.

Buck si fece avanti furtivamente, con il corpo basso e i piedi ben appoggiati al terreno.

Buck, vücudu aşağıda, ayakları yere basar şekilde görüş alanına girdi.

La sua coda era dritta e il suo corpo era teso e teso.

Kuyruğu dimdikti, vücudu gerginlikten sıkı sıkıya sarılmıştı.

Manifestava sia un atteggiamento minaccioso che una sorta di rude amicizia.

Hem tehdit hem de bir tür sert dostluk gösteriyordu.

Era il saluto cauto tipico delle bestie selvatiche.

Bu, vahşi hayvanların paylaştığı temkinli bir selamlamaydı.

Ma il lupo si voltò e fuggì non appena vide Buck.

Ama kurt Buck'ı görünce hemen dönüp kaçtı.

Buck si lanciò all'inseguimento, saltando selvaggiamente, desideroso di raggiungerlo.

Buck, onu yakalamak için çılgınca sıçrayarak peşinden gitti.

Seguì il lupo in un ruscello secco bloccato da un ingorgo di tronchi.

Kurdu, bir odun yığınının tıkadığı kuru bir dereye kadar takip etti.

Messo alle strette, il lupo si voltò e rimase fermo.

Köşeye sıkışan kurt, dönüp dikildi.

Il lupo ringhiò e schioccò i denti come un husky intrappolato in una rissa.

Kurt, kavgada sıkışmış bir Sibirya kurdu gibi hırlayıp saldırıyordu.

I denti del lupo schioccarono rapidamente e il suo corpo si irrigidì per la furia selvaggia.

Kurt dişlerini hızla tıkırdattı, vücudu vahşi bir öfkeyle diken diken oldu.

Buck non attaccò, ma girò intorno al lupo con attenta cordialità.

Buck saldırmadı ama kurdun etrafını dikkatli ve dostça bir şekilde çevreledi.

Cercò di bloccargli la fuga con movimenti lenti e innocui.

Yavaş ve zararsız hareketlerle kaçışını engellemeye çalıştı.

Il lupo era cauto e spaventato: Buck lo superava di peso tre volte.

Kurt tedirgin ve korkmuştu; Buck ondan üç kat daha ağırdı.

La testa del lupo arrivava a malapena all'altezza della spalla massiccia di Buck.

Kurtun başı Buck'ın devasa omzuna ancak ulaşıyordu.

Il lupo, attento a individuare un varco, si lanciò e l'inseguimento ricominciò.

Bir boşluk arayan kurt hızla kaçtı ve kovalamaca yeniden başladı.

Buck lo mise alle strette più volte e la danza si ripeté.

Buck onu birkaç kez köşeye sıkıştırdı ve dans tekrarlandı.

Il lupo era magro e debole, altrimenti Buck non avrebbe potuto catturarlo.

Kurt zayıf ve güçsüzdü, yoksa Buck onu yakalayamazdı.

Ogni volta che Buck si avvicinava, il lupo si girava di scatto e lo affrontava spaventato.

Buck her yaklaştığında kurt korkuyla dönüp ona doğru dönüyordu.

Poi, alla prima occasione, si precipitò di nuovo nel bosco.

Sonra ilk fırsatta tekrar ormanın derinliklerine doğru koştu.

Ma Buck non si arrese e alla fine il lupo imparò a fidarsi di lui.

Ama Buck pes etmedi ve sonunda kurt ona güvenmeye başladı.

Annusò il naso di Buck e i due diventarono giocosi e attenti.

Buck'ın burnunu kokladı ve ikisi de şakacı ve tetikte bir tavır takındılar.

Giocavano come animali selvaggi, feroci ma timidi nella loro gioia.

Vahşi hayvanlar gibi oynuyorlardı, sevinçleri vahşi ama bir o kadar da utangaçtı.

Dopo un po' il lupo trotterellò via con calma e decisione.

Bir süre sonra kurt sakin ve kararlı bir şekilde uzaklaştı.

Dimostrò chiaramente a Buck che intendeva essere seguito.

Buck'a takip edilmek istediğini açıkça gösterdi.

Correvano fianco a fianco nel buio della sera.

Alacakaranlığın karanlığında yan yana koşuyorlardı.

Seguirono il letto del torrente fino alla gola rocciosa.

Dere yatağını takip ederek kayalık geçide doğru ilerlediler.

Attraversarono un freddo spartiacque nel punto in cui aveva avuto origine il fiume.

Derenin başladığı yerde soğuk bir su yolunu geçtiler.

Sul pendio più lontano trovarono un'ampia foresta e molti corsi d'acqua.

Uzak yamaçta geniş bir orman ve birçok dere buldular.

Corsero per ore senza fermarsi attraverso quella terra immensa.

Bu uçsuz bucaksız topraklarda saatlerce durmadan koştular.

Il sole saliva sempre più alto, l'aria si faceva calda, ma loro continuavano a correre.

Güneş yükseliyor, hava ısınıyordu ama onlar koşmaya devam ettiler.

Buck era pieno di gioia: sapeva di aver risposto alla sua chiamata.

Buck sevinçle dolmuştu; çağrısına cevap verdiğini biliyordu.

Corse accanto al fratello della foresta, più vicino alla fonte della chiamata.

Ormandaki kardeşinin yanına, çağrının kaynağına doğru koştu.

I vecchi sentimenti ritornano, potenti e difficili da ignorare.

Eski duygular geri döndü, güçlü ve görmezden gelinmesi zor.

Queste erano le verità nascoste nei ricordi dei suoi sogni.

Rüyalarındaki anıların ardındaki gerçekler bunlardı.

Tutto questo lo aveva già fatto in un mondo lontano e oscuro.

Bütün bunları daha önce uzak ve karanlık bir dünyada yapmıştı.

Questa volta lo fece di nuovo, scatenandosi con il cielo aperto sopra di lui.

Şimdi yine aynısını yaptı, üstündeki açık gökyüzünde çılgınca koşuyordu.

Si fermarono presso un ruscello per bere l'acqua fredda che scorreva.

Soğuk akan sudan içmek için bir derenin başında durdular.

Mentre beveva, Buck si ricordò improvvisamente di John Thornton.

Buck içerken birden John Thornton'ı hatırladı.

Si sedette in silenzio, lacerato dal sentimento di lealtà e dalla chiamata.

Sadakatin ve çağrının çekimiyle parçalanarak sessizce oturdu.

Il lupo continuò a trottare, ma tornò indietro per incitare Buck ad andare avanti.

Kurt koşmaya devam etti, ama Buck'ı ileri doğru itmek için geri döndü.

Gli annusò il naso e cercò di convincerlo con gesti gentili.

Burnunu çekti ve yumuşak hareketlerle onu kandırmaya çalıştı.

Ma Buck si voltò e riprese a tornare indietro per la strada da cui era venuto.

Ama Buck arkasını dönüp geldiği yoldan geri yürümeye başladı.

Il lupo gli corse accanto per molto tempo, guaindo piano.

Kurt uzun süre onun yanında koştu, sessizce inledi.

Poi si sedette, alzò il naso ed emise un lungo ululato.

Sonra oturdu, burnunu kaldırdı ve uzun bir uluma sesi çıkardı.

Era un grido lugubre, che si addolcì mentre Buck si allontanava.

Buck uzaklaştıkça yumuşayan hüzünlü bir çığlıktı.

Buck ascoltò mentre il suono del grido svaniva lentamente nel silenzio della foresta.

Buck, çığlığın sesinin ormanın sessizliğinde yavaş yavaş kaybolmasını dinledi.

John Thornton stava cenando quando Buck irruppe nell'accampamento.

Buck kampa daldığında John Thornton akşam yemeğini yiyordu.

Buck gli saltò addosso selvaggiamente, leccandolo, mordendolo e facendolo rotolare.

Buck vahşice üzerine atıldı, onu yaladı, ısırdı ve devirdi.

Lo fece cadere, gli saltò sopra e gli baciò il viso.

Onu devirdi, üstüne çıktı ve yüzünü öptü.

Thornton lo definì con affetto "fare il buffone".

Thornton buna sevgiyle "genel aptalı oynamak" adını verdi.

Nel frattempo, imprecava dolcemente contro Buck e lo scuoteva avanti e indietro.

Bu arada Buck'a hafifçe küfürler yağdırıyor ve onu ileri geri sallıyordu.

Per due interi giorni e due notti, Buck non lasciò l'accampamento nemmeno una volta.

İki gün ve iki gece boyunca Buck bir kez bile kamptan ayrılmadı.

Si teneva vicino a Thornton e non lo perdeva mai di vista.

Thornton'un yanından ayrılmıyor ve onu hiç gözden ayırmıyordu.

Lo seguiva mentre lavorava e lo osservava mentre mangiava.

Çalışırken onu takip ediyor, yemek yerken onu izliyordu.

Di notte vedeva Thornton avvolto nelle sue coperte e ogni mattina lo vedeva uscire.

Thornton'un geceleri battaniyesine sarındığını ve her sabah dışarı çıktığını görüyordu.

Ma presto il richiamo della foresta ritornò, più forte che mai.

Ama çok geçmeden ormanın çağrısı her zamankinden daha yüksek bir sesle geri döndü.

Buck si sentì di nuovo irrequieto, agitato dal pensiero del lupo selvatico.

Buck, vahşi kurt düşüncesiyle yeniden huzursuzlanmaya başladı.

Ricordava la terra aperta e le corse fianco a fianco.

Açık araziyi ve yan yana koşmayı hatırladı.

Ricominciò a vagare nella foresta, solo e vigile.

Bir kez daha ormanın içinde yalnız ve uyanık bir şekilde dolaşmaya başladı.

Ma il fratello selvaggio non tornò e l'ululato non fu udito.

Ama vahşi kardeş geri dönmedi ve uluma sesi duyulmadı.

Buck cominciò a dormire all'aperto, restando lontano anche per giorni interi.

Buck dışarıda uyumaya başladı, günlerce uzak kalıyordu.

Una volta attraversò l'alto spartiacque dove aveva origine il torrente.

Bir ara derenin başladığı yüksek su yolunu geçti.

Entrò nella terra degli alberi scuri e dei grandi corsi d'acqua.

Koyu ormanların ve geniş akan derelerin ülkesine girdi.

Vagò per una settimana alla ricerca di tracce del fratello selvaggio.

Bir hafta boyunca vahşi kardeşin izlerini aramak için dolaştı.

Uccideva la propria carne e viaggiava a passi lunghi e instancabili.

Kendi etini kesiyor ve uzun, yorulmak bilmez adımlarla ilerliyordu.

Pescò salmoni in un ampio fiume che arrivava fino al mare.

Denize ulaşan geniş bir nehirde somon balığı avlıyordu.

Lì lottò e uccise un orso nero reso pazzo dagli insetti.

Burada böceklerden deliye dönmüş bir kara ayıyla dövüşüp onu öldürdü.

L'orso stava pescando e corse alla cieca tra gli alberi.

Ayı balık tutuyordu ve ağaçların arasında kör bir şekilde koşuyordu.

La battaglia fu feroce e risvegliò il profondo spirito combattivo di Buck.

Savaş çok şiddetliydi ve Buck'ın derin mücadele ruhunu uyandırdı.

Due giorni dopo, Buck tornò e trovò dei ghiottoni nei pressi della sua preda.

İki gün sonra Buck, avının başında kurtlarla karşılaştı.

Una dozzina di loro litigarono furiosamente e rumorosamente per la carne.

On iki kişi et yüzünden gürültülü bir şekilde kavga ettiler.

Buck caricò e li disperse come foglie al vento.

Buck hücum etti ve onları rüzgardaki yapraklar gibi dağıttı.

Due lupi rimasero indietro: silenziosi, senza vita e immobili per sempre.

Geride iki kurt kalmıştı; sessiz, cansız ve sonsuza dek hareketsiz.

La sete di sangue divenne più forte che mai.

Kana susamışlık her zamankinden daha da artmıştı.

Buck era un cacciatore, un assassino, che si nutriva di creature viventi.

Buck bir avcıydı, bir katildi, canlı yaratıklarla besleniyordu.

Sopravvisse da solo, affidandosi alla sua forza e ai suoi sensi acuti.

Tek başına, gücüne ve keskin duyularına güvenerek hayatta kalmayı başardı.

Prosperava nella natura selvaggia, dove solo i più forti potevano sopravvivere.

Sadece en dayanıklıların yaşayabildiği vahşi doğada gelişti.

Da ciò nacque un grande orgoglio che riempì tutto l'essere di Buck.

Bundan büyük bir gurur yükseldi ve Buck'ın bütün benliğini doldurdu.

Il suo orgoglio traspariva da ogni passo, dal fremito di ogni muscolo.

Gururu her adımında, her kasının kıpırtısında belli oluyordu.

Il suo orgoglio era evidente, come si vedeva dal suo comportamento.

Kendini nasıl taşıdığından gururu açıkça anlaşılıyordu.

Persino il suo spesso mantello appariva più maestoso e splendeva di più.

Kalın tüyleri bile daha görkemli görünüyordu, daha parlak parlıyordu.

Buck avrebbe potuto essere scambiato per un lupo grigio gigante.

Buck, dev bir orman kurduyla karıştırılabilirdi.

A parte il marrone sul muso e le macchie sopra gli occhi.

Ağzındaki kahverengi ve gözlerinin üstündeki lekeler hariç.

E la striscia bianca di pelo che gli correva lungo il centro del petto.

Ve göğsünün ortasından aşağı doğru uzanan beyaz tüyler.

Era addirittura più grande del più grande lupo di quella feroce razza.

O vahşi türün en iri kurdundan bile daha büyüktü.

Suo padre, un San Bernardo, gli ha trasmesso la stazza e la corporatura robusta.

Babasının St. Bernard olması ona iri ve ağır bir yapı kazandırmıştı.

Sua madre, una pastorella, plasmò quella mole conferendole la forma di un lupo.

Annesi çobandı ve bu kütleyi kurt şekline soktu.

Aveva il muso lungo di un lupo, anche se più pesante e largo.

Kurt ağzına benzeyen uzun bir burnu vardı, ama daha ağır ve genişti.

La sua testa era quella di un lupo, ma di dimensioni enormi e maestose.

Başı bir kurdunkine benziyordu ama devasa, görkemli bir yapıya sahipti.

L'astuzia di Buck era l'astuzia del lupo e della natura selvaggia.

Buck'ın kurnazlığı kurt ve vahşinin kurnazlığıydı.

La sua intelligenza gli venne sia dal Pastore Tedesco che dal San Bernardo.

Zekasını hem Alman Kurdu'ndan hem de St. Bernard'dan alıyordu.

Tutto ciò, unito alla dura esperienza, lo rese una creatura temibile.

Bütün bunlar, üstüne bir de yaşadığı zorlu deneyimler eklenince, korkutucu bir yaratık haline geldi.

Era formidabile quanto qualsiasi animale che vagasse nelle terre selvagge del nord.

Kuzey vahşi doğasında dolaşan herhangi bir hayvan kadar korkutucuydu.

Nutrendosi solo di carne, Buck raggiunse l'apice della sua forza.

Sadece etle beslenen Buck, gücünün zirvesine ulaştı.

Trasudava potenza e forza maschile in ogni fibra del suo corpo.

Her zerresinden güç ve erkeklik kuvveti fışkırıyordu.

Quando Thornton gli accarezzò la schiena, i peli brillarono di energia.

Thornton sırtını okşadığında tüyleri enerjiyle diken diken oldu.

Ogni capello scricchiolava, carico del tocco di un magnetismo vivente.

Her bir saç teli, canlı bir manyetizmanın dokunuşuyla çıtırdadı.

Il suo corpo e il suo cervello erano sintonizzati sulla tonalità più fine possibile.

Vücudu ve beyni olabilecek en iyi sese ayarlanmıştı.

Ogni nervo, ogni fibra e ogni muscolo lavoravano in perfetta armonia.

Her sinir, her lif, her kas mükemmel bir uyum içinde çalışıyordu.

A qualsiasi suono o visione che richiedesse un intervento, rispondeva immediatamente.

Herhangi bir sese veya görüntüye anında tepki veriyordu.

Se un husky saltava per attaccare, Buck poteva saltare due volte più velocemente.

Eğer bir Sibirya kurdu saldırmak için sıçrayacak olsaydı, Buck iki kat daha hızlı sıçrayabilirdi.

Reagì più rapidamente di quanto gli altri potessero vedere o sentire.

Başkalarının görüp duyabileceğinden çok daha hızlı tepki veriyordu.

Percezione, decisione e azione avvennero tutte in un unico, fluido istante.

Algı, karar ve eylem hepsi aynı akışkan anda gerçekleşti.

In realtà si tratta di atti separati, ma troppo rapidi per essere notati.

Gerçekte bu eylemler ayrı ayrıydı ama fark edilemeyecek kadar hızlıydı.

Gli intervalli tra questi atti erano così brevi che sembravano uno solo.

Bu eylemler arasındaki boşluklar o kadar kısaydı ki, sanki tek bir eylemmiş gibi görünüyorlardı.

I suoi muscoli e il suo essere erano come molle strettamente avvolte.

Kasları ve vücudu sıkıca sarılmış yaylar gibiydi.

Il suo corpo traboccava di vita, selvaggia e gioiosa nella sua potenza.

Vücudu hayatla dolup taşıyordu, gücü vahşi ve neşeliydi.

A volte aveva la sensazione che la forza stesse per esplodere completamente dentro di lui.

Bazen içindeki gücün tamamen patlayıp dışarı çıkacağını hissediyordu.

"Non c'è mai stato un cane simile", disse Thornton un giorno tranquillo.

"Böyle bir köpek daha önce hiç görülmemişti," dedi Thornton sessiz bir günde.

I soci osservarono Buck uscire fiero dall'accampamento.

Ortaklar, Buck'ın kamp alanından gururla çıkışını izliyorlardı.

"Quando è stato creato, ha cambiato il modo in cui un cane può essere", ha detto Pete.

Pete, "O yaratıldığında, bir köpeğin ne olabileceğini değiştirdi" dedi.

"Per Dio! Lo penso anch'io", concordò subito Hans.

"Aman Tanrım! Ben de öyle düşünüyorum," diye hemen kabul etti Hans.

Lo videro allontanarsi, ma non il cambiamento che avvenne dopo.

Onun yürüyüşünü gördüler, ama sonrasında gelen değişimi görmediler.

Non appena entrò nel bosco, Buck si trasformò completamente.

Buck ormana girdiği anda tamamen değişti.

Non marciava più, ma si muoveva come uno spettro selvaggio tra gli alberi.

Artık yürümüyor, ağaçların arasında vahşi bir hayalet gibi dolaşıyordu.

Divenne silenzioso, come un gatto, un bagliore che attraversava le ombre.

Sessizleşti, kedi ayaklı, gölgelerin arasından geçen bir titreklik oldu.

Usava la copertura con abilità, strisciando sulla pancia come un serpente.

Yılan gibi karnının üzerinde sürünerek ustalıkla siper aldı.

E come un serpente, sapeva balzare in avanti e colpire in silenzio.

Ve bir yılan gibi öne atılıp sessizce saldırabiliyordu.

Potrebbe rubare una pernice bianca direttamente dal suo nido nascosto.

Bir kekliği gizli yuvasından çalabilirdi.

Uccideva i conigli addormentati senza emettere alcun suono.

Uyuyan tavşanları tek bir ses çıkarmadan öldürüyordu.

Riusciva a catturare gli scoiattoli a mezz'aria anche se fuggivano troppo lentamente.

Sincaplar çok yavaş kaçtıklarından onları havada yakalayabiliyordu.

Nemmeno i pesci nelle pozze riuscivano a sfuggire ai suoi attacchi improvvisi.

Havuzlardaki balıklar bile onun ani saldırılarından kurtulamıyordu.

Nemmeno i furbi castori impegnati a riparare le dighe erano al sicuro da lui.

Barajları onaran akıllı kunduzlar bile ondan güvende değildi.

Uccideva per nutrirsi, non per divertirsi, ma preferiva uccidere le proprie vittime.

Eğlence için değil, yemek için öldürüyordu; ama kendi öldürdüklerini daha çok seviyordu.

Eppure, un umorismo subdolo permeava alcune delle sue cacce silenziose.

Yine de, sessiz avlarının bazılarında sinsi bir mizah duygusu hakimdi.

Si avvicinò furtivamente agli scoiattoli, solo per lasciarli scappare.

Sincaplara doğru gizlice yaklaştı, ancak kaçmalarına izin verdi.

Stavano per fuggire tra gli alberi, chiacchierando con rabbia e paura.

Ağaçlara doğru kaçacaklardı, korkuyla öfkeyle gevezelik ediyorlardı.

Con l'arrivo dell'autunno, le alci cominciarono ad apparire in numero maggiore.

Sonbaharın gelmesiyle birlikte geyikler daha fazla sayıda görünmeye başladı.

Si spostarono lentamente verso le basse valli per affrontare l'inverno.

Kışla buluşmak için yavaş yavaş alçak vadilere doğru ilerlediler.

Buck aveva già abbattuto un giovane vitello randagio.

Buck daha önce genç ve başıboş bir buzağıyı düşürmüştü.

Ma lui desiderava ardentemente affrontare prede più grandi e pericolose.

Ama daha büyük, daha tehlikeli bir avla karşılaşmayı özlüyordu.

Un giorno, sul crinale, alla sorgente del torrente, trovò la sua occasione.

Bir gün, su ayrımında, derenin başında fırsatı buldu.

Una mandria di venti alci era giunta da terre boscose.

Ormanlık alandan yirmi geyikten oluşan bir sürü gelmişti.

Tra loro c'era un possente toro, il capo del gruppo.

Bunların arasında grubun lideri olan güçlü bir boğa da vardı.

Il toro era alto più di due metri e mezzo e appariva feroce e selvaggio.

Boğanın boyu 1,80 metreden uzundu, vahşi ve vahşi görünüyordu.

Lanciò le sue grandi corna, le cui quattordici punte si diramavano verso l'esterno.

Geniş boynuzlarını savurdu, on dört ucu dışarı doğru dallanıyordu.

Le punte di quelle corna si estendevano per due metri.

Boynuzların uçları yedi metreye kadar uzanıyordu.

I suoi piccoli occhi ardevano di rabbia quando vide Buck lì vicino.

Yakınlarda Buck'ı görünce küçük gözleri öfkeyle yandı.

Emise un ruggito furioso, tremando di rabbia e dolore.

Öfke ve acıdan titreyerek şiddetli bir kükreme çıkardı.

Vicino al suo fianco spuntava la punta di una freccia, appuntita e piumata.

Yan tarafında tüylü ve sivri bir ok ucu vardı.

Questa ferita contribuì a spiegare il suo umore selvaggio e amareggiato.

Bu yara onun vahşi, acı ruh halini açıklamaya yardımcı oluyordu.

Buck, guidato dall'antico istinto di caccia, fece la sua mossa.

Buck, kadim avlanma içgüdüsünün yönlendirmesiyle harekete geçti.

Il suo obiettivo era separare il toro dal resto della mandria.

Boğayı sürüden ayırmayı amaçlıyordu.

Non era un compito facile: richiedeva velocità e una grande astuzia.

Bu kolay bir iş değildi; hız ve acımasız bir kurnazlık gerektiriyordu.

Abbaiava e danzava vicino al toro, appena fuori dalla sua portata.

Boğanın yakınında, ulaşamayacağı bir mesafede havladı ve dans etti.

L'alce si lanciò con enormi zoccoli e corna mortali.

Geyik, kocaman toynakları ve ölümcül boynuzlarıyla saldırıya geçti.

Un colpo avrebbe potuto porre fine alla vita di Buck in un batter d'occhio.

Tek bir darbe Buck'ın hayatına anında son verebilirdi.

Incapace di abbandonare la minaccia, il toro si infuriò.

Tehlikeyi geride bırakamayan boğa çılgına döndü.

Lui caricava con furia, ma Buck riusciva sempre a sfuggirgli.

Öfkeyle hücum etti, ama Buck her seferinde kaçıp gitti.

Buck finse di essere debole, allontanandosi ulteriormente dalla mandria.

Buck, onu sürüden daha da uzaklaştırmak için zayıflık numarası yaptı.

Ma i giovani tori sarebbero tornati alla carica per proteggere il capo.

Ancak genç boğalar lideri korumak için geri adım atacaklardı.

Costrinsero Buck a ritirarsi e il toro a ricongiungersi al gruppo.

Buck'ı geri çekilmeye ve boğayı da gruba katılmaya zorladılar.

C'è una pazienza nella natura selvaggia, profonda e inarrestabile.

Vahşi doğada derin ve durdurulamaz bir sabır vardır.

Un ragno resta immobile nella sua tela per innumerevoli ore.

Bir örümcek, sayısız saatler boyunca ağında hareketsiz bekler.

Un serpente si avvolge su se stesso senza contrarsi e aspetta il momento giusto.

Yılan kıpırdamadan kıvrılır, zamanının gelmesini bekler.

Una pantera è in agguato, finché non arriva il momento.

Bir panter pusuda bekler, ta ki o an gelene kadar.

Questa è la pazienza dei predatori che cacciano per sopravvivere.

Bu, hayatta kalmak için avlanan yırtıcıların sabrıdır.

La stessa pazienza ardeva dentro Buck mentre gli restava accanto.

Buck ona yakın kaldıkça aynı sabır içinde yanıyordu.

Rimase vicino alla mandria, rallentandone la marcia e incutendo timore.

Sürünün yanında durarak yürüyüşünü yavaşlattı ve korku yarattı.

Provocava i giovani tori e molestava le mucche madri.

Genç boğaları kızdırıyor, anne inekleri rahatsız ediyordu.

Spinse il toro ferito in una rabbia ancora più profonda e impotente.

Yaralı boğayı daha derin, çaresiz bir öfkeye sürükledi.

Per mezza giornata il combattimento si trascinò senza alcuna tregua.

Yarım gün kadar süren mücadele hiç ara vermeden devam etti.

Buck attaccò da ogni angolazione, veloce e feroce come il vento.

Buck her açıdan, rüzgar kadar hızlı ve şiddetli bir şekilde saldırıyordu.

Impedì al toro di riposare o di nascondersi con la mandria.

Boğanın sürüyle birlikte dinlenmesini veya saklanmasını engelledi.

Buck logorò la volontà dell'alce più velocemente del suo corpo.

Buck geyiğin iradesini vücudundan daha hızlı yıprattı.

Il giorno passò e il sole tramontò basso nel cielo a nord-ovest.

Gün geçti ve güneş kuzeybatı göğünde alçaktan battı.

I giovani tori tornarono più lentamente per aiutare il loro capo.

Genç boğalar liderlerine yardım etmek için daha yavaş bir şekilde geri döndüler.

Erano tornate le notti autunnali e il buio durava ormai sei ore.

Sonbahar geceleri geri dönmüştü ve karanlık artık altı saat sürüyordu.

L'inverno li spingeva verso valli più sicure e calde.

Kış onları daha güvenli ve sıcak vadilere doğru itiyordu.

Ma non riuscirono comunque a sfuggire al cacciatore che li tratteneva.

Ama yine de onları tutan avcıdan kurtulamadılar.

Era in gioco solo una vita: non quella del branco, ma quella del loro capo.

Söz konusu olan yalnızca bir hayattı; sürünün değil, liderlerinin hayatı.

Ciò rendeva la minaccia lontana e non una loro preoccupazione urgente.

Bu durum, tehdidin uzakta olduğunu ve acil bir endişe kaynağı olmadığını gösteriyordu.

Col tempo accettarono questo prezzo e lasciarono che Buck prendesse il vecchio toro.

Zamanla bu bedeli kabullendiler ve Buck'ın yaşlı boğayı almasına izin verdiler.

Mentre calava il crepuscolo, il vecchio toro rimase in piedi con la testa bassa.

Alacakaranlık çökerken yaşlı boğa başını öne eğmiş bir şekilde duruyordu.

Guardò la mandria che aveva guidato svanire nella luce morente.

Önderlik ettiği sürünün, azalan ışıkta kayboluşunu izledi.

C'erano mucche che aveva conosciuto, vitelli che un tempo aveva generato.

Tanıdığı inekler vardı, bir zamanlar babası olduğu buzağılar.

C'erano tori più giovani con cui aveva combattuto e che aveva dominato nelle stagioni passate.

Geçmiş sezonlarda dövüştürdüğü ve yönettiği daha genç boğalar da vardı.

Non poteva seguirli, perché davanti a lui era di nuovo accovacciato Buck.

Onları takip edemezdi çünkü Buck yine önünde çömelmişti.

Il terrore spietato e zannuto gli bloccava ogni via che potesse percorrere.

Acımasız dişli dehşet, onun gidebileceği her yolu kapatıyordu.

Il toro pesava più di trecento chili di potenza densa.

Boğa üç yüz kilodan daha ağır ve yoğun bir güce sahipti.

Aveva vissuto a lungo e lottato duramente in un mondo di difficoltà.

Mücadele dolu bir dünyada uzun yıllar yaşamış ve çok mücadele etmişti.

Eppure, alla fine, la morte gli venne commessa da una bestia molto più bassa di lui.

Ama şimdi, sonunda, ölüm kendisinden çok daha aşağıda bir canavardan geldi.

La testa di Buck non arrivò nemmeno alle enormi ginocchia noccate del toro.

Buck'ın başı boğanın kocaman eklemli dizlerinin hizasına bile gelmiyordu.

Da quel momento in poi, Buck rimase con il toro notte e giorno.

O andan itibaren Buck gece gündüz boğanın yanında kaldı.

Non gli dava mai tregua, non gli permetteva mai di brucare o bere.

Ona asla dinlenme fırsatı vermedi, otlamasına veya su içmesine asla izin vermedi.

Il toro cercò di mangiare giovani germogli di betulla e foglie di salice.

Boğa genç huş ağacı sürgünlerini ve söğüt yapraklarını yemeye çalıştı.

Ma Buck lo scacciò, sempre all'erta e sempre all'attacco.

Ama Buck her zaman tetikte ve her zaman saldırgan bir tavırla onu uzaklaştırdı.

Anche nei torrenti che scorrevano, Buck bloccava ogni assetato tentativo.

Buck, akan sularda bile her susuz girişimi engelliyordu.

A volte, in preda alla disperazione, il toro fuggiva a tutta velocità.

Bazen boğa çaresizlikten son sürat kaçıyordu.

Buck lo lasciò correre, avanzando tranquillamente dietro di lui, senza mai allontanarsi troppo.

Buck onun koşmasına izin verdi, sakin bir şekilde hemen arkasından koştu, asla fazla uzaklaşmadı.

Quando l'alce si fermò, Buck si sdraiò, ma rimase pronto.

Geyik durduğunda Buck uzandı ama hazır kaldı.

Se il toro provava a mangiare o a bere, Buck colpiva con tutta la sua furia.

Boğa bir şey yemeye veya içmeye kalktığında Buck tüm öfkesiyle saldırıyordu.

La grande testa del toro si abbassava sotto le enormi corna.

Boğanın büyük başı, geniş boynuzlarının altında daha da sarkmıştı.

Il suo passo rallentò, il trotto divenne pesante, un'andatura barcollante.

Adımları yavaşladı, tırıs ağırlaştı; tökezleyerek yürüdü.

Spesso restava immobile con le orecchie abbassate e il naso rivolto verso il terreno.

Çoğu zaman kulakları düşük, burnu yere değecek şekilde hareketsiz dururdu.

In quei momenti Buck si prese del tempo per bere e riposare.

Buck o anlarda içki içip dinlenmeye vakit ayırıyordu.

Con la lingua fuori e gli occhi fissi, Buck sentì che la terra stava cambiando.

Dilini çıkarıp gözlerini dikerek Buck, arazinin değiştiğini hissetti.

Sentì qualcosa di nuovo muoversi nella foresta e nel cielo.

Ormanda ve gökyüzünde yeni bir şeyin hareket ettiğini hissetti.

Con il ritorno delle alci tornarono anche altre creature selvatiche.

Geyiklerin geri dönmesiyle birlikte vahşi doğanın diğer canlıları da geri döndü.

La terra sembrava viva di una presenza invisibile ma fortemente nota.

Toprak, görünmeyen ama güçlü bir şekilde bilinen bir varlıkla canlanıyordu.

Buck non lo sapeva tramite l'udito, la vista o l'olfatto.

Buck bunu ne sesinden, ne görüntüsünden, ne de kokusundan biliyordu.

Un sentimento più profondo gli diceva che nuove forze erano in movimento.

Daha derin bir his ona yeni güçlerin harekete geçtiğini söylüyordu.

Una strana vita si agitava nei boschi e lungo i corsi d'acqua.

Ormanda ve dere kenarlarında tuhaf bir canlılık vardı.

Decise di esplorare questo spirito una volta completata la caccia.

Av tamamlandıktan sonra bu ruhu keşfetmeye karar verdi.

Il quarto giorno, Buck riuscì finalmente a catturare l'alce.

Dördüncü gün Buck sonunda geyiği indirmeyi başardı.

Rimase nei pressi della preda per un giorno e una notte interi, nutrendosi e riposandosi.

Bir gün ve bir gece boyunca avının yanında kalıp beslendi ve dinlendi.

Mangiò, poi dormì, poi mangiò ancora, finché non fu forte e sazio.

Yedi, sonra uyudu, sonra yine yedi, ta ki güçlenip tok oluncaya kadar.

Quando fu pronto, tornò indietro verso l'accampamento e Thornton.

Hazır olduğunda kampa ve Thornton'a doğru geri döndü.

Con passo costante iniziò il lungo viaggio di ritorno verso casa.

Yavaş yavaş evine doğru uzun dönüş yolculuğuna başladı.

Correva con la sua andatura instancabile, ora dopo ora, senza mai smarrirsi.

Yorulmak bilmez koşusuyla saatlerce koştu, bir an bile yoldan sapmadı.

Attraverso terre sconosciute, si muoveva dritto come l'ago di una bussola.

Bilinmeyen diyarlarda pusula ibresi gibi dümdüz ilerledi.

Il suo senso dell'orientamento faceva sembrare deboli, al confronto, l'uomo e la mappa.

Yön duygusu, insan ve haritanın yanında zayıf kalıyordu.

Mentre Buck correva, sentiva sempre più forte l'agitazione nella terra selvaggia.

Buck koştukça vahşi topraklardaki hareketliliği daha güçlü hissediyordu.

Era un nuovo tipo di vita, diverso da quello dei tranquilli mesi estivi.

Yaz aylarının sakinliğinden farklı, yeni bir hayattı.

Questa sensazione non giungeva più come un messaggio sottile o distante.

Bu his artık uzaktan gelen, belirsiz bir mesaj olarak gelmiyordu.

Ora gli uccelli parlavano di questa vita e gli scoiattoli chiacchieravano.

Artık kuşlar bu hayattan bahsediyor, sincaplar da onun hakkında gevezelik ediyorlardı.

Persino la brezza sussurrava avvertimenti tra gli alberi silenziosi.

Sessiz ağaçların arasından esen rüzgar bile uyarılar fısıldadı.

Più volte si fermò ad annusare l'aria fresca del mattino.

Birkaç kez durup temiz sabah havasını içine çekti.

Lì lesse un messaggio che lo fece fare un balzo in avanti più velocemente.

Orada okuduğu bir mesaj onu daha hızlı ileri atılmaya yöneltti.

Fu pervaso da un forte senso di pericolo, come se qualcosa fosse andato storto.

Sanki bir şeyler ters gidiyormuş gibi, içini ağır bir tehlike duygusu kapladı.

Temeva che la calamità stesse per arrivare, o che fosse già arrivata.

Felaketin gelmekte olduğundan veya çoktan geldiğinden korkuyordu.

Superò l'ultima cresta ed entrò nella valle sottostante.

Son sırtı geçip aşağıdaki vadiye girdi.

Si muoveva più lentamente, attento e cauto a ogni passo.
Her adımda daha yavaş, daha dikkatli ve daha temkinli hareket ediyordu.

Dopo tre miglia trovò una pista fresca che lo fece irrigidire.
Üç mil ötede onu sertleştiren taze bir iz buldu.

I peli sul collo si rizzarono e si rizzarono in segno di allarme.
Boynundaki tüyler telaşla dalgalanıyor ve diken diken oluyordu.

Il sentiero portava dritto all'accampamento dove Thornton aspettava.
Patikalar Thornton'un beklediği kampa doğru uzanıyordu.

Buck ora si muoveva più velocemente, con passi silenziosi e rapidi.
Buck artık daha hızlı hareket ediyordu, adımları hem sessiz hem de hızlıydı.

I suoi nervi si irrigidirono mentre leggeva segnali che altri non avrebbero notato.
Başkalarının fark etmeyeceği işaretleri okudukça sinirleri gerilmişti.

Ogni dettaglio del percorso raccontava una storia, tranne l'ultimo pezzo.
İzdeki her ayrıntı bir hikaye anlatıyordu; son parça hariç.

Il suo naso gli raccontò della vita che aveva trascorso lì.
Burnu ona buradan geçen hayatı anlatıyordu.

L'odore gli fornì un'immagine mutevole mentre lo seguiva da vicino.
Koku, onun hemen arkasından takip ederken ona değişen bir görüntü veriyordu.

Ma la foresta stessa era diventata silenziosa, innaturalmente immobile.
Ama ormanın kendisi sessizliğe gömülmüştü; doğal olmayan bir durgunluk.

Gli uccelli erano scomparsi, gli scoiattoli erano nascosti, silenziosi e immobili.
Kuşlar kaybolmuş, sincaplar saklanmış, sessiz ve hareketsizdi.

Vide solo uno scoiattolo grigio, sdraiato su un albero morto.

Sadece bir tane gri sincap gördü, o da ölü bir ağacın üzerinde yatıyordu.

Lo scoiattolo si mimetizzava, rigido e immobile come una parte della foresta.

Sincap ormanın bir parçası gibi kaskatı ve hareketsiz bir şekilde ortalığa karışmıştı.

Buck si muoveva come un'ombra, silenzioso e sicuro tra gli alberi.

Buck ağaçların arasında bir gölge gibi sessiz ve emin adımlarla hareket ediyordu.

Il suo naso si mosse di lato come se fosse stato tirato da una mano invisibile.

Burnu sanki görünmeyen bir el tarafından çekiliyormuş gibi yana doğru fırladı.

Si voltò e seguì il nuovo odore nel profondo di un boschetto.

Döndü ve yeni kokuyu çalılığın derinliklerine kadar takip etti.

Lì trovò Nig, steso morto, trafitto da una freccia.

Orada Nig'i bir okla delinmiş halde ölü buldu.

La freccia gli attraversò il corpo, lasciando ancora visibili le piume.

Ok, vücudunun içinden geçip gitti, tüyleri hâlâ görünüyordu.

Nig si era trascinato fin lì, ma era morto prima di riuscire a raggiungere i soccorsi.

Nig kendini oraya sürüklemiş, ancak yardıma yetişemeden ölmüştü.

Cento metri più avanti, Buck trovò un altro cane da slitta.

Yüz metre kadar ötede Buck başka bir kızak köpeği buldu.

Era un cane che Thornton aveva comprato a Dawson City.

Thornton'un Dawson City'den satın aldığı bir köpekti.

Il cane lottava con tutte le sue forze, dimenandosi violentemente sul sentiero.

Köpek patikada ölüm kalım mücadelesi veriyordu.

Buck gli passò accanto senza fermarsi, con gli occhi fissi davanti a sé.

Buck durmadan etrafından geçti, gözleri ileriye dikilmişti.

Dalla direzione dell'accampamento proveniva un canto lontano e ritmico.

Kampın olduğu taraftan uzaktan ritmik bir tezahürat duyuluyordu.

Le voci si alzavano e si abbassavano con un tono strano, inquietante, cantilenante.

Sesler tuhaf, ürkütücü, şarkı söyler gibi bir tonda yükselip alçalıyordu.

Buck strisciò in silenzio fino al limite della radura.

Buck sessizce açıklığın kenarına doğru süründü.

Lì vide Hans disteso a faccia in giù, trafitto da numerose frecce.

Orada Hans'ı yüzüstü yatarken gördü, vücudu oklarla delinmişti.

Il suo corpo sembrava quello di un porcospino, irto di penne.

Vücudu bir kirpiye benziyordu, tüylü oklarla kaplıydı.

Nello stesso momento, Buck guardò verso la capanna in rovina.

Aynı anda Buck harap olmuş kulübeye doğru baktı.

Quella vista gli fece rizzare i capelli sul collo e sulle spalle.

Görüntü, adamın boynundaki ve omuzlarındaki tüylerin diken diken olmasına neden oldu.

Un'ondata di rabbia selvaggia travolse tutto il corpo di Buck.

Buck'ın tüm bedenini vahşi bir öfke fırtınası sardı.

Ringhiò forte, anche se non ne era consapevole.

Yüksek sesle hırladı, ama bunu yaptığını bilmiyordu.

Il suono era crudo, pieno di una furia terrificante e selvaggia.

Sesi çiğdi, dehşet verici, vahşi bir öfkeyle doluydu.

Per l'ultima volta nella sua vita, Buck perse la ragione a causa delle emozioni.

Buck, hayatında son kez aklını duygularına kaptırdı.

Fu l'amore per John Thornton a spezzare il suo attento controllo.

John Thornton'a olan aşkı onun dikkatli kontrolünü bozdu.

Gli Yeehats ballavano attorno alla baita in legno di abete rosso distrutta.

Yeehatlar harap olmuş ladin kulübesinin etrafında dans ediyorlardı.

Poi si udì un ruggito e una bestia sconosciuta si lanciò verso di loro.

Sonra bir kükreme duyuldu ve bilinmeyen bir canavar onlara doğru koştu.

Era Buck: una furia in movimento, una tempesta vivente di vendetta.

Buck'tı; harekete geçen bir öfke; yaşayan bir intikam fırtınası.

Si gettò in mezzo a loro, folle di voglia di uccidere.

Öldürme ihtiyacıyla çılgına dönmüş bir halde kendini onların arasına attı.

Si lanciò contro il primo uomo, il capo Yeehat, e colpì nel segno.

İlk adama, Yeehat şefine doğru atıldı ve isabetli vurdu.

La sua gola era squarciata e il sangue schizzava a fiotti.

Boğazı yarıldı ve kan fışkırdı.

Buck non si fermò, ma con un balzo squarciò la gola dell'uomo successivo.

Buck durmadı ve tek bir sıçrayışta yanındaki adamın boğazını parçaladı.

Era inarrestabile: squarciava, tagliava, non si fermava mai a riposare.

Durdurulamazdı; parçalıyor, kesiyor, asla durup dinlenmiyordu.

Si lanciò e balzò così velocemente che le loro frecce non riuscirono a toccarlo.

Öyle hızlı atıldı ve sıçradı ki, oklar ona dokunamadı.

Gli Yeehats erano in preda al panico e alla confusione.

Yeehatlar kendi panik ve karmaşalarının içindeydiler.

Le loro frecce non colpirono Buck e si colpirono tra loro.

Okları Buck'ı ıskalayıp birbirlerine isabet etti.

Un giovane scagliò una lancia contro Buck e colpì un altro uomo.

Gençlerden biri Buck'a mızrak fırlattı ve bir başka adama isabet etti.

La lancia gli trapassò il petto e la punta gli trafisse la schiena.

Mızrak göğsünü deldi, ucu sırtını deldi.

Il terrore travolse gli Yeehats, che si diedero alla ritirata.

Yeehatlar'ın üzerine dehşet çöktü ve tam bir geri çekilmeye başladılar.

Urlarono allo Spirito Maligno e fuggirono nelle ombre della foresta.

Kötü Ruh'tan çığlık atıp ormanın gölgelerine doğru kaçtılar.

Buck era davvero come un demone mentre inseguiva gli Yeehats.

Gerçekten de Buck, Yeehat'ları kovalarken bir iblis gibiydi.

Li inseguì attraverso la foresta, abbattendoli come cervi.

Ormanın içinden onların peşine düştü ve onları geyikler gibi yere serdi.

Divenne un giorno di destino e terrore per gli spaventati Yeehats.

Korkmuş Yeehatlar için bu bir kader ve dehşet günü haline geldi.

Si dispersero sul territorio, fuggendo in ogni direzione.

Ülkenin dört bir yanına dağıldılar, her yöne doğru kaçıp gittiler.

Passò un'intera settimana prima che gli ultimi sopravvissuti si incontrassero in una valle.

Son kurtulanların bir vadide buluşması tam bir hafta sürdü.

Solo allora contarono le perdite e raccontarono quanto accaduto.

Ancak ondan sonra kayıplarını saydılar ve yaşananları anlattılar.

Buck, stanco dell'inseguimento, ritornò all'accampamento in rovina.

Buck, kovalamacadan yorulduktan sonra harap olmuş kampa geri döndü.

Trovò Pete, ancora avvolto nelle coperte, ucciso nel primo attacco.

Pete'i ilk saldırıda öldürülmüş halde, hâlâ battaniyelerin içinde buldu.

I segni dell'ultima lotta di Thornton erano visibili nella terra lì vicino.

Thornton'un son mücadelesinin izleri yakındaki toprakta görülüyordu.

Buck seguì ogni traccia, annusando ogni segno fino al punto finale.

Buck her izi takip ediyor, her izi son noktasına kadar kokluyordu.

Sul bordo di una profonda pozza trovò il fedele Skeet, immobile.

Derin bir havuzun kenarında sadık Skeet'i hareketsiz yatarken buldu.

La testa e le zampe anteriori di Skeet erano nell'acqua, immobili nella morte.

Skeet'in başı ve ön pençeleri suyun içindeydi, ölüm anında hareketsizdi.

La piscina era fangosa e contaminata dai liquidi di scarico delle chiuse.

Havuz çamurluydu ve su kanallarından gelen sularla kirlenmişti.

La sua superficie torbida nascondeva ciò che si trovava sotto, ma Buck conosceva la verità.

Bulutlu yüzeyi altında ne olduğunu gizliyordu ama Buck gerçeği biliyordu.

Seguì l'odore di Thornton nella piscina, ma non lo portò da nessun'altra parte.

Thornton'un kokusunu havuza kadar takip etti; ancak koku başka hiçbir yere gitmiyordu.

Non c'era alcun odore che provenisse, solo il silenzio dell'acqua profonda.

Dışarıya doğru uzanan bir koku yoktu; sadece derin suların sessizliği vardı.

Buck rimase tutto il giorno vicino alla piscina, camminando avanti e indietro per l'accampamento, addolorato.

Buck bütün gün havuzun başında durup keder içinde kampta volta atıyordu.

Vagava irrequieto o sedeva immobile, immerso nei suoi pensieri.

Huzursuzca dolaşıyor ya da ağır düşüncelere dalmış bir şekilde sessizce oturuyordu.

Conosceva la morte, la fine della vita, la scomparsa di ogni movimento.

Ölümü, hayatın sonunu, bütün hareketin yok oluşunu biliyordu.

Capì che John Thornton se n'era andato e non sarebbe mai più tornato.

John Thornton'un gittiğini ve bir daha asla geri dönmeyeceğini anlamıştı.

La perdita lasciò in lui un vuoto che pulsava come la fame.

Bu kayıp, içinde açlık gibi zonklayan bir boşluk bırakmıştı.

Ma questa era una fame che il cibo non riusciva a placare, non importava quanto ne mangiasse.

Ama bu, ne kadar çok yerse yesin, hiçbir şeyin gideremediği bir açlıktı.

A volte, mentre guardava i cadaveri di Yeehats, il dolore si attenuava.

Bazen ölü Yeehat'lara baktıkça acısı azalıyordu.

E poi dentro di lui nacque uno strano orgoglio, feroce e totale.

Ve sonra içinde tuhaf bir gurur yükseldi, vahşi ve tam.

Aveva ucciso l'uomo, la preda più alta e pericolosa di tutte.

Bütün avların en yücesi ve en tehlikelisi olan insanı öldürmüştü.

Aveva ucciso in violazione dell'antica legge del bastone e della zanna.

Sopa ve dişle öldürmenin eski yasasını hiçe sayarak öldürmüştü.

Buck annusò i loro corpi senza vita, curioso e pensieroso.

Buck, meraklı ve düşünceli bir şekilde cansız bedenlerini kokladı.

Erano morti così facilmente, molto più facilmente di un husky in combattimento.

Çok kolay ölmüşlerdi; bir Sibirya kurdunun kavgada ölmesinden çok daha kolay.

Senza le armi non avrebbero avuto vera forza né avrebbero rappresentato una minaccia.

Silahları olmadan gerçek bir güçleri veya tehditleri yoktu.

Buck non avrebbe più avuto paura di loro, a meno che non fossero stati armati.

Buck, silahlı olmadıkları sürece bir daha asla onlardan korkmayacaktı.

Stava attento solo quando portavano clave, lance o frecce.

Ancak ellerinde sopa, mızrak veya ok olduğunda dikkatli olurdu.

Calò la notte e la luna piena spuntò alta sopra le cime degli alberi.

Gece oldu ve dolunay ağaçların tepelerinden oldukça yükseğe çıktı.

La pallida luce della luna avvolgeva la terra in un tenue e spettrale chiarore, come se fosse giorno.

Ayın soluk ışığı toprağı gündüz gibi yumuşak, hayaletsi bir parıltıyla yıkıyordu.

Mentre la notte avanzava, Buck continuava a piangere presso la pozza silenziosa.

Gece derinleşirken Buck hâlâ sessiz havuzun başında yas tutuyordu.

Poi si accorse di un diverso movimento nella foresta.

Sonra ormanda farklı bir kıpırtı olduğunu fark etti.

L'agitazione non proveniva dagli Yeehats, ma da qualcosa di più antico e profondo.

Bu kıpırtı Yeehat'lardan değil, daha eski ve daha derin bir şeyden kaynaklanıyordu.

Si alzò in piedi, drizzò le orecchie e tastò con attenzione la brezza con il naso.

Ayağa kalktı, kulaklarını dikleştirdi, burnunu dikkatle rüzgara doğru süzdü.

Da lontano giunse un debole e acuto grido che squarciò il silenzio.

Çok uzaklardan, sessizliği delen hafif, keskin bir çığlık duyuldu.

Poi un coro di grida simili seguì subito dopo il primo.

Daha sonra ilkinin hemen ardından benzer haykırışlar korosu geldi.

Il suono si avvicinava sempre di più, diventando sempre più forte con il passare dei minuti.

Ses giderek yaklaşıyor, her geçen an daha da yükseliyordu.

Buck conosceva quel grido: proveniva da quell'altro mondo nella sua memoria.

Buck bu çığlığı tanıyordu; hafızasındaki o diğer dünyadan geliyordu.

Si recò al centro dello spazio aperto e ascoltò attentamente.

Açık alanın ortasına doğru yürüdü ve dikkatle dinledi.

L'appello risuonò più forte che mai, più sentito e più potente che mai.

Çağrı her zamankinden daha güçlü ve çok sesli bir şekilde yankılandı.

E ora, più che mai, Buck era pronto a rispondere alla sua chiamata.

Ve şimdi, her zamankinden daha fazla, Buck onun çağrısına cevap vermeye hazırdı.

John Thornton era morto e in lui non era rimasto alcun legame con l'uomo.

John Thornton ölmüştü ve içinde insana dair hiçbir bağ kalmamıştı.

L'uomo e tutte le pretese umane erano svaniti: era finalmente libero.

İnsan ve insana ait bütün haklar tükenmişti; sonunda özgürdü.

Il branco di lupi era a caccia di carne, proprio come un tempo avevano fatto gli Yeehats.

Kurt sürüsü, bir zamanlar Yeehat'ların yaptığı gibi et peşindeydi.

Avevano seguito le alci mentre scendevano dalle terre boscose.

Ormanlık arazilerden geyikleri takip etmişlerdi.

Ora, selvaggi e affamati di prede, attraversarono la sua valle.

Artık vahşileşmiş ve avlanmaya aç bir halde vadisine doğru ilerliyorlardı.

Giunsero nella radura illuminata dalla luna, scorrendo come acqua argentata.

Ay ışığının aydınlattığı açıklığa gümüş su gibi akarak geldiler.

Buck rimase immobile al centro, in attesa.

Buck ortada hareketsiz bir şekilde durmuş onları bekliyordu.

La sua presenza calma e imponente lasciò il branco senza parole, tanto da farlo restare per un breve periodo in silenzio.

Sakin ve iri duruşu sürüyü kısa bir sessizliğe boğdu.

Allora il lupo più audace gli saltò addosso senza esitazione.

Sonra en cesur kurt hiç tereddüt etmeden onun üzerine atıldı.

Buck colpì rapidamente e spezzò il collo del lupo con un solo colpo.

Buck hızlı bir hamle yaptı ve tek vuruşta kurdun boynunu kırdı.

Rimase di nuovo immobile mentre il lupo morente si contorceva dietro di lui.

Ölmekte olan kurt arkasında kıvrılırken yine hareketsiz kaldı.

Altri tre lupi attaccarono rapidamente, uno dopo l'altro.

Üç kurt daha hızla, birbiri ardına saldırıya geçti.

Ognuno di loro si ritrasse sanguinante, con la gola o le spalle tagliate.

Her biri kanlar içinde geri çekildi, boğazları veya omuzları kesilmişti.

Ciò fu sufficiente a scatenare una carica selvaggia da parte dell'intero branco.

Bu, tüm sürünün çılgınca bir saldırıya geçmesi için yeterliydi.

Si precipitarono tutti insieme, troppo impazienti e troppo ammassati per colpire bene.

Hepsi birden hücuma geçtiler, çok istekli ve kalabalık oldukları için iyi bir vuruş yapamadılar.

La velocità e l'abilità di Buck gli permisero di anticipare l'attacco.

Buck'ın hızı ve becerisi, saldırının önünde kalmasını sağladı.

Girò sulle zampe posteriori, schioccando i denti e colpendo in tutte le direzioni.

Arka ayakları üzerinde dönerek her yöne doğru saldırıyordu.

Ai lupi sembrò che la sua difesa non si fosse mai aperta o avesse vacillato.

Kurtlara göre bu, onun savunmasının hiç açılmadığı veya tökezlemediği anlamına geliyordu.

Si voltò e colpì così velocemente che non riuscirono a raggiungerlo alle spalle.

O kadar hızlı dönüp saldırdı ki, arkasına geçemediler.

Ciononostante, il loro numero lo costrinse a cedere terreno e a ritirarsi.

Ancak, onların çokluğu onu geri çekilmeye ve teslim olmaya zorladı.

Superò la piscina e scese nel letto roccioso del torrente.

Havuzun yanından geçip kayalık dere yatağına doğru ilerledi.

Lì si imbatté in un ripido pendio di ghiaia e terra.

Orada çakıl ve topraktan oluşan dik bir yamaçla karşılaştı.

Si è infilato in un angolo scavato durante i vecchi scavi dei minatori.

Madencilerin eski kazıları sırasında bir köşe kesiğine saplandı.

Ora, protetto su tre lati, Buck si trovava di fronte solo al lupo frontale.

Artık üç taraftan korunan Buck, yalnızca öndeki kurtla karşı karşıyaydı.

Lì rimase in attesa, pronto per la successiva ondata di assalto.

Orada, bir sonraki saldırı dalgasına hazır bir şekilde bekledi.

Buck mantenne la posizione con tanta ferocia che i lupi indietreggiarono.

Buck öyle sert bir şekilde direndi ki kurtlar geri çekildi.

Dopo mezz'ora erano sfiniti e visibilmente sconfitti.

Yarım saat sonra bitkin ve açıkça yenik düşmüşlerdi.

Le loro lingue pendevano fuori e le loro zanne bianche brillavano alla luce della luna.

Dilleri dışarı sarkmıştı, beyaz dişleri ay ışığında parlıyordu.

Alcuni lupi si sdraiano, con la testa alzata e le orecchie dritte verso Buck.

Bazı kurtlar başlarını kaldırıp kulaklarını Buck'a doğru dikerek yere uzandılar.

Altri rimasero immobili, attenti e osservarono ogni suo movimento.

Diğerleri ise hareketsiz, tetikte duruyor ve onun her hareketini izliyorlardı.

Qualcuno si avvicinò alla piscina e bevve l'acqua fredda.

Birkaç kişi havuza doğru yürüyüp soğuk su içti.

Poi un lupo grigio, lungo e magro, si fece avanti furtivamente, con passo gentile.

Sonra uzun, zayıf bir gri kurt yavaşça öne doğru süründü.

Buck lo riconobbe: era il fratello selvaggio di prima.

Buck onu tanıdı; bu, az önceki vahşi kardeşti.

Il lupo grigio uggiolò dolcemente e Buck rispose con un guaito.

Gri kurt yumuşak bir şekilde inledi ve Buck da inleyerek karşılık verdi.

Si toccarono il naso, silenziosamente, senza timore o minaccia.

Burunlarını sessizce, tehdit veya korku duymadan birbirine değdirdiler.

Poi venne un lupo più anziano, scarno e segnato dalle numerose battaglie.

Sonra, zayıflamış ve birçok savaştan yara almış yaşlı bir kurt geldi.

Buck cominciò a ringhiare, ma si fermò e annusò il naso del vecchio lupo.

Buck hırlamaya başladı ama sonra durup yaşlı kurdun burnunu kokladı.

Il vecchio si sedette, alzò il naso e ululò alla luna.

Yaşlı adam oturdu, burnunu kaldırdı ve aya doğru uludu.

Il resto del branco si sedette e si unì al lungo ululato.

Sürünün geri kalanı da oturup uzun ulumaya katıldı.

E ora la chiamata giunse a Buck, inequivocabile e forte.

Ve şimdi Buck'a gelen çağrı, açıkça ve güçlü bir şekildeydi.

Si sedette, alzò la testa e ululò insieme agli altri.
Oturdu, başını kaldırdı ve diğerleriyle birlikte haykırdı.

Quando l'ululato cessò, Buck uscì dal suo riparo roccioso.
Ulumalar sona erdiğinde Buck kayalık sığınağından dışarı çıktı.

Il branco si strinse attorno a lui, annusando con gentilezza e cautela.
Sürü etrafını sardı, hem şefkatle hem de tedirginlikle kokluyorlardı.

Allora i capi lanciarono un grido e si precipitarono nella foresta.
Bunun üzerine liderler çığlık atarak ormana doğru koştular.

Gli altri lupi li seguirono, guaendo in coro, selvaggi e veloci nella notte.
Diğer kurtlar da onu takip ediyor, gecede çılgınca ve hızlı bir şekilde uluyorlardı.

Buck corse con loro, accanto al suo selvaggio fratello, ululando mentre correva.
Buck da vahşi kardeşinin yanında onlarla birlikte koşuyor, koşarken uluyordu.

Qui la storia di Buck giunge al termine.
İşte Buck'ın hikayesinin sonuna gelmek çok güzel.

Negli anni a seguire, gli Yeehats notarono degli strani lupi.
İlerleyen yıllarda Yeehatlar garip kurtların varlığını fark ettiler.

Alcuni avevano la testa e il muso marroni e il petto bianco.
Bazılarının başlarında ve ağızlarında kahverengi, göğüslerinde beyazlık vardı.

Ma ancora di più temevano la presenza di una figura spettrale tra i lupi.
Ama daha da önemlisi kurtların arasında hayaletimsi bir figür olmasından korkuyorlardı.

Parlavano a bassa voce del Cane Fantasma, il capo del branco.
Sürünün lideri Hayalet Köpek'ten fısıltıyla bahsediyorlardı.

Questo cane fantasma era più astuto del più audace cacciatore di Yeehat.

Bu Hayalet Köpek, en cesur Yeehat avcısından bile daha kurnazdı.

Il cane fantasma rubava dagli accampamenti nel cuore dell'inverno e faceva a pezzi le loro trappole.

Hayalet köpek kışın ortasında kamplardan hırsızlık yapıyor ve tuzaklarını parçalıyordu.

Il cane fantasma uccise i loro cani e sfuggì alle loro frecce senza lasciare traccia.

Hayalet köpek onların köpeklerini öldürmüş ve iz bırakmadan oklarından kurtulmuştur.

Perfino i guerrieri più coraggiosi avevano paura di affrontare questo spirito selvaggio.

En cesur savaşçıları bile bu vahşi ruhla karşılaşmaktan korkuyordu.

No, la storia diventa ancora più oscura con il passare degli anni trascorsi nella natura selvaggia.

Hayır, yıllar geçtikçe hikaye daha da karanlıklaşıyor.

Alcuni cacciatori scompaiono e non fanno più ritorno ai loro accampamenti lontani.

Bazı avcılar kaybolur ve bir daha uzaklardaki kamplarına geri dönmezler.

Altri vengono trovati con la gola squarciata, uccisi nella neve.

Diğerleri ise boğazları yırtılmış, karda öldürülmüş halde bulunuyor.

Intorno ai loro corpi ci sono delle impronte più grandi di quelle che un lupo potrebbe mai lasciare.

Vücutlarının etrafında, herhangi bir kurdun bırakabileceğinden daha büyük izler var.

Ogni autunno, gli Yeehats seguono le tracce dell'alce.

Her sonbaharda Yeehat'lar geyiklerin izini sürüyor.

Ma evitano una valle perché la paura è scolpita nel profondo del loro cuore.

Ama bir vadiden, yüreklerine derin bir korku kazınarak kaçınıyorlar.

Si dice che la valle sia stata scelta dallo Spirito Maligno come sua dimora.

Kötü Ruh'un bu vadiyi kendine ev olarak seçtiğini söylüyorlar.

E quando la storia viene raccontata, alcune donne piangono accanto al fuoco.

Ve hikaye anlatılırken bazı kadınlar ateşin başında ağlıyorlar.

Ma d'estate, c'è un visitatore che giunge in quella valle sacra e silenziosa.

Ama yazın, o sessiz, kutsal vadiye bir ziyaretçi gelir.

Gli Yeehats non lo conoscono e non potrebbero capirlo.

Yeehatlar onu tanımıyor ve anlayamıyorlardı.

Il lupo è un animale grandioso, ricoperto di gloria, come nessun altro della sua specie.

Kurt, türünün hiçbir örneğine benzemeyen, ihtişamla kaplı büyük bir kurttur.

Lui solo attraversa il bosco verde ed entra nella radura della foresta.

O, yeşil ormandan tek başına geçip orman açıklığına girer.

Lì, la polvere dorata contenuta nei sacchi di pelle d'alce si infiltra nel terreno.

Orada geyik derisinden yapılmış çuvallardan çıkan altın rengi tozlar toprağa sızıyor.

L'erba e le foglie vecchie hanno nascosto il giallo del sole.

Otlar ve yaşlı yapraklar güneşin sararmasını gizlemiş.

Qui il lupo resta in silenzio, pensando e ricordando.

Kurt burada sessizce duruyor, düşünüyor ve hatırlıyor.

Urla una volta sola, a lungo e lugubremente, prima di girarsi e andarsene.

Gitmek üzere dönmeden önce bir kez uzun ve hüzünlü bir şekilde uluyor.

Ma non è sempre solo nella terra del freddo e della neve.

Ama soğuk ve karlı topraklarda her zaman yalnız değildir.

Quando le lunghe notti invernali scendono sulle valli più basse.

Uzun kış geceleri alçak vadilere indiğinde.

Quando i lupi seguono la selvaggina attraverso il chiaro di luna e il gelo.

Kurtlar ay ışığında ve donda avlarını takip ettiğinde.

Poi corre in testa al gruppo, saltando in alto e in modo selvaggio.

Sonra sürünün başında koşar, yükseklere ve çılgınca sıçrar.

La sua figura svetta sulle altre, la sua gola risuona di canto.

Diğerlerinden çok daha uzun boyluydu, boğazı şarkıyla canlanıyordu.

È il canto del mondo più giovane, la voce del branco.

Genç dünyanın şarkısıdır, sürünün sesidir.

Canta mentre corre: forte, libero e per sempre selvaggio.

Koşarken şarkı söylüyor; güçlü, özgür ve sonsuza dek vahşi.